公共思想译丛

*A Brief Inquiry into the Meaning of Sin & Faith*

# 简论罪与信的涵义

兼:《我的宗教观》

［美］罗尔斯／著
［美］托马斯·内格尔／编
左稀、仇彦斌、彭振／译

中国法制出版社
CHINA LEGAL PUBLISHING HOUSE

# A BRIEF INQUIRY INTO THE MEANING OF SIN AND FAITH
by John Rawls; edited by Thomas Nagel

北京市新闻出版局出版境外图书合同登记号：图字01-2010-6452

公共思想译丛

简论罪与信的涵义

# 目　录

# 人、共同体与上帝
## ——中文版代序

何怀宏

罗尔斯是美国乃至西方二十世纪最重要的道德和政治哲学家，其主要的思想贡献是有关社会正义、政治自由主义以及国际法的哲学理论。他的著作到前两年已基本出齐，而中译的出版也在接近完成。[1]罗尔斯的思想看来并没有因世纪的转折而过时，甚至我们可以说，对于在经济上已然飞速崛起，而国内体制与国际环境的问题却显得越来越突出的中国来说，现在或是需要更深入和全面研究他的时候。

2009 年，哈佛大学出版社出版了整理出来的也许是罗尔斯的最后一部著作：《简论罪与信的涵义》（*A Brief Inquiry into the Meaning of Sin and Faith*: *with "On My Religion"*）。这本书由托马

---

〔1〕 严格说来，罗尔斯的专著只有三本：《正义论》（初版1971，修订版1999）、《政治自由主义》（1993）、《万民法》（1999）。《公平的正义：一个重述》（2001）只是对《正义论》的一个缩写的重述，原是发给学生的讲义，有多种打印本，且最后不是由他自己，而是由 Erin Kelly 整理编成。罗尔斯的散篇论文、讲演和其他文字的结集基本上都是由他的学生、但现在也都是著名的学者编成，在他生前出版的有《论文集》（1999）、《道德哲学史讲演录》（2000），在他 2002 年去世之后出版的有《政治哲学史讲演录》（2007）和现在的这本《论罪与信的涵义》（2009）。以上著作除了《政治自由主义》是由哥伦比亚大学出版社出版之外，其他都是由哈佛大学出版社出版。而据我所知，罗尔斯的上述著作，除了《政治哲学史讲演录》和《论文集》之外（这两本听说也都在组织翻译），都已经有了中译本。

斯·内格尔（Thomas Nagel）编辑整理，其中收集了两篇罗尔斯自己撰写的文字：主要的一篇是他 1942 年在普林斯顿大学本科毕业时写的毕业论文《简论罪与信的涵义》；还有一篇是他去世之后人们在他电脑中发现的一篇创建于 1997 年的文章：《我的宗教观》。前一篇文章是尘封多年之后，前几年才发现并受到重视的，后一篇文章则不仅罗尔斯生前没有发表，甚至他的亲友也不很清楚此文。

一篇是罗尔斯早年、在他 21 岁时写的论文，那时他还充满了一种神学的情怀，甚至想进入神学院学习以便成为一个圣公会牧师（海德格尔也曾想成为一个牧师）。另一篇是他晚年，在他 76 岁时、即他去世五年前开始写的文字，这时则主要是回忆他放弃传统的宗教信仰的原因，是一个心灵回顾，甚至可以说是一种精神交代。这样一首一尾，可以说基本呈现了罗尔斯在他的主要著作中未曾袒露的有关宗教的思想情怀。该书英文本还有另外两篇解释和引导性的文章，一篇是科恩与内格尔所写的《导言》，另一篇是亚当斯所写的《青年罗尔斯的神学伦理学及其背景》，现在也都连同罗尔斯的本文由我的学生一并译出，收在现在的这个中译本中，读者可以一起参看。

这本书的主要文本是罗尔斯的本科毕业论文《简论罪与信的涵义》。他那时的思想自然还不是成熟的思想，是在他形成后来著称于世的理论贡献之前的思想。罗尔斯后来有一个巨大的思想转折，我们很难预测，如果罗尔斯后来仍然一直遵循他在这篇论文中的运思方向会取得怎样的成果，但恐怕很难超过他现在的学术和社会影响。然而，我们从这篇论文中已经不仅可以看到年轻人思想的锐气和爆发力，也可以看到思想天才的萌芽了，两位导师给了他这篇学士论文以"98 分"的高分是有道理的。我们有理由说，这是一个天才的作品——不是说这部作品已经达到了天才炉火纯青的水准，而是说我们用心观察，已经可以发觉这个作者具有思想天才的潜质。而且，比较这篇论文和他后来的《正义论》、《政治自由主义》等巨著，我们仍然可以看到不少在思想理论上一脉相承、一以贯之的成分。无论如何，罗尔斯的这篇本科毕业论文，本身虽不是一部成熟的理论巨制，却已表现出一个具有思想天才的作者的巨大潜能。而且，这部作品还表现出一种思想的青春锐气，以及一种深沉而又超越的信仰关怀。这些都不是在他后来的哲学著作中容易看到的。

我现在尝试来写这篇推荐性的综合评述。我试图集中于青年罗尔斯在"二战"期间的思想，比较系统的评述其思想内容最具特色的部分及后来的转变。我认为，罗尔斯这一期间的思想是有其特殊和自足的价值的，尤其是他的学士论文，它不仅可以使我们窥见罗尔斯后来隐晦的宗教思想（即便它们不再直接出现在他后来的主要著作中，也还是会在某种程度上在其后继续起作用），还能够让我们发现有些基本的思想原则其实在他大学期间就已确立。虽然敏感的读者可能会在我的评述中发现作为一个中国学者的不同语境和问题意识，以及因此带来的强调点的不同，但我相信这一描述本身也仍然是符合罗尔斯思想原意的，对一般的罗尔斯早期思想研究也有一定的意义。

大略地说，我认为罗尔斯在这一期间思想的特殊意义和贡献主要表现在三个方面：第一，他通过对自然关系与人格关系的区分、通过对居传统主流的"自然主义伦理学"的批判，明确而坚定地确立了一种贯穿其终身的反对目的论、赞成义务论的思想原则。第二，他强调共同体、强调社会，围绕着共同体来定义"罪"与"信"，也可以说是他一生始终执着于探讨社会和政治的正义的开端，尤其是他对"自我中心主义"的犀利批判，我认为不仅反映了他对他所处时代的深刻反省，直到今天也仍有其突出的价值和意义。第三，涉及他精神信仰转折的最重要的方面，自然是他二战结束时放弃了传统的宗教信仰，以后不再联系于上帝来讨论道德与政治哲学，使伦理学与宗教分离，而这种转折又是因人间正义问题引起的。而直到今天，上帝与正义、信仰与社会的问题也仍然是困扰我们的思想和精神的重要难题。下面我就从这三个方面来对青年罗尔斯的思想展开评述。

## 一、对"自然主义"的批判所奠定的反目的论立场

就像罗尔斯后来在《正义论》中也仍然承认其理论有一些直觉性的确信一样，他在其本科毕业论文中也认为，每一种神学和哲学理论似乎都带有某种基本的预设来研究经验，而他也不讳言，他的这篇论文也有四个基本的前提预设，这四个作为前提的直觉性确信是：首先，无庸置疑的是存在着上帝，而且这个上帝就是《圣经》中显示的、耶稣基督的上帝；其次，存在着人格，他说这种人格或许就是人们所说的"精神"。"世界上存在着被我们称为人格的东西，也存在着具有这种人格的人。"[2]第三个基本预设是共同体的存在。而这一"共同体"的概念也包含了"人格"这一概念。共同体也就是具有人格的共同体。"除非我们具有人格，否则我们就没有共同体；而且，除非我们拥有共同体，否则我们也不具有人格。"（112）个体的人只有生活于共同体之中才能成其为人。第四个基本预设则在于这样一种信念：存在着与在质的方面与人格的和共同体的领域截然不同的自然界。

上面的这四个预设——上帝、人格、共同体与自然——及其相互关系也就是罗尔斯这篇论文的基本概念，构成为他思想的主

---

［2］ *A Brief Inquiry into the Meaning of Sin and Faith*: *with "On My Religion"*, Cambridge, Massachusetts: Harvard University Press, 2009. Edited by Thomas Nagel. p. 111. 以下引用此书页码为原书页码（只在正文中随文标出），见本书页边码，译文基本都采用本书译文。

要范畴。他在此文中所要论述的"罪"与"信"的涵义实际也是围绕着这四个概念展开。我们或可如此概括罗尔斯此文的基本思想（可能也包括了一些引申）：上帝是根源，上帝创造自然万物，包括创造了人。人具有人格，这意味着人必须和必定是要采取共同体的生存方式，人和共同体几乎可以说是等同的，说到人也就是说到共同体，我们不能设想还有非共同体的人格存在方式，但共同体又的确不是排斥个人和个性的。人类的共同体还必然要包括上帝，这不仅是说人源出于上帝，而且是说他始终要通过信仰和皈依与上帝联为一体。"罪"就是对这一神圣的共同体的否弃，而"信"就是对这一神圣的共同体的承认和复归。如果再将自然包括进来，同时将人与共同体理解为一的话，这似乎是一个神圣的上帝、人与自然的"三位一体"。上帝最高，自然最广，似乎人是某种中间物，但人也就是"我们"，人是具有人格的，是可以结为真正的共同体的，是上帝的造物中唯一可以努力与上帝沟通和契合的，也是可以努力改善自身和共同体的。这种努力的主动权掌握在具有人格的我们的手里。"自然"也自然是人所需要的。但人不可将他与自然物的关系搬到与上帝、与人的关系上来，他不能将他人视作工具手段、甚至也不能将上帝视为欲求的最高对象，这里要排斥一种目的论的思维——这种思维被罗尔斯视作是一种"自然主义的伦理学"而予以拒斥。而在我看来，罗尔斯对"自然主义"的批判实际上是对作为现代伦理学的两大派别之一的目的论（Teleological theories）的批判，他由此确立了伦理学的另一大派别——义务论（Deontological theories）的立场并坚持终身。

在过了半个多世纪之后，人们自然可以批评青年罗尔斯这些思想的某些方面的内容，比如说，在生态伦理学看来，以"人格"而非以"生命"为中心来谈论"共同体"，可能会有过于强烈的"人类中心主义"之嫌等。不过，我想在这里着重谈谈青年罗尔斯对"自然主义"的批判所凸显出来的伦理学意义。

在罗尔斯看来，相应于他所说的基本预设，也存在着三种基本关系：一是人与人之间的人格关系和共同体的关系；二是人与对象的自然关系；三是对象与对象之间的因果关系。这里最重要和基本的区分是人格关系（Personal relations）与自然关系（Natural relations）。罗尔斯认为很多哲学家和神学家，包括像柏拉图、亚里士多德、奥古斯丁和阿奎那这样的人物，都将自然关系与人格关系相混淆，将人对对象的欲求关系推广到人对人的关系上来，因而犯有一种"自然主义"（Naturalism）的错误。[3]

罗尔斯的这一区分及批判所表现的反目的论立场，鲜明地表现在：他用"自然关系"是想标识这一种经验领域，在其中，一个人欲望、争取、想往或需求某一对象或某一具体过程。"活动"可被描述为欲望、想往或争取。而他用"人格关系"是想标识另一种经验领域：一个人在其中力图与另一人建立一种明确的关系或达到一种确定的和谐。他还认为，为了表明自然本身并非恶的而是善的，罪并非源于欲望和嗜欲而是来自于灵魂的堕落，区分出自然关系和人格关系也是必不可少的。简言之，为了理解罪、信仰和恩典，我们就必须做出这种基本的区分（115）。

青年罗尔斯对"自然主义"或"自然主义伦理学"的批判，实际也是对目的论的批判。而这种目的论在传统社会中是居于伦理学主流地位的、尤其是目的论中有神论的或无神论的完善论或至善论（Perfectionism）。或许批评的对象总是从更邻近自己的开始，批评更切要的是对自己观点与接近观点的区分，青年罗尔斯

---

〔3〕 罗尔斯所言的这种"自然主义"的错误与 20 世纪初直觉主义伦理学的代表摩尔所说的"自然主义的谬误"（naturalistic fallacy）的异同在于，摩尔是批评试图用自然对象来给"善"下定义，但他并不否定人对善的价值目标的追求。但两人看来都试图在人与自然之间作出区分。

也是如此。他对传统伦理学另一目的论的派别——快乐主义着墨并不多，甚至对无神论的完善论的批评也不是他的重点，他的主要批评对象反而是有神论的完善论。由于他是在写一篇有所立的神学伦理学的论文，他更注意他的观点与神学目的论、神学完善论的区分。我们看到，罗尔斯其时虽然浸染于神学，但实际是有点反对神学中的主流的，或至少是和哲学结合或受哲学影响的那部分主流。他不同意奥古斯丁和阿奎那，认为他们还是受到了古典哲学——主要是柏拉图和亚里士多德——的太大影响，而他认为这种结合并不成功，这种影响必须摆脱。年轻的罗尔斯以他后来行文中不易见到的年轻人的特有锐气说："一盎司的《圣经》就抵得上一磅（或者一吨）的亚里士多德。"（107）

罗尔斯这里所理解的"自然主义"并非"唯物主义"，而是指用自然主义术语来构建宇宙的任一观点。这样，柏拉图和亚里士多德的哲学以及奥古斯丁和阿奎那的神学就都是"自然主义"的了（119）。在他看来，"自然主义的伦理学"，无论是在柏拉图或奥古斯丁那里，还是在亚里士多德或阿奎那那里，都关注这样一个问题，即将欲望（爱）导向它的合理目标或目的（120）。而他认为，所谓的"好的生活"（他甚至不是很愿意使用这一称谓或者说如此被界定的"善"），并不在于寻求任何对象，而是一个完全不同的、牵涉到人格关系的问题。他认为，柏拉图、亚里士多德、奥古斯丁和阿奎那这些人都认同"善"等同于某个对象，同时又都指出了一个显见的事实：人们实际上并不追求该对象，或者说他们没有能力追求它。这样，柏拉图和亚里士多德就试图诉诸自然的教育和驯化来作为一种矫正的方式；而奥古斯丁和阿奎那怀揣着对人性的悲观的看法和莫高的期许，认为他们有责任祈求神的驯化和启示。但总体而言，奥古斯丁和阿奎那与亚里士多德和柏拉图之间只存在程度的差别（161—162）。

即便是这些人中最为神学化、最强调信仰精神的奥古斯丁，在那时年轻而虔诚的罗尔斯看来，似乎也还不足够神学化和信仰化。他甚至认为奥古斯丁的基本思想实质上始终是希腊化的，说他之所以接受自然主义的伦理学，是因为在他看来美德就是自然欲望寻求某个具体的对象，并且拥有完美禀赋的人会把这个善当作适于自己的目的来追求。奥古斯丁与柏拉图的不同在于柏拉图相信人有能力实现自我拯救，奥古斯丁则否认这一点，认为人还需要上帝的恩典（170）。但就他们都将善或至善视作一种人的欲望的对象或目标，并以此来确定人们行为的标准而言，他们都是目的论的。

为此，罗尔斯甚至反对将"上帝"作为人欲望的对象。他说："对笔者而言，把上帝当做一个对象来欲求纯属不敬，这是在以一种巧妙的甚至于更危险的形式返归到异端崇拜。"故而，即便是把"上帝说成所有对象中最美的、最令人满足的、最让人欲求的对象"，也还是在"犯罪"（182）。这犯罪和迷误的性质就在于："如果我们将上帝设想为欲望的另一个对象，我们就是错误的，因为这样我们就把祂视为自然的一部分了。"（121）亦即，这错误的缘由就是将人与自然对象的关系——那的确是欲望主体与欲望目标的关系——扩展泛化到非自然的关系，扩展到人与人的关系、人与上帝的关系，从而将整个人的世界都变成了一个"扩展的自然宇宙"。

罗尔斯用"自然宇宙"指的是这样一种世界，在其中所有的关系都以自然的术语来构想，而如果整个宇宙都被"自然主义化"，结果就是失去共同体和人格，当然也包括失去上帝的真正本质。但上帝不仅仅是一个最可欲的完满对象，人格和共同体也不能用自然主义的话语来解释。所以，"被扩展的自然宇宙"就排除了人格、共同体和上帝，尽管它可能借用了祂的名义

（119—120）。

不过，我们在此需要特别注意的是：罗尔斯尽管否定这种"被扩展的自然宇宙"，但他并不否定"自然"本身，他甚至说要为自然界辩护，也包括要为不可或缺的人与自然的关系辩护，他说自然宇宙本身是善的而非恶的，世间的恶并非源于自然界本身（179）。他认为人类确实天生具有欲求，并具有对饮食、美、真理、进而对自然万物这个整体的欲望。他认为上述哲学家的错误之处并不在于接受自然，而在于将自然关系扩展至包含宇宙中的所有关系（121）。

所以，我们看到，青年罗尔斯反对自然主义实际是在反对目的论，所谓"自然主义的伦理学"实际是指"目的论的伦理学"，尤其是"完善论的伦理学"，而他特别针对的又多是"神学完善论的伦理学"。他终身不渝的反目的论的立场可以说在他青年时期已然确立，这倒使他的哲学一开始就呈现出一种现代伦理学的品格。但其正面的论述其时还不很清楚，或者说，他的义务论立场是明显的，但究竟是怎样一种义务论、尤其是正面的论证还不明显。他主张不能根据人的目的、欲望及对象来确立道德的标准，但如何根据共同体和人格关系来确立这种标准还语焉不详。的确，用目的或结果来作为确定行为正当性的标准，这在现代社会本身价值目标已经在平等的旗帜下、"正当性"趋于多元的情况下，将面临极大的问题。这时，行为的正当性标准不能不主要从人们处在一个共同体中的人际关系中的行为本身来考虑。虽然罗尔斯这时所强调的"共同体"和"人格关系"还有一种特殊的基督教性质，但他的早期探讨应该说已经预示了一种不是从个人自我的观点出发，去考虑如何达到一生的目标和理想，而是强调人类社会共同体中的关系和行为的客观道义的方向。

## 二、对共同体的强调与批判"自我中心主义"

青年罗尔斯已经在他的本科毕业论文中认为：伦理问题是一个社会性的或者关乎共同体的问题。伦理学应该研究共同体和人格的本质，人类主要的道德问题就是如何生活及与人相处（114）。他批评自然主义的一个原因也就是因为它无法解释共同体和人格，从而丧失了世界的真正内涵。而他还确信，在个人主义之风盛行了几个世纪之后，时代的风尚似乎会指向共同体思想的复兴（108）。但他后来并没有走向作为社群主义的共同体主义，或者说他强调的是政治上最广袤的社群，国家政治意义上的社会，且是强调这一社会的基本结构。

罗尔斯对共同体的强调和他对人的本质的认识有关。在他看来，人即共存性。什么是人？他认为人本身就是一种共同体的存在，并因此而具有了人格。人区别于世间其他存在的不同之处不是他的理性能力、审美能力等能力，而是他生而为了共同体、并且是必然与共同体相连的一种人格。人类与上帝的相似之处就在于进入共同体的这种能力，因为作为三位一体之神的上帝，其自身就是一个共同体。基督教道德就是共同体中的道德，不管它是尘世的共同体还是天国的共同体。总之，人是一种道德的存在者，因为他是一种共同体的存在。人类生来就是一种共同体的存在，这个事实就表明了人类绝不可能脱离共同体，因而他总是带有责任且一直背负着义务。所以，青年罗尔斯批评逃避社会的伊壁鸠鲁学派、呼吁人回到森林中去的卢梭、还有敦促人们进入一种宁静"空灵"状态的瑜伽哲学，强调在共同体之中来实现人的本质（121）。

但罗尔斯强调共同体并不意味着他要否定个性。他也同样拒斥一种寻求排除了一切特殊性的一致性，并意图消除所有的差异性的神秘主义。他说，我们将带着我们全部的人格和特殊性被复活，并且拯救是要使整个人完全回归而不是要消除特殊性（126）。

罗尔斯甚至也从他那时所具有的有机和神圣的共同体的观点出发，反对他后来在《正义论》中用作其思想理论主要资源的社会契约论，他说霍布斯和洛克的理论也必须被拒斥。因为在他们的理论中，一个人并没有为社会带来任何东西，因为在进入共同体之前他什么也不是（126）。而罗尔斯无疑认为具有共同体的人格是人的先定本质，这和是否订立契约无关。而且，共同体不能建立在普遍利己主义或互惠互利的基础上。因而他认为霍布斯和洛克政治理论中的正义观念，以及亚当·斯密认为理性的自利是我们对待他人最好方式的思想都是对共同体的误解。任何一个依据普遍利己主义解释自身的社会都会走向毁灭。而所有的社会契约论都遭受到这一根本性缺陷的影响（189）。他后来在《正义论》中所设计的抽象的契约论，的确是指向社会基本结构的正义原则而非任何功利原则的，但他也的确对过去对社会契约论的认识做出了调整，因为，建立保障生命、自由、平等的传统社会契约论也不宜单纯从保障利益的角度去理解。

另外，在罗尔斯的这篇论文中，或许还给出了一个对我长期困惑的问题的解释，即虽然说他在《正义论》中继承和抽象地发展了社会契约论的思想传统，但为什么仍然把霍布斯看作"特别的"而排除在外。这原因或许就在，在他看来，霍布斯是特别激进的个人主义的。他说，霍布斯的基本预设带有一种激进的个人主义色彩，即霍布斯认为社会是原子式的，是个人的集合体。人并不是天生就适合社会的动物，人本身并不具有社会性。因此，人不是出于社会自身的缘故而寻求社会，而是为了免除恐惧和从中获取荣誉和利益而结成社会。而正如威廉·坦普尔所言，恐惧是所有情感中最以自我为中心的情感；另外，协议式的契约社会并不构成一种共同体，因为它是把社会看作一个互惠互利的体系，把社会仅仅当作手段来利用（229—231）。

罗尔斯本科毕业论文的主旨，即他试图阐明的"罪"与"信"这两个概念的涵义，也是联系于"共同体"来得到界定的。他说："罪将被界定和解释为对共同体的破坏和否弃；信则被视为真正融入共同体、并与之相连的某个人的内在状态。"（113）或者说，"什么是罪？罪就是否弃共同体"（122），"什么是信？信就是构建共同体，包括上帝或者说上帝作为根源的共同体"（123）。

在罗尔斯看来，既然罪就是对共同体的破坏、毁灭和否弃，则任何破坏共同体的活动都是一种有罪的活动。信是某一人格的全部精神品质，该人格充分融入共同体进而植根于供养它的来源之中。信是人与人之间的理想关系，从这种关系中产生出使共同体结合起来的纽带。拥有信仰意味着奠基于共同体之上，这种共同体支撑着人格并且是精神禀赋的源泉（123）。因为罪是脱离及毁坏共同体以至人格，所以信就是融入及重建共同体。罪是封闭性，它结出恶行的果子；信是开放性，它开出完满的共同生活之花。那么，罪人如何转变成基督徒呢？这便是有关拯救的问题。当我们询问"人将怎样获得拯救"时，我们的意思仅仅是人将怎样回归共同体，他将怎样赢得从封闭性转变成开放性的胜利，以及可见的人类共同体将怎样作为部分被归入涵括所有人的共同体之中（214）。

如何建立这样一种理想的或者说神圣的共同体，或者说如何拯救或解放人类？近代以来出现了种种世俗的救世理论，其中有一些还期望建立人间的天堂。罗尔斯主要批判了立足于经济的、生物性的救世理论。他说，自洛克将订立社会契约的主要目的视作是保护私有财产，一种将社会的主要目的看作是经济目标的观点就经由亚当·斯密、马尔萨斯、李嘉图和科布登而不断发展，到了马克思那儿，经济更被视作一切事物的基础。然而，共产主义的经济理论虽然清楚地看到了剥削在我们的社会体系中的猖獗，杜威也敏锐地发现了理智协作与理智教育的缺失，但它们都未能触及问题的核心，即建立共同体的问题（217—218）。罗尔斯并没有仔细区分这一重视经济观念中的自由主义与共产主义，他所注意的其实是一种现代性的共性，即都将经济提到首位。而他认为，这些观念都还是肤浅的。因为，"关于拯救的问题是一个关乎共同体和人格性的问题，因此，究其核心，拯救是一种精神性的过程"（214）。

另一种肤浅的近代观念是生物学的观点，即认为人从生物学上讲是一种动物，因此救赎就是要使人更具动物性。罗尔斯认为，宣扬"适者生存"的科学理论就给这种观点提供了强有力的支撑，而"优生计划"更是其中最肤浅的一种。纳粹主义就是德国人糅合"自我中心主义"（egotism，对这一主义我们后面还要详细分析）和绝望的思想与情感的蒙昧主义以及优生学的产物。

有意思的是，罗尔斯认为，纳粹主义相比于其他许多肤浅的现代救世论，倒的确是一种关于人的深刻理论。他说它在对人性的理解上"远远超出了经济人理论和生物人理论"。因为，"纳粹主义与法西斯主义都明白，人不同于动物，也不同于纯粹的生意人"，因而提出了"人是英雄式的，是圣人、得胜者、勇士和斗士"。"它认识到人是有灵的存在，而不是一种纯粹嗜欲性的动物"。这个事实解释了纳粹运动展现出巨大能量的原因。然而，罗尔斯强调，纳粹主义虽然是深刻的，但它之深刻乃是从魔鬼是深刻的意义上来说的。因为它的诉求是"自我中心主义"的，它意识到了人的灵性，但它只是看到将招致共同体毁灭的"自我中心主义"之灵（218）。

我现在想聚焦于罗尔斯对"自我中心主义"的批判。罗尔斯认为，损害以致毁灭共同体的主要的罪还不是"利己主义"（egoism），而是他所称的"自我中心主义"（egotism）。[4]罗尔斯在这方面自认借助了英国哲学家菲利普·利昂的思想资源。利昂在他的《权力伦理学》中已经仔细区分了他所称的"利己主义"和"自我中心主义"。其中"利己主义"的含义同罗尔斯所称的"自然关系"中的欲望的含义近似，对利昂来说，利己主义指的是为了某个特定对象或者事态所做的生物学方面的努力；自我中心主义则具有截然不同的含义，如渴望权位，追求名望和无上权力等等。自我中心主义不仅对物欲漠不关心，甚至还常常极力地反对它。自我中心主义者追求这些事物也往往只是作为他优势地位的象征，是为了满足他的优越感。这样，利昂关于自我中心主义的定义，就接近于罗尔斯所说的"人格关系"中的骄傲了。罗尔斯指出利昂还非常正确地看到，自我中心主义者甚至会冒着生命危险、乃至放弃生命来维护和保存他的至上权威，这时，"野心凌驾于嗜欲的暴政就会是最为极端和最为明显的"。另外，罗尔斯也同意利昂所宣称的：并不是欲望引起了自我中心主义。后者在性质上是完全不同的，"嗜欲本身没有导致任何表现形式的自我中心主义"。但是，欲望能够限定、有时甚至是决定自我中心主义的特定表达方式，因为有时它就是这些表达方式的工具（150—151）。

正如上述，罗尔斯自己对"自我中心主义"的批判和利昂的论述稍有不同，在这方面他还有自己的一些发展。他对"利己主

---

〔4〕 我倾向于把它称为一种特殊形式的"立己主义"，对这种"立己主义"的界定与分析，可参见拙文：《面对死亡的立己主义》，收在《道德·上帝与人》一书，北京大学出版社 2010 年版；《中国伦理学的发端与北京大学》，收在《生生大德》一书，北京大学出版社 2011 年版。

义"与"自我中心主义"的区分是承"自然关系"与"人格关系"的区分而来，他认为人在自然关系中对具体对象或客体关系的欲望是利己主义的，而人格关系则被自我中心主义或者友情和爱所驱动（118）。罗尔斯还特别强调"自我中心主义"是对共同体的主要犯罪。自我中心主义是主要的罪，它构成恶的根基，其他所有次要的恶都来源于它。他说"罪就是对共同体的破坏"；而罪有两种类型：一是自我中心主义，一是利己主义。但是，两者相比，自我中心主义者的行动在本质上就是对共同体的破坏。自我中心主义者他为了赢得其目的将会无所不用其极，无论是使用正大光明的手段还是阴险狡诈的手段；而利己主义如果限制在自然欲望之内，则本身其实并不是一种罪，只有逾越这个界限才是一种罪，而且，它往往是被自我中心主义所蛊惑而逾越这一界限的。换言之，如果人的自然欲望将人格性的和共同体的关系转变为自然关系，它就变成了一种罪（122—123）。

罗尔斯并分析指出了"自我中心主义"的五个特征（203）：（a）自我中心主义拒绝与人分享。（b）自我中心主义力图促成封闭性群体的发展，即成为理想的封闭性群体（一个人自己的自我）。因此为实现它自身的目的，自我中心主义不惜损害共同体。（c）自我中心主义无法容忍对自身的批评，因而总是设法怪罪于他人。（d）自我中心主义具有一种非同一般的狡猾的隐匿性，这种隐匿性使得灵魂败坏了自身中最好的部分。（e）归根结底，自我中心主义仍然是某种反叛和否定，尽管它采取的策略常常是秘而不宣且谨小慎微的。

罗尔斯说他对自我中心主义的分析远说不上完备，就像奥古斯丁曾经说过的，"人是一个无底的深渊"，人的能力尚不足以使我们探测这深渊的深度。但这五个特征还是为弄清罪之所以如此的原因提供了一条线索。共同体遭到破坏并非缘于具体的嗜欲或利己主义的满足，而是缘于自我中心主义的满足。简言之，共同体是为全然扭曲的自爱所毁。自我中心主义者只爱他自己，除了彻底围绕自身打转，并沉浸于洋洋自得的自我崇拜中，其他人要么变成纯粹的手段，要么变成他的崇拜和仰慕者（203）。罗尔斯可以说通过他的分析给出了一个20世纪极权主义的统治者的传神画像。

由于权力是占有其他一切东西的前提，这里的不肯分享或者说独占，最重要的自然是对权力的独占了。而最核心或最小的封闭也就是一己之自我。故而最大的自我中心主义者也就是政治上的独裁者或者说"独夫"了。自我中心主义者是缺乏反省精神和自我批评意识的，因为，他对权力和荣誉等资源垄断到这一极端地步，一旦开始自我批评就可能是崩溃的开始。然而，他虽然瞧不起所有其他人，但是对战略策略又是极其重视的，是极其狡猾和相当大胆的，这样他就往往能胜过对手，取得莫大的世俗成功，达到权力的巅峰。但是由于其精神根本上是否定性的，所以，他不仅会损毁共同体，而且，自己也将变成孤家寡人。他站在最高的权力和荣光之上，但也陷入最大的孤独之中，最后乃至毁灭自己。

我们看来可以从罗尔斯对"自我中心主义"的批判中得出这样的结论：自我中心主义比利己主义更危险、更不道德，虽然它常常比利己主义有更辉煌的形式、更冠冕堂皇的"理由"和"魅力"，并且这种大罪往往是由才华出众者、由"卓越者"犯下的。这里的一个鲜明对照仍然是自然欲望与骄傲野心、利己主义与自我中心主义的对比。罗尔斯认为，在自我中心主义和利己主义这两种"罪"的形式中，一切重大之罪都归为第一类，自我中心主义者是"卓越"的犯罪者。"最危险的自我中心主义会出现在我们倾尽全力的努力当中以及我们之中最出色的人身上"。（201）

因为，所谓的"自我中心主义"，指的就是异常地追逐至高无上并罪恶地渴求自我崇拜（193）。利己主义只是利用他者，即"你"，自我中心主义则贬损"你"，设法将"你"置于它自身之下，并把"你"转变成一个仰慕者或仰慕的对象（194）。"自我中心主义者"看来是属于少数人的，多数人会追求物质和经济利益，却不一定会费力追求野心和荣耀。而在"自我中心主义"的内部，也有隐秘的与显明的之别，有主要寻求自我或同行的小圈子的崇拜和寻求几乎所有人的崇拜或至少畏惧的区别，有有所节制和毫无节制的区别，后者尤其危害到共同体。

这里特别需要警惕和防范的是一种政治上的"自我中心主义"，一种以所谓"大我"为掩护、甚至为旗帜的来实现"小我"的权力、荣耀或者"理想"的"自我中心主义"。最极端的"自我中心主义"有时恰恰可以以最极端的"共同体主义"的形式出现，因为如果能在"大我"或整个社会的层面实现一己之"小我"的"理想"，自然是最大的成功和自我实现。这种"理想"往往是政治社会的"理想"，所以说，最需防范的是一种政治上的"自我中心主义"，因为它能够最有力和最广泛地影响社会和人际关系。罗尔斯写道："我们不会把一个具有强烈的嗜欲的人称为罪人。当一个人无比饥渴时，他并不是在犯罪。我们不会对艺术家或形而上学家冠以这样的名号，也不会把一个无法欣赏美的人或一个弱智的人叫做罪人。我们几乎在直觉的意义上使用'罪'这个词专指恣意损害或破坏人格关系的堕落行径。"（186）这里的关键在于是否利用共同体来立己。罗尔斯说："利用共同体来追逐自我利益是罪的一种主要形式。"（189）

罗尔斯对满足自然欲望的、活动在一定范围之内的"利己主义"其实表现得相当宽容，虽然他也指出从这些欲望中并不能自行产生出友爱，不能将共同体的基础建立在这种自然欲望之上。

但他认为自然欲望并不会引发使共同体分裂的自我中心主义。自然欲望毋宁说是中性的，它们本身并不包含任何支持或反对共同体自身的因素。它们本身不具有任何反社会的因素，同样也不具有任何亲社会的因素（186）。罗尔斯甚至认为身体或者说身体的自然欲望反而有可能限制自我中心主义的大罪。他说，身体也是对罪的某种限制。正是因为身体的存在，才使得人类之罪免于沦为纯粹的邪恶。人类仅仅是一种"小罪人"，他的背叛中总是带有某些可悲与幼稚之处。"如果他不是一个受制于饥饿和饥荒的受造物，他会醒悟吗？或者换个说法，假设他拥有魔鬼那般的威力，能够免于这种受造性的极端制约，他会悔过吗？……因而身体远不是罪的诱因，在无数情形当中，正是我们身体的因素击败了我们的自大，使我们认清我们的罪过，并引导我们去悔过。这样，自然宇宙就得到了辩护。"（156）这可以说是一个很有意思的观点，罗尔斯告诉我们比起物欲流行来更可怕的是一种心灵之罪。这种心灵大罪往往是少数具有某些潜能的人才会犯下的。而多数人出于身体的自然欲望反而有可能限制这种心灵大罪，从而有可能使之不致酿成毁灭共同体乃至人类的大祸。也就是说，多数人通过对自然欲望的合理诉求，或者对强行禁欲的抵制和冷淡，反而遏制了掌握权力的自我中心主义者的任意妄为。

罗尔斯批评叔本华认为世界的本质是追求生命意志的利己主义的观点。他说，叔本华的错误就在于他未能意识到，动物层次上的生命意志，与包含在人类自我中心主义中的更高层次的生命意志具有实质性的区别；叔本华没有认识到自我中心主义是某种不同的东西——是对荣誉和荣耀的渴求，为了它们有人甚至会乐意放弃生命（146—147）。

"自我中心主义"之罪将导致怎样的后果？罗尔斯认为，如果人是被造于共同体之中并为它而造的一种受造物，如果罪是对共同体的破坏，那么罪的后果就是孤独。孤独是人类有可能陷入其中的最可怕的、灵魂痛苦不堪的状态（206）。罗尔斯通过对尼采"权力意志"论的批判描述了"自我中心主义"膨胀最后的结局："强力发疯似地自我旋转，灵魂在自造的孤独中疯狂地耗尽自身精力。这就是罪的结果，也即本真意义上的罪。这样一种灵魂状态拉开了死亡和精神虚无主义的序幕。结局已然可见，冲撞渊底之后的毁灭正迅速袭来。孤独以死亡而告终。"（213）

罗尔斯对"自我中心主义"的批判，一个深厚的背景是他对法西斯主义和纳粹主义的观察和思考。他对政治上狂妄的"自我中心主义者"的描述，相当接近于像墨索里尼、希特勒这样善于蛊惑人心的"元首"形象。他还谈到，"自我中心主义"拒绝分享、共享的另一个直接的、我们或可说社会的后果就是封闭性群体的产生。像在大学社团、男性俱乐部、竞技组织、民族群体与种族群体中，我们都能发现那种在一个"优越的群体"中获得自我中心主义的满足感。罗尔斯指出西方文明封闭性群体发展的几个阶段是：（a）宗教的封闭性群体，如罗马教会把除它以外的所有人称之为异教徒；（b）文化的封闭性群体，如意大利人文主义者的团体；（c）经济的封闭性群体，如在马克思主义那里，一个人所归属的群体由他的经济地位所决定；（d）最后，生理因素成为封闭性群体的决定因素，其当代最突出的表现就是"血统论"的纳粹思想（197）。这最后一种群体的封闭性具有铜墙铁壁般的特征，故其成员的自我中心主义就比容有流动的群体更为全面彻底。罗尔斯批评了纳粹官方"哲学家"阿尔弗雷德·罗森堡在其《二十世纪的神话》中发展出来的一种精致的唯我论神学，认为在其著作中封闭性群体作为自我中心主义的工具这一点得到了清晰的展现。总之，无论这封闭的群体是"优秀种族"还是"先进阶级"，甚至是似乎相当广泛但却含义模糊的"人民"，它们总是要把一部分人排除在外，而罗尔斯在其后看到了一种"领袖"或者"元首"的"自我中心主义"。

　　罗尔斯的这些思考可以被视作是对 20 世纪极权主义现象及根源的一个初步反省，这种极权主义初看起来是大众主义的、民众主义的，后面却隐藏着一种独裁主义、专断主义，一种最终导向孤独和封闭的"自我中心主义"。有可能构成对真正自由和平等的共同体的最大危险和伤害的，还不是一般人的自然欲望的"利己主义"，也不是一般的"立己主义"，而正是这种政治行动者的"立己主义"，亦即一种走向极权政治的"自我中心主义"。这种"自我中心主义者"甚至可以放弃自己的物质利益，乃至生命，而且很可能将自己的政治抱负与对人类、大我的理想混合在一起，但他无论如何还是以自我及其理论观念为中心的，为此将不惜把人们投入血泊。不像其他的观念的、艺术的"自我中心主义者"，政治上的"立己主义者"是一定要利用他人的，而且经常是利用多数人来实现自己的目的。然而，由于他和所有其他人处在一种极度不平等的关系之中，由于他为了达到自己的目的而不惮采用暴力和欺骗等各种不正当的手段，他并不能建立一种真正的共同体，而只是毁坏共同体。

## 三、对上帝的信仰与人间正义

　　罗尔斯强调共同体，但这是什么样的共同体呢？这是人格的共同体，也是信仰上帝的共同体，是一种宗教与伦理密不可分的、神圣的共同体，是一种连接天国的共同体。这是因为，"上帝是共同体的主宰，没有任何行为可以脱离与祂的关系"（206）。人无法独力解救他自己，因为一切拯救都蕴含着共同体，而在人类犯罪之后，共同体的重建只能倚靠上帝。人是受上帝支配的，尽管自我中心主义式的封闭使他看不到这一点（231）。人不能通过伦理戒律而被引诱进入共同体，他必须首先被"他者"打开并被置于共同体之中（248）。共同体包含着责任和义务，上帝赐予他，他也这样给予别人；上帝将他召回到共同体，他也这样召回别人。圣言试图聚集的那个共同体就以这种方式在人们的心中形成（249）。

在罗尔斯看来，宗教问题也是关乎共同体的，它思考人类如何使自身与上帝相关联的问题。伦理和宗教都包含了对共同体的确立。宗教和伦理不相分离还在于它们所处理的问题都处在同样的纽带关系之中，即涉及全部世界（无论是天堂、地狱还是尘世）中所有人的人格关系（114）。既然人类生来就是具有人格的和共同体的，那么伦理学就必须讨论他的共同体；又因为人类隶属于天国的共同体，所以伦理学又不能脱离于神学（128）。人应当首先服从地上的共同体，之后服从天国的共同体（204）。

罗尔斯强调对上帝的信仰也是为了反对人的"骄傲之罪"，而"自我中心主义"所犯的罪就是一种最突出、最严重的骄傲之罪。骄傲之罪必然要造成对共同体的破坏。所以，罗尔斯说人要了解自己所拥有的一切，都具有某种恩赐的成分（238）。他说，如果一个人诚实地看待自己，他将会对自己说："不错，你确是一个有教养的人，但谁支付你的教育费用？不错，你确是一个善良正直的人，但谁教导你彬彬有礼并且提供令你无需偷盗的好运气？不错，你确是一个有爱心的人，而不像是那种铁石心肠的人，但谁在一个好的家庭中养育了你，谁在你年幼时关心疼爱你以致你长大后将会感激友善——难道你拒不承认你已获得和拥有的这些东西吗？那么心存感激并停止你的自我吹嘘吧！"我们在罗尔斯后来的著作中会看到他保有了这些思想，即便这种"恩赐"的成分不再是以上帝之名。他认为强者、成功者甚至道德上的正直者并不是全凭自己的努力得到这一切的，而是还有运气或偶然性的成分起了作用，所以，他希望能够通过社会正义原则的调节，更加关心那些各种运气上的最少受惠者。

罗尔斯那时的信仰是非常虔诚和投入的，甚至有一种充满激情、"旷野呼告"的特点。比如他谈到皈依就是灵魂无助地站在上帝面前的时刻，"它是哭泣的时刻、低头的时刻，是手臂自然垂放在身体两侧的时刻，是内心悔过和良知极度痛苦的时刻。在上帝面前，灵魂完全开放、跪倒在地、曝露无遗。灵魂无话可说、无可抱怨，没有大声痛哭，没有叫嚷也没有哭喊。这个人完全被撕开；他曝露无遗、毫无遮掩，再也无话可说"。（233）

在罗尔斯后来发表的著作里，我们再也看不到他的宗教信仰的明显印迹。罗尔斯总的来说还是一个行为谨慎和言论节制的人，甚至是一个羞涩的人，他没有公开表露自己心灵最深沉和最隐秘的东西；正像他也不怎么表露自己最直接和表面的、对于现实政治的意见。而更重要的是，他的信仰在二战的最后一年发生了一个关键的转折。

我们知道，罗尔斯出生在巴尔的摩一个传统基督教气氛浓厚的家庭，他也自然而然地成为一个信仰正统圣公会教的教徒。在普林斯顿读大学的最后两年，正如我们从其毕业论文所见，他还变得深切地关注神学教义。但大学毕业后不久他就参军了，到了和日军作战的太平洋战场。而在1945年，他的信仰发生了一个根本的变化，从那时开始，他认为他不再是一个正统的教徒。他在晚年写了《我的宗教观》一文，他在其中说他不能完全清楚改变的各种原因，但最重要的肯定是因为战争。有三件事深深地嵌在他的记忆里：一是牧师在布道中说上帝会让敌人的子弹打不中我们；二是一个非常优秀的好友迪肯和他在差之毫厘之间的偶然牺牲；三是知道和思考了纳粹对犹太人的大屠杀（详参见本书《我的宗教观》原文）。

我们现在可以来具体分析一下这几件事：

第一件事或可说涉及人对神或教义的利用乃至滥用，但这里似乎还是可以有人、神之别，尤其是对强调人、神之别的宗教来说。不一定要因为人的弱点、因为人利用和滥用教义，就怀疑甚至不再信神——除非这种滥用过于严重和广泛，那样的话，人们或许就要思考这一宗教教义及其信奉的神灵是不是出什么问题了。

第二件事则涉及生命的偶然性，即便不说是一种"不公"的偶然性的话，至少是一种完全和正义公平无关的偶然性。为什么恰恰是张三死而不是李四死？甚至在有些时候，死亡的偶然性为什么会落到一个更好或至少更不应当对之负责的人身上，而不是落到一个不如他好或至少更应当对之负责的人身上？罗尔斯早年其实已经有过类似的感受和经历，而这种早年经历可能更起作用。罗尔斯7岁的时候染上了白喉，结果不小心传染给了大弟，他自己还是活过来了，而他的大弟却死去了。而第二年，他又得了肺炎，这一次又传染给了他的二弟，结果也是他活过来了，二弟却死去了。这可能一直是罗尔斯心里的隐痛。还有后来罗尔斯的大学同学也有多人在二战期间捐躯，而他则幸运地活过来了。这些都影响到了以后罗尔斯的思考。后来罗尔斯的正义理论力图尽量消除社会和自然的各种偶然性对人生的影响，可能也与这类经验不无关系。

但在影响罗尔斯放弃传统宗教信仰的因素中，第三件事可以说最为重要。如果说，"在奥斯维辛之后"，连写诗都是"一种残忍"，亦即觉得连对美的追求也含有一种不道德的因素的话，那么，这一惨绝人寰的对犹太人的大屠杀对"神意"支配的正义更是一个严重的挑战：全知、全能、全善的上帝怎么能够容忍这样的生命和道德的大灾难发生？这似乎与任何"隐秘的神意"、"先定的和谐"、"最后的拣选"的教义或理论相忤，无法用其教义来解释和辩护。在陀思妥耶夫斯基的《卡拉马佐夫兄弟》中，伊凡也曾提出了类似的问题，在那里的案例是"残忍地杀死孩子"，伊凡觉得，其他的罪行都可以以一种宗教的精神去理解和宽容，但是，像"残忍地杀死孩子"这样的罪行则无法容忍和宽恕，而对容有这样的罪行发生的上帝，他也就产生了怀疑。在中国，还有像《窦娥冤》中主人公所遭受的极大的冤屈，也容易使受害者愤怒地质问和责难上天。

于是，这里就发生一种并不是因自我利益或荣耀等诱惑，而恰恰是因道德、因正义而走向不信的问题：如果这个社会的正义隐退或消匿，甚至完全看不到它复活的迹象，还能够信仰一个上帝吗？或许人们会说，恰恰如此，更应该寄希望于一个拯救的上帝。但是，人们信仰的上帝不都是在道德和能力上无比地超越于人类的吗，那么，这一造物主为什么造就了这样一个悲惨无望的世界、甚至这样一个邪恶的世界？难道所有的正义都要被推到彼岸，推到来世，而人间的正义却让它荡然无存？当然，这样说可能是把问题尖锐化了。人间的正义肯定是不完满的，但也不会完全死灭，但也可能总有些不公的灾难、让人觉得不可思议，无法忍受，就像我们对今天的社会也还在发生的杀童案件、弑亲案件而困惑不解。而这样的生命的、也是道德的灾难，就容易影响到我们对道德的信心以及对一种超越存在的信心。

无论如何，我们知道，罗尔斯后来投入了一种对社会正义理论的毕生呕心沥血的探讨，这后面一个强烈的动机或许是：即便没有了神意的正义、彼岸的正义，我们至少应当努力去实现人间的正义、此世的正义。即便"上帝死了"，也不是什么事情都可以做。人不可以无所不为，而社会制度也有改善的余地，也就是还有"正义犹存"。

罗尔斯似乎从神学中挣脱出来了，走向了一种人间的正义。和我们所属的这个民族不一样的是，他所属的民族的精神关注主要从近代开始走向人间，而我们的民族则早在三千年前就有了一种面向人间的转向。演变到今天，和世界上其他民族相比，我们这个民族好像是宗教气质最不浓的一个民族（我这里主要指的是汉族）。

对于社会的多数人来说，他们大概都会自然而然地接受各自所属的民族的文化习俗和传承。然而，总还是会有一些人，他们会感到不安，会费心思索，甚至由于某种契机有一种心灵的震撼，从而反省传统的文化习俗或宗教信仰。各民族中总还是会有一些人，他们会力图争取一种精神的"解放"，只是各自寻求精神解放的方向是不一样的。

而我们民族中一些人心底所渴望的精神解放，似乎有点像是和罗尔斯对着走过来的。罗尔斯因感觉社会失去正义的震撼，而怀疑到上帝的存在，或至少认为，在这样的事情上，不能再依赖上帝，于是，他转向了对正义的毕生探讨。而我们民族中的一些人，则可能也由于类似的原因，例如社会的不公或者个人的不幸，但却是走向上帝。

罗尔斯也许正因为脱离了传统强势的宗教信仰和神学语言，才会那么投入地探讨社会正义而取得丰硕的成果；而我们也许要诉诸一种强大的精神信仰——包括对正义的信仰，才能脱离一种过于实用主义甚至机会主义的策略而重新安顿好我们的精神生活与社会秩序。因"信"而走向"义"，走向"德"——在我们这里，是否会是一个更有力的倾向？

当然，一个民族的精神传承并不会完全失去。从罗尔斯一方来说，我们其实还是可以在他的正义理论深处察觉到信仰留下的痕迹，比如说他对正义的某种普遍性、绝对性乃至永恒性的信念，他对弱势者充满同情的精神。我想，罗伯特·亚当斯的下述看法是有道理的：《我的宗教观》这篇文章"并没有明显地丢掉在信仰中承认上帝存在的观念"；罗尔斯可能还持有一种上帝的观念，虽然是"并非专属于基督教的上帝观念"；该文中的一些文字暗示着"他仍然认为他自己是一个有神论者"。我不知道罗尔斯晚年是否重温过他年轻时候写下的这些句子，他曾经写道："人用错误的方式力图使自身重归上帝，他不仅焦虑而且无知。面对他的诉求，上帝毫无回应。四季更迭、阳光普照、雨露滋润，自然法则亘古不变。上帝依然保持沉默。在上帝的沉默面前人是多么无知啊！人还能做什么，还能知道些什么呢？……因此，人凭借理性是无法认识上帝的，即使假定关于上帝存在的一些传统论证是有效的……它们或许能告诉我们上帝是全知全能、永恒不朽的……上帝依旧是个巨大的未知者……这种关于上帝的知识只能来自上帝：'除了在人里头的灵，谁知道人的事。像这样，除了神的灵，也没有人知道神的事。'"（224—225）我相信，有过这样体验的人的心灵还是会足够超越的。

而对于我所属的民族的人们来说也是如此，我们可能还是会相当世俗，而世界现时代的方向也是更偏向世俗的。一个典型的现代性问题是：上帝死了，是否我们什么事都可以做？这世界是否还有正义？

然而，现时代"脱魅"的人们，虽然不再容易决定性地投入一种宗教信仰，但精神信仰在人们心灵中的维度却不会轻易消失。无论如何，信仰是不可能被轻易打发的。我们是准备就这样带着疑问，甚至连疑问也不带就进入死亡呢，还是要仍然继续信仰的探求？这不仅是为了个人的安身立命，也是为了支持正义的事业。当正义微弱的时候，信仰能给正义以强大的精神支持；当正义似乎真的死灭了的时候，人们也还能在信仰中保留正义复活的种子。

我们还没有到最后的时刻。世界没有到最后的时刻，个人也没有到最后的时刻。我们会继续生活，继续探讨，而除了在理论的领域，我们是否还会在某个地方和罗尔斯相遇？

＊　　　　＊　　　　＊

综上所述，我认为，罗尔斯本科毕业论文的一个首要意义，是它确立了罗尔斯一生的道德和政治哲学的一种反目的论的基本立场。他在年轻时的这篇论文中主要反对的还是目的论的古典主流——其中包括柏拉图、亚里士多德的非神学的完善主义，也包括奥古斯丁、阿奎那的神学完善主义。而在后来的《正义论》中，他试图用他所构建的"公平的正义"理论替代的，则是现代目的论的主流——功利主义。

罗尔斯还在他这篇早年论文中特别鲜明地刻画了一种"自我中心主义"或者说"自我实现论"、"立己主义"。这种"自我中心主义"在"观念的人"——比如艺术家、思想家——那里是真正自我的、小我的；而在"行动的人"——尤其是政治家——那里则会是以"大我"隐藏一己之"小我"。罗尔斯在他生活的时代对后一种所谓"大我"的自我实现论中的一种——即以"优秀种族"为名义的"立己主义"（即"纳粹主义"），已经有了强烈的感受和批判；但对另一种以"先进阶级"为名义的"立己主义"却还难有明确的体验和认识。

罗尔斯的正面观点即义务论的观点在他这篇毕业论文中表现为对人格关系的强调，即反对以追求目的为标准来确定行为的正当性，反对以追求善为基调来确定罪与信的意义，而主张以共同体中的人格关系本身（这种人格关系在他的信仰时期还包括人与上帝的关系）来作为确定行为的正当性或者说有罪与否的基准。他后来离开了正统的神学信仰，但并没有离开这种反目的论的立场。

而在青年罗尔斯对人格关系、共同体的强调中，我们说，他已经预示了他后来的道德与政治哲学的基本倾向与特点，这主要表现为：首先，他始终注意人与人的关系，即他是在人与人的关系中观察道德、确立伦理的涵义。在伦理上最重要的不是自我追求什么、一个人一生要达到什么目标，而是他和其他人——无论是作为个人还是群体的"他人"的关系。正是这种相互关系才充分显示出一种道德的意义。甚至可以极端地说，如果一个人的行为不涉及人际关系，不影响（尤其指负面的影响，即妨碍和伤害）到他人，也就基本上与道德无涉。

其次，罗尔斯还认为，这种人际关系还应当体现出一种"人格关系"的特点，也就是说，这种人际关系还有一种实质性的涵义，即它和"自然关系"不同（他所说的"自然关系"其实并不只是指人与对象的关系，也包括被"对象化"了的人际关系），也就是说，还应当把其他所有人当人看待，当人来对待；或者说，要"人其人"，以合乎人性和人道的方式对待他：不把其他人作为手段和工具、作为"他者"来看待，而是作为和"我"一样的"你"、作为目的本身。人际关系应当是一种"你我关系"，在更抽象的意义上，是一种我们必须脱离"自我"，从普遍的乃至"上帝的"观点看待的一种关系。

所以，罗尔斯在此文中强调共同体、强调共同体对于自我的根本重要性。而罗尔斯后来在他的著作中强调社会、强调制度，尤其是社会基本结构的重要性，强调制度正义原则对个人义务原则的优先性，应该说和他早期这种对共同体的强调是很有关系的。虽然那时在他那里共同体还是采取与上帝融合的形式，而正义也是与上帝紧密结合在一起的。他那时显然对共同体及其正义还有一种很高的期望。而他后来在《正义论》中所考虑的只是一种适用于社会基本结构的基本正义；在《政治自由主义》中他更进一步不仅将宗教信仰，也将具有"广泛理论"含义的道德形而上学排除在我们可以寻求的"重叠的"政治正义共识之外；而在《万民法》中，甚至他所提出的正义原则的某些内容（例如差别原则），也被他认为不适合用来处理国际关系。

总之，人——共同体——上帝，这或可用作我们理解罗尔斯这篇本科毕业论文的主要线索，甚至也可用作我们理解罗尔斯后来著作的一把入门钥匙。人——这里的人其实在年轻的罗尔斯那里就已经是现代社会中的人，其努力的目标已经不再是个人完善，无论是有神论的还是无神论的完善。或者说，更优先考虑的是涉及人格关系的行为和态度的正当性。共同体——由于人并不是孤立的，人本性是社会的动物，是一定要生活在共同体中的动物，所以要对共同体或者说社会给予特别的强调。正是由于这种对共同体的重视和强调，罗尔斯开始了他毕生的事业，那就是对于社会正义或正义共识的探讨。上帝——上帝在青年罗尔斯的这篇论文中是其热烈的关注，但后来在他那里，上帝是隐秘的了。上帝不再是思考的主题，不再是理由的根据，而宁可说是一种后面支持的精神，或许还是一种个人的信念，一种可能是作为背景或远景的隐秘存在。

# 导 言

乔舒亚·科恩（Joshua Cohen）、
托马斯·内格尔（Thomas Nagel）

1. 2002 年，约翰·罗尔斯与世长辞。在罗尔斯的遗稿中，人们发现了一篇题为《我的宗教观》的简短论文，也就是本书所收录的两个文本中的第二个文本。这篇创作于 20 世纪 90 年代[1]的文章显然不是为了发表，而可能是为家人和朋友所作，尽管罗尔斯从未将其发送出去。文中，他描述了自己关于宗教信念和宗教态度的心路历程。他提到在普林斯顿大学攻读学士学位的最后两年时光（1941—1942），其时他"开始深入关注神学及其教义"，并考虑进入神学院学习以成为一名圣公会牧师。但诚如他所言，"就像我的大部分朋友和同学所做的那样"，他最终决定从军参战。罗尔斯始终坚守着正统的基督教信念，直到 1945 年 6 月才予以放弃。对此，他带着一种特有的犹疑和不确信的语气推测说，可能是参加二战的经验以及对大屠杀的道德反思促使他的信念发生了转变。当他于 1946 年重返普林斯顿大学时已是为了攻读哲学博士学位。

罗尔斯的朋友们都知道他在二战前一度想要成为一名牧师，却又从未发现能体现那个时期其宗教观点的遗作，即使在《我的

---

[1] 发表于此的文章是罗尔斯电脑中一篇创建于 1997 年的文稿。

宗教观》一文中也语焉不详。然而，就在罗尔斯去世后不久，普林斯顿大学宗教学系教授埃里克·格雷戈里惊讶地发现，普林斯顿大学图书馆竟收藏着罗尔斯的另一篇论文，即本书中篇幅较长的那篇文章——《简论罪与信的涵义：基于共同体概念的一种阐释》。这篇文章是罗尔斯的大学毕业论文，罗尔斯于 1942 年 12 月将它提交给哲学系，之后不久便提前获得了学士学位。[2]格雷戈里是在随意浏览普林斯顿著名毕业生的学位论文目录时偶然发现这篇文章的。不过，当他订购一本并进行阅读时，便立刻认识到它的重要性，并决定对此加以研究。[3]

格雷戈里发现，论文的两位评阅人分别是沃尔特·斯代思和西奥多·格林，他们给予这篇论文 98 分的评分（百分制）。在文章一处脚注中，罗尔斯也表示了对宗教改革史学家哈里斯·哈比森的感谢，不过我们仍然无法确定谁是这篇论文的指导老师（斯代思是罗尔斯博士论文的指导老师）。

3

2006 年，格雷戈里与罗尔斯的遗孀玛格丽特·罗尔斯取得了联系，并建议她公开发表这篇论文。对罗尔斯女士及另一位遗稿保管人斯坎伦来说，这是一个艰难的抉择。罗尔斯还保存着这篇

---

〔2〕 在一篇未发表的自传性短文中，罗尔斯说，他提前一个学期从普林斯顿大学毕业，"所有学习和考试都在［1942 年］12 月圣诞节前夕结束了"，不过他没有提到这篇论文。依据 1993 年夏天对罗尔斯进行的录音采访，托马斯·博格在他的一本研究罗尔斯的著作中介绍罗尔斯生平时提到了这篇文章。但他只告诉我们这篇论文的主题与宗教相关，文章的创作灵感来自于罗尔斯在 1942 年春季学期选修的一门研究人类的恶的课程，课程的主讲人是诺曼·马尔康姆，阅读文献包括柏拉图、奥古斯丁、菲利普·利昂、莱因霍尔德·尼布尔以及巴特勒主教的著作。除巴特勒的理论外，其他几人的学说都在这篇论文中发挥了重要的作用，见博格：《罗尔斯：生平与正义理论》（*John Rawls：His life and Theory of Justice*），纽约：牛津大学出版社，2007 年版，第 11 页。

〔3〕 格雷戈里的研究成果体现在他的一篇富有启发性的文章中：《原初状态之前：青年罗尔斯的新正统神学》，载于《宗教伦理学期刊》（"Before the Original Position：The Neo - Orthodox Theology of the Young John Rawls," *Journal of Religious Ethics*）第 35 辑第 2 期（2007 年），第 179 - 206 页。

论文的另一个复本，那是他从两位论文评阅人那儿拿回来的，页边空白处写满了两人的初始意见。这个复本被收藏在哈佛大学图书馆的罗尔斯资料库中，之前并未引起人们的注意，如今却被大量影印并在他的许多朋友和学生中广为流传。

在罗尔斯患病晚期以及去世之后这些年，由于一些人的帮助，他的好些作品终于付梓出版。但这些书的出版都得到了罗尔斯的允许，而此篇论文的发表却有着异于往常的背景：这是一部年轻时期的作品，是罗尔斯迫于时间压力为达到毕业要求而完成的。也就是说，这篇论文只是为了符合两位论文评阅人的眼光，文中所表达的也是罗尔斯业已抛弃的一些观点。看似明确的是，罗尔斯从未料想到这篇论文有一天会付诸出版，倘若询问他的意见，他必定是不同意发表的。这是反对发表此文的一个重要理由，当然罗尔斯可能会赞同把这篇论文留在普林斯顿大学和哈佛大学的图书馆里，让人们只能通过更为有限且麻烦的方式才能查阅到它。

除罗尔斯本人可能不愿意发表以外，还存在另一个问题：鉴于文章的粗糙与稍嫌平淡，发表此文是否有损罗尔斯的声誉。人们普遍认可这样一个假设：如果罗尔斯被问及发表一事，他并不会表示同意。就这一假设应该获得多大的重视，人们仍然意见不一。不过，它的意义似乎绝对要小于一个实际的反对所具有的决定性意义。因此，我们有必要更为直接地思考这样一个问题：发表这篇论文与我们有责任忠实于罗尔斯以及我们尊重对他的记忆是否相一致。

文章本身的质量对这一问题作出了一个令人满意的回答。此文读来可谓感人肺腑：对一个 21 岁的人而言，它无疑是篇出类拔萃的文章，形象地说，青春的激情与坚定的伦理信念令此文生气盎然，作者的博学多闻与深刻的哲学反思凸显其独到见识。文

4

章虽然质量不均（第二章和第三章逊色于其他章节），却已经显现出罗尔斯特有的智识及其道德的和精神的动机。它创作于二战中期，当时罗尔斯正打算成为一名战士。透过他对法西斯主义和纳粹主义的反思，我们可以感受到这种阴郁的历史背景。鉴于文章所展现的令人敬佩的学识及人格魅力，我们更不能认为它有损我们对罗尔斯的记忆。

即便发表这篇论文不符合罗尔斯的利益，但有一点似乎可以确定，如果能让更多的人受益，那么发表它就是合情合理的。除却纯粹的传记性价值，这篇文章也是理解罗尔斯思想发展脉络的一个重要资源。尽管没有理由把它当做由罗尔斯本人付诸发表的作品，但将其视为被他人公之于世的一个重要文献似乎是可以允许的。这就像是出版一位作家的书信，用以阐明他业已发表的作品。

一种可替代的做法是，在哈佛大学哲学系网页上发表这篇文章。不过更可取的办法似乎是，以书的形式将它与《我的宗教观》一并出版，并且把有关它与罗尔斯后来的作品之间关系的一些评论，以及有关它的神学内涵与背景的一些更重要的评论涵括进来，而后者正是本书中罗伯特·亚当斯（Robert Adams）的文章特别关注的问题。

5　　　经过再三考虑，罗尔斯的遗稿保管人最终决定授权哈佛大学出版社出版这篇论文，于是才有了读者面前的这本书。

2. 罗尔斯的研究者以及与他有过私交的人都察觉到，不论罗尔斯持有何种信念，他的生活和写作都散发着一种浓厚的宗教气质。例如，他说政治哲学的目标是捍卫理性的信念，尤其是捍卫对可能的正义的宪政民主政体的理性信念，[4]对这种可能性的认

---

〔4〕　约翰·罗尔斯：《政治自由主义》［以下简称为 *PL*]，（纽约：哥伦比亚大学出版社，1993 年版，1996 年平装版），第 172 页。

识形成了我们"对整体世界"的态度。[5]他暗示，倘若建立一个合乎理性的正义社会是不可能的，那么一个人可以合理地发问："人类生活在这个地球上是否还有价值"。[6]在《正义论》的结语部分，罗尔斯用激动人心的语气说明了原初状态如何让我们从一种永恒的观点（*sub specie aeternitatis*）来看待社会以及我们在其中的位置。[7]这些以及类似表达都反映了罗尔斯渴望获得关于世界的一种全面性观点，这构成了他的宗教气质的一个要素。

　　宗教和宗教信仰也是罗尔斯政治哲学中的重要主题。譬如，他的第一正义原则——平等的基本自由原则旨在"推广宗教宽容的原则"。[8]广义上说，他的正义理论是在部分地回应这样一些问题：在存在宗教冲突的情况下，政治合法性何以获得？在拥有不同宗教信仰的公民中，如何避开宗教信仰来进行政治辩护？这些问题是罗尔斯政治自由主义理论的核心，政治自由主义的基本问题被罗尔斯表述为："对于那些肯认某一基于宗教权威（譬如说，教会或《圣经》）的宗教学说的人来说，如何能让他们也坚持一种支持正义民主政体的合乎理性的政治观念?"[9]出于这些

6

---

　　[5]　同上，第128页。

　　[6]　同上，第 lxxii 页；又见约翰·罗尔斯：《万民法》（附《公共理性观念新论》）[以下简称为 *LP*]，（剑桥、马萨诸塞州：哈佛大学出版社，1999 年版），第 128 页。（此处译文参照了中译本，见万俊人译《政治自由主义》，译林出版社，2000 年版；张晓辉等人译《万民法》（附《公共理性观念新论》），吉林人民出版社，2001 年版。下同。——译者）

　　[7]　约翰·罗尔斯：《正义论》在在 [以下简称为 *TJ*]，（剑桥、马萨诸塞州：哈佛大学出版社，1971 年版，1999 年修订版），第 514 页（所有页码索引均以修订版为准）。

　　[8]　约翰·罗尔斯：《正义论》，第 180 页脚注 6 及第 181 页。（此处译文参照了中译本，见何怀宏等人译《正义论》（修订版），中国社会科学出版社，2009 年版，下同。——译者）

　　[9]　这句话出自《政治自由主义》平装本的导论部分，在其中罗尔斯解释说，第一版之所以没有"明确地确认它所谈论的哲学问题"，原因在于它过于广泛地讨论"合乎理性的宗教学说、哲学学说和道德学说"，而没有确认与宗教学说和宗教权威相关的特殊问题。见《政治自由主义》平装本，第 xxxix 页。

理由，罗尔斯的宗教态度及其发展史不论对本人而言，还是对理解他的思想而言都特别具有吸引力。

发表于此的两个文本以两种不同的方式关系到我们对罗尔斯的理解。第一，它们展示了罗尔斯对宗教的深刻了解和认识，这些研究和认识构成了他后来重视区分宗教和政治的背景。与很多自由主义者不同，罗尔斯并不是被世俗文化塑造的思想家。如他所言，虽然他受到了来自圣公会教徒家庭的习俗式宗教教育，但是在普林斯顿大学的最后两年中一切都改变了。在毕业论文中，罗尔斯极其生动地阐述了自己的宗教信仰，表达了他对罪的实在、信仰以及神的存在所具有的一种强烈感受。文中首要的"基本预设"是，"存在着被基督徒称为上帝、并在耶稣基督那里显示自身的一种存在者"（111）。[10]凭借他自身的宗教体验，罗尔斯在其成熟期作品中反复强调宗教信仰在信徒生活中的重要性——他把宗教信仰描述为"非协商性的"和"具有绝对约束力的"[11]——并强调建立一种正义理论以严肃对待宗教信仰的必要性。

第二，文中以宗教形式所表现的道德信仰和社会信仰复杂而又明显地关联于罗尔斯后来的道德及政治理论作品的核心思想。他所谓罪、信以及共同体的观念既是道德观念也是神学观念。尽管彼此存在根本性的差异，但它们都预示了《正义论》中的道德图景。文章与罗尔斯后来的作品之间的主要联系体现在这些方面：（1）赞同一种由人格关系而非追求至善所界定的道德；（2）坚持个人分离性的重要性，因而道德共同体或信仰共同体是存在于众多独特个体之间的某种关系；（3）拒斥下述"社会"的概

〔10〕 这篇论文及《我的宗教观》的页码索引都标注在文中圆括号内。（圆括号内所标注的是本书的页边码。——译者）

〔11〕《政治自由主义》，第 311 页及《正义论》，第 182 页。应该说这两个词不仅用来形容具体的宗教承诺和宗教义务，也常用来形容道德观点和道德义务。

念：社会是自利个体之间的一个契约或讨价还价的协议；（4）谴责建立在排他性与等级制之上的不平等；（5）拒斥"功绩"（merit）这一概念。

这篇文章与罗尔斯后来的作品最显著的不连贯性体现在：它仅仅谈到了与社会相关的道德概念，而没有提及与之相关的政治概念，有关权利、法律、宪法以及民主的思想也并未在文中出现。更值一提的是，文章未曾暗示价值与信仰的冲突是不可避免的（即便在理性的人们中），也未曾暗示我们必须抛开自己的一些最根本的信仰以制定出正义的原则——作为公平的正义和政治自由主义的核心思想。在这里，面对即便在良好的社会政治条件下也不可避免的分歧，罗尔斯并未提出一种正义观来做出某种回应，他说："政治学的主要问题就是制定出某种社会安排方案，它能如此驾驭着人类的罪以致共同体与人格的自然关联得以可能。"神学、伦理学以及政治学都面临着同一个问题：即，"控制并驾驭世间之罪的问题"（127—128）。[12]

我们的讨论将从哲学上的这些连贯性和不连贯性入手，然后再回到罗尔斯在政治、宗教和公共理性方面的成熟观点。

3. 在论文中，罗尔斯站在与他所谓的"自然主义"相对立的立场上陈述了自己的伦理观点。他所说的"自然主义"并不是现在的哲学所谈论的那个"自然主义"，即认为一切实在都完全可用自然科学的术语来描述的立场。这不太可能是他想要表达的意思，因为在所有的哲学家中，他尤其将柏拉图、亚里士多德、奥古斯丁和阿奎那视为自然主义的代表人物。他说："我们所理解的自然主义并非唯物主义，而是以自然主义的术语来构建宇宙的任一观点。"（119）在陈述自己的观点时，罗尔斯区分了两类关

8

―――――――――

〔12〕　更广泛的讨论可参见本书第126—128页对政治理论之含意的简短论述。

系——自然关系和人格关系——通过对照人格关系，我们可以更好地理解"自然的"含义。

自然界具有广袤的空间，并包含有人体在内的各种"对象"。自然界的事物通过各种各样的方式相互作用，所有的对象都能相互产生因果作用，但人还会与其他对象进入感知、欲望、厌恶等诸如此类的心理关系。人与对象的这类关系——尤其是感知和欲望的关系——罗尔斯称之为"自然"关系。

9　　然而，在世界中人们之间还存在着另一类截然不同的关系。与人和对象之间的自然关系不同，这些关系本质上是人格间的（interpersonal）或共同体的（communal）*，以相互关怀为特征：

> 因此"我"与"你"之间是一种人格关系；欲望着某物的"我"与被欲望的事物（如饮食）之间是一种自然关系；而任意两种事物之间都是一种因果关系，正如桌上的饮食与桌子之间的关系。（114）

这种解释尽管相当粗糙，但并不妨碍我们理解罗尔斯的意思。"我—你"的关系不是在世界中的人与对象的关系，而是要把另一独特的自我视为与我自身一样具有人格力量的人：

> 一种人格关系以"你"在另一方为特征；一种自然关系的另一方则是"那个"或"它"，即某个对象。与我们相对的是"你"而不是对象这个事实改变了这种关系的整体环

---

* 结合具体的语境，communal 一词在书中的译法有所变化：在涉及关系、拯救、拣选、义务和目标等时译为"共同体的"、"关乎共同体的"或"共同体式的"；在涉及人和灵魂时译为"共同体的"、"共存的"、"共存性的"；在涉及宇宙、上帝和基督教之爱时译为"共有的"、"共有性的"，其名词形式 communality 则统一译成"共存性"。——译者

境，没有人会以对待对象那样的方式去对待人。在人格关系
中我们意识到，我们是与类似于我们自己的"他者"相关
联。(115)

可见，与自然关系不同，人格关系的双方都是主动的，另一方即
"你"的活动同时包含着评判与自我揭示。[13]

　　运用自然—人格的这种区分，罗尔斯批评了他称之为自然主
义的一组伦理观点。这些观点把所有关系都看做是自然的，并设
想伦理学的目标是界定人类努力争取和欲求的恰当对象。虽然这
些理论在对象是什么（幸福、善的型相［form］* 或上帝）以及
人类到达崇高目标所需条件（知识、教育和驯化或上帝的救恩）
上意见不一，但它们都建基于对某个对象而非人格间关系的欲望
上。文章说，自然主义将精神生活归约至"欲望与嗜欲的层次"**
(107)，仿佛"包括上帝在内的整个宇宙都能被自然化"(157)。

　　然而，真正的基督教伦理学立足于对人格和共同体的独立实
在及基础性地位的认知（111—112）。它关心人们相互之间的适
当关系。不仅如此，这些人格关系还形成一种关联（116），以致
我们与任何一个人的关系都一致于我们与其他人（包括上帝）的
关系。"宇宙在根本上就是一个精神性的或者具有人格性的宇宙
……世界在本质上是一个共同体，是造物主与受造物的共同体，

10

---

　　〔13〕 在本书第115—118页罗尔斯列举了人格关系的八个特征。
　　* 将form译为"型相"是学界一些人所采用的译法，主要在于强调它向人的理智
所显示的是普遍的真相，书中凡属涉及该词的部分均从此译。——译者
　　** 罗尔斯对"嗜欲"(appetition) 一词的使用受到了菲利普·利昂的影响，他用
它来专指一种对于无人格的、客观的、本性上是自我揭示的事物的冲动，但他并未追
随利昂对"欲望"(desire) 一词的使用。利昂把"欲望"看作一个相当普通的术语，
并把它同时指派给了自然领域和人格领域，认为它能够指称任何驱使性的力量及任何
一种"追逐"或"荷尔蒙的冲动"；而在罗尔斯那里，"欲望"和"嗜欲"是两个意
义相近的术语，都专属于自然领域。——译者

并且拥有上帝作为它的源泉"（112—113）。人格关系可以是积极的，也可以是消极的：其中有爱，也有恨；有共同体成员的友爱，也有妒忌和自我中心主义的骄傲。伦理学和宗教学所应关注的不是追求善的问题，而是建立恰当形式的人格间的关系：共同体。"严格意义上的伦理学，不是要建立起一个人与他所应努力追求的某种客观的'善'之间的联系，而是要建立起人与人之间、直至人与上帝之间的联系"（114）。

罗尔斯接受了安德斯·尼格伦的史学框架，并在文中批评了柏拉图和亚里士多德的自然主义的伦理观念经奥古斯丁和阿奎那而对基督教造成的侵染。根据此种观念，伦理学所关心的不是人格关系，而是每个分离的个体对善的追求。希腊化的基督教把上帝当做至高无上的欲望对象，罗尔斯则斥其为有神论的自然主义："上帝不仅仅是一个最可欲的、令人满足的对象，人格和共同体也不能用自然主义的术语来解释……所有的自然主义思想家都完全遗漏了构成宇宙深层内核的精神因素和人格因素。"（120）

11　　伦理学根本上是一门维持适当人格间关系的学问，而不是追求终极的可欲目的的学问。这种思想与罗尔斯后来的一个观点具有密切的联系，即正义原则并非建立在对所追求的善的一种解释之上，而是要规定自由平等的人们之间公平合作的条款。虽然文中批评的自然主义理论同时包含有形而上的和伦理的主张，但罗尔斯对自然主义目标导向结构的反对预示着他后来对目的论的道德观（无论功利主义还是至善论）的反对。

尽管罗尔斯只有两次顺带提到康德（181、195），但他的观点与这种康德式的理想极为相似：我们应当把所有人都当做目的本身来看待，把人类整体（兼具人性与神性）看作一个目的王国。在罗尔斯后来的作品中，正当优先于善的主张公然表达了一种康德式的道德观，这种道德观建立在人与人的某些关系而非行为与目的的关系之上，即便它是所有人共同追求的一个目的，依然如此。正当不是善的最大化，它表达了对作为分离个体的所有人的平等尊重。[14]

4. 在这篇论文的核心——有关共同体的道德观和宗教观中，我们明显地预见到罗尔斯著作[15]的一个基本主题——个人分离性（separateness）的道德重要性。罗尔斯提出，人类的本质特征在于我们具有朝向共同体的能力，[16]罪扭曲了我们的本质属性，毁灭了共同体，而信则通过使我们融入共同体来实现自身本性：我们对上帝和他人的"开放"战胜了罪所导致的可怕的孤独（124、214、243—252）。虽然"共同体"一词可能包含着其他的暗示，但是我们在其中实现自身本性的人类友爱并不会破坏个人的分离性。相反，人类友爱以确认个体的独特性为基础。这段文字便揭示了这一点：

12

　　首先，我们拒斥神秘主义，因为它追求一种排除了所有特殊性的一致性，并想要克服所有的独特性。既然宇宙在本质上是共有性的和具有人格性的，神秘主义就是不可接受的。基督教关于身体复活的信条在这一点上显示了相当的深刻性。这条教义意味着，我们将带着我们全部的人格和特殊性被复活，并且拯救是要使整个人完全回归而不是要消除特殊性。拯救使人格融入到共同体之中；它不会破坏人格致其消解于某个神秘而无意义的"一"之中。（126）[17]

---

〔14〕《正义论》第 6 节。

〔15〕《正义论》第 5 节。

〔16〕罗尔斯认为人天生就是共同体的动物的这种观点与他对上帝的形象的解释结合在一起。在他看来，人是根据上帝的形象被创造出来的，而作为三位一体的神，上帝在本质上是共有的：一个实体包含三个位格。见本书 121、193、206 页。特别是，圣父与圣子之间完全的爱和顺服的关系提供了"一切共同体的模型"。

〔17〕也可参见第 127 页对"公意"思想的批判。

个人分离性的重要性进一步体现在这种思想中：为了能够相互交流、彼此认识，我们需要身体和面容。（117—118、152—156）。这一点对理解"道成肉身"的意义也至关重要，而"道成肉身"的重要性就在于，它在我们与上帝之间建立起一种直接的人格关系（118）。罗尔斯远离自然神论，强调仅凭自然宗教或理性无法让我们认识上帝（154、224），与上帝同在的共同体需要上帝亲自向我们显示自身。自然宗教无法告诉我们上帝之名，启示却告诉我们上帝名叫"基督"，如此我们便得以直接与祂对话，就像我们通过知晓他人的姓名来与他人对话一样，这些人向我们显示自己的姓名，并因其名而作为独特的个体被我们认出来（154）。

13　　在后来对道德理论和政治理论中出现的聚合式计算、最大化原则以及人的可替换性思想的批判中，罗尔斯将共同体的概念类比为一种世俗的关系体系，这种观点支撑了分离个体的道德重要性。"把不同的人当做一个人来计算他们的得失的方式是被排除的。"[18]因为道德要求我们把每个人当做一个独特的个体来与之建立某种关系，而不是要求与人的集合建立某种关系。确切地说，罗尔斯对自由的政治道德中的个人之关键论述并未在文中得到暗示。譬如说，人是有效要求的自证之源，人具有形成和修正一种善观念的能力，并且能够为自己的目的承担责任。[19]尽管如此，罗尔斯后来坚持人际区分的重要性却推广了文中的这一主张：人格关系是"我—你"的关系，这个"你"是不可替换的（117）。

　　5. 这篇论文并未详述救人于罪与孤独中的友爱和人格间开放

---

〔18〕《正义论》，第25页。
〔19〕《政治自由主义》，第29—34页。

的条件（206—213），特别是它未曾提出一种可行的积极的道德
（不论是个人的、社会的，抑或是政治的）。或许，制定一套道德
规范或原则不相容于形成信仰共同体的"我—你"的关系，抑或
不相容于基督教爱的理想（这种爱"在给予的时候涵括了整个
人"）（250）。尽管如此，文章确实表达了一些与罗尔斯后来的思
想相一致的强势的消极观点。

其中之一就是对社会契约论的攻击。在青年罗尔斯看来，社
会契约论无非是声称社会建立在自利个体间讨价还价的协议基础
之上（126、227—229）。"霍布斯和洛克政治理论中的正义观念，　14
以及亚当·斯密认为理性的自利是我们对待他人最好的方式的观
点都是对共同体的误解。任何一个依据普遍利己主义解释自身的
社会都会走向某种毁灭。"（189）

在后来的作品中，罗尔斯并不是这个意义上的社会契约论
者，因为在他的作为公平的正义理论中，无知之幕背后的契约概
念主要被当作一个体现公平的价值和道德人的平等自由的理论设
置。作为公平的正义的良序社会并不建立在讨价还价的协议基础
上，它是一个社会联合体，在其中那些体现我们的社会本性的制
度本身就是善的。根据罗尔斯后来的观点，把人们与那些制度联
系起来的并不是自私自利，而是对以平等个体的相互尊重为基础
的正义原则的拥护。这种尊重体现在，愿意遵守在公平状态下将
选择出来的一些原则，而在公平状态中，个体被假定对自己的社
会地位和有关自身天资或信仰的特殊事实毫不知情。

这篇论文还提出了反驳传统社会契约论的一个重要观点：如
果脱离了塑造并支撑自己的社会，人就不成其为人了。它是罗尔
斯后来建立一种独特的社会契约论（在无知之幕背后选择正义原
则）的理由之一。因此，我们不能将社会理解成个体之间的一个
契约，并认为这些个体的愿望和身份是独立于社会而存在的。奇

怪的是，罗尔斯有时会因忽视人之社会性的本质属性而遭受人们的指责，可他从未提倡过文章所批判的那种个人主义。正如他在解释其契约论的独特性时所说的："不单是我们的终极目的和对我们自己的希望，而且还有我们业已实现的各种能力和才能，在很大程度上都反映着我们的人格史、机遇和社会地位。如果这些因素发生了变化，我们就绝对无法知道我们会成为怎样的人。"[20]

尽管存在这些相似之处，文中有关共同体的观念与作为公平的正义却仍然相去甚远。文章暗示，倘若对人类的罪加以遏制，社会问题便能得到解决。罪被定义为"对共同体的拒斥"。自我中心主义——支配或利用他人的欲望——是罪的根源，因为它必将破坏人类关系。自我中心主义者所崇拜的是他自身，并把他人当做潜在的崇拜者，认为所有人都屈从于他，是他洋洋自得地进行自我炫耀的观众。利己主义——对一个人自身利益与目标的关切——也可以转变成有罪的，尤其在受到自我中心主义的蛊惑对他人加以利用时。不过罗尔斯强烈抵制罪是自然欲望的结果这种思想，即便这些欲望是利己主义的：自然世界是善（好）的（第二章），身体是灵魂的殿宇，欲望既不是亲社会的，也不是反社会的（186）。一切不是从破坏我们自身社会本性的方面对罪进行的解释——一切将罪归咎于"外部根源"（189—192）（包括我们自然的欲望）的努力——都是摩尼教异端邪说的变种。罪不能被解释成我们受到欲望的支配，或者在充满诱惑的世界面前的软弱，而只能不可归约地被解释成"灵魂的自甘堕落"（192）。

罗尔斯似乎已经确信，只有当自我中心主义（以及随之而来的利己主义的变体）被加以遏制，共同体之中各种适当的关系才可能、并将会出现。这需要上帝的恩典，也需要被拣选者把其他

---

〔20〕《政治自由主义》，第270页。

人带入一个信仰共同体的努力。罗尔斯说，真正的共同体是"一个在上帝之下因信而结合起来的共同体……正是一群人企图支配另一群人的罪，导致了对共同依赖的恐惧；但是在这种共同体和天国的共同体当中，我们没有这样的恐惧"（127）。

罗尔斯此后同样关注自我中心主义的问题——更广泛地关注对相对地位的过分关切所造成的社会性损害。不过他认为，一个正义的社会可以通过"把平等作为尊重的社会基础"[21]来防止这种损害——具体而言，就是保障平等的基本自由和公平的机会，通过差别原则"把自然能力的分配看作是一种集体的资产"。[22]即便不存在基于恩典的皈依，或不存在信仰的共同体，所有这些仍然能够得到实现。而且，在作为公平的正义的社会联合体中公民们都认可了，终极价值的冲突是无可避免的，最棘手的不是利己主义或自我中心主义的冲突，而是由相互矛盾的理想所导致的冲突。在罗尔斯成熟期的理论中，使具体的政治正义观念成为必要的相互冲突的利益和理想不是罪的一种表现，而是人类在有利条件下运用理性进行判断的结果。[23]

6. 尽管罗尔斯后来的自由主义思想这一方面并未体现在这篇文章中，但关于平等的理想却得到了充分的展现，尤其表现在自我中心主义与骄傲（头等大罪）的紧密结合之中。骄傲在这里似乎并不像弥尔顿所描述的那样，是对神性的一种觊觎和反抗神圣秩序的根源，它是一种超越于其他人的优越感，表现为对奴性仰慕的迫切需求。于是乎，骄傲助长了更常见的一些恶习，比如自

---

〔21〕 《正义论》，第478页。

〔22〕 《正义论》，第156页。

〔23〕 参见另一段重要的论述："所有的人格关系都会形成……一种关联，这个事实使宗教与伦理两者不可分离。一种表面看来完全在伦理领域之内的行动之所以具有了宗教意义，是因为上帝是共同体的主宰，没有任何行为可以脱离与祂的关系……因为上帝是共同体终极的参照，所有的罪都是与上帝有关的罪。"（205—206）

私和拒绝分享，因为财产是优越性的一个标志。自私和敛财欲的根基不是道德上不受限制的欲望，或对他人命运的漠不关心，而是罪孽地接受了一种具有等级区分的、扭曲的人格关系。这就是资本家的骄傲，他们的利己主义反映了一种更深层次的、更具毁灭性的自我中心主义。

骄傲也导致了封闭性群体的形成，后者展示并强化了一种群体的优越感。已然存在的封闭性群体包括宗教性的、经济性的和文化性的，不过现在我们面临骄傲的一种特别致命的形式："在纳粹主义中我们发现，使我们受到谴责或颂扬的是我们血管中流淌的血液的种类。最后这一种封闭性群体是骄傲最具魔性的形式"（197）——之所以成为"魔性的"是因为，当完全沉迷于一种排他性的自我中心主义时，它把万恶之源转变成了自身所具有的善。

罗尔斯此处对纳粹的论述预示了他在《万民法》中的论点：纳粹主义主张一种"对世界的恶魔般的观念"，从某种反常的意义上讲，它毋宁就是一种宗教，同样向人提供拯救和救赎。[24]"纳粹主义是深刻的，但它之深刻乃是从魔鬼是深刻的意义上来说的。它意识到了人的灵性，但它只是看到招致毁灭的自我中心主义之灵"（218）。

然而，骄傲不是恶魔的专利。它无孔不入，尤其可能侵染正直、守法和虔诚的人："通常存在着这样一种倾向，即把社会下层民众称为最邪恶的罪人。于是街头拉客的妓女、乞讨者、流浪者、小偷和酒鬼常常成为替罪羊。然而，真正的罪人是为自己有别于此而感到自豪的那些人。"（201）

18　　7. 这使我们看到，此篇论文与罗尔斯后来的观点之间存在着

---

〔24〕《万民法》，第20页。

一个特别显著的连贯性：对功绩的拒斥。《正义论》最为著名、最具争议性的观点之一便是，一种公正的社会秩序不应旨在按照应得来分配利益。[25]罗尔斯在那里并非完全拒斥道德价值或道德应得的概念，而只是否认它能够成为良序社会中人们决定分配的份额或获得其他任何权利的适当基础。然而，不难察觉这样一种大致的意思：通常被认为涉及"应得性"的那些因素并不完全在我们的控制范围内，以致不能成为道德要求的来源："甚至努力和尝试的意愿、在通常意义上的杰出表现本身都依赖于幸福的家庭和社会环境。"[26]

当我们在文中看到罗尔斯对裴拉基派和半裴拉基派*教义的驳斥时，这种观点便强有力地呈现在我们的脑海中（170—174、229—230）。与奥古斯丁一样，罗尔斯也否认我们可以通过自己的功绩——自由地选择德性或各种形式的事工来获得拯救：

在上帝面前不存在任何功绩，在祂面前也不应该存在功

---

[25]《正义论》，第48节。进一步的论述参见约翰·罗尔斯：《公平的正义：一个重述》，伊恩·凯莉编（*Justice as Fairness：A Restatement*，ed. Erin Kelly），剑桥、马萨诸塞州：哈佛大学出版社，2001年版，第72—73页。

[26]《正义论》，第64页。辅助性说明详见第274页。

* 半裴拉基主义指429—529年流行于法兰西南部的反对奥古斯丁神学的学说。裴拉基主义否认原罪，认为人有完全的自由意志。半裴拉基主义则认为：人人皆有原罪，而原罪是使人堕落的力量，如果没有上帝的恩宠，人无法克服这种力量，恩宠为基督教徒生活及行动所必需。他们也认为洗礼包括婴儿洗礼是必要的。但是他们驳斥奥古斯丁的学说，力辩人内在的腐败并未严重到使人不能凭本身意志趋向基督。根据这种理论，人在不受外力援助的情况下，可以靠自己的意志接受救恩的福音，但如没有上帝的力量，仍不能实际上悔改得救。较晚近的半裴拉基主义则认为，上帝的促进力并不是上帝凭着慈爱之心注人人心灵的内在力量，而仅仅是指传教的外部作用或《圣经》经文所传达的福音和上帝的应许与警戒。半裴拉基主义最强的论点在于它强调上帝的义；它说，如果上帝使人连迈开争取救恩的第一步的本性都没有，上帝就不成其为义。但是，半裴拉基主义的逻辑结果必然是：人争取得救的意志，并不需要上帝无条件的、超乎自然的、慈爱的授权与鼓舞。见《不列颠百科全书》，中国大百科全书出版社1999年国际中文版。——译者

绩。真正的共同体不会计算其成员的功绩。功绩是一个植根
于罪并应彻底舍弃的概念。(241)

这是一个与对神恩的解释相结合的神学断言。但注意下面这段
话:

> 人一旦察觉到圣言的启示乃是一种自我审判,就会抛弃
> 所有关于他自身功绩的想法……他越检视他的一生,就越会
> 完全诚恳地看待自己,越会清楚地意识到他所拥有的都是一
> 种恩赐。假如以社会的眼光看来他是一个正直的人,那么此
> 刻他将会对自己说:"不错,你确是一个有教养的人,但谁
> 支付你的教育费用? 不错,你确是一个善良正直的人,但谁
> 教导你彬彬有礼并且提供令你无需偷盗的好运气? 不错,你
> 确是一个有爱心的人,而不像是那种铁石心肠的人,但谁在
> 一个好的家庭中养育了你,谁在你年幼时关心疼爱你以致你
> 长大后将会感激友善——难道你拒不承认你已获得和拥有的
> 这些东西吗? 那么心存感激并停止你的自我吹嘘吧!"(240)

这些表述虽与启示相关,却可被赋予一种纯粹世俗的意义。它们
直接引起了构成差别原则基础的道德感的问题。

令人惊奇的一点是,罗尔斯将裴拉基派依据功绩进行拣选的
思想和他一贯反对的个人主义契约论结合在一起。两种观点把我
们与上帝或与共同体中其他人的关系看做一种讨价还价的协议,
因而都假设那些关系植根于一种先在于共同体的、确定的个体性
之中。这种"协议式基础"使真正的共同体无法得以实现
(227—230)。

8. 如前所述,多元主义思想以及合乎理性的人们之间善与信

仰的冲突对罗尔斯的自由主义思想至关重要，不过这些问题并未在文中得到体现。文中关于共同体的理想意味着一种和谐与普遍的人际关怀，它们使得政治或许正义都不再是必需的——因为两者都与面对利益与信仰冲突的集体决策相关。与之相反，罗尔斯在业已出版的作品中却提到，促使人们追求正义与合法性的正是无可避免的利益矛盾和教义分歧，甚至在具有善良意志的人们当中也是如此。我们不能仅仅依靠消除罪来追求一个正义的社会，因为正义既不是对罪的回应，也不是对自我中心主义的回应，事实上它根本无法矫治人类的任何缺陷。

因此，罗尔斯思想发展过程中一个决定性的突破就是，将政治问题视为某一独特的道德问题的表达。了解这一突破是何时以及如何发生的将会很有意思。罗尔斯在《政治自由主义》（1993年版）的导论中说，《正义论》（1971年版）没有区分"道德哲学和政治哲学"，[27]但他其实早就开始关注政治社会中特殊的道德问题。早在写作博士论文时（提交于1950年，主要讨论理性在伦理论证中的作用），罗尔斯的哲学研究便得到了一种政治感的推动，虽然这一点并不曾体现在他的大学毕业论文里。正因如此，他在博士论文中写道，一种"有关政府的民主观念……会把法律视为公共讨论的成果，而讨论所针对的是哪些约束政府及公民的规则能得到人们的自愿遵从。"为此他继续写道，"理性的讨论……构成了合乎理性的法律的一个至关重要的先决条件"，对"伦理原则之理性基础"的考察充当了"道德哲学和民主理论的一个补充"。[28]在此，道德哲学的问题与民主制下公共论证的问

20

----

〔27〕《政治自由主义》，第 xvii 页。

〔28〕 约翰·罗尔斯：《伦理知识的基础研究：关于对品性之道德价值的判断》（*A Study in the Grounds of Ethical Knowledge：Considered with Reference to Judgements on the Moral Worth of Character*），（博士论文，普林斯顿大学，1950 年），第 7—8 页。可登陆 UMI 数据库学位论文服务器查阅（安妮·阿伯，密歇根州）。

题紧密联系在一起，这种思想已迥然有别于罗尔斯在大学毕业论文中表述的观点，同时也预示着将作为公平的正义视为"民主社会最恰当的道德基础"这一观点的出现。[29]

然而，虽然罗尔斯开始认识到，一个正义的社会不可能是一个"在上帝之下因信而结合起来"的共同体，个人的知识背景和宗教体验却对他后来的思想——尤其是在一个民主社会中我们可以合理期望何种公共理性的思想——的形成至关重要。与许多对宗教一无所知的自由主义者的思想不同，罗尔斯的自由主义思想建立在对宗教信仰之重要性的真切感受，以及对真正的宗教与习俗宗教之区别的理解之上。当他说宗教改革"把一种超验的不容妥协的因素引入了人们的善观念"时，他知道自己在说什么。"这种因素迫使大规模的冲突要么只能通过环境的改变和内耗而得到缓和，要么就让位于平等的良心自由和思想自由"。政治思想必须认识到"不可调和的潜在冲突的绝对深刻性"。[30]

罗尔斯坚持与那些终极性承诺相一致、但并不依赖于它们的政治辩护领域的重要性，这并不是在贬损宗教的价值。恰恰相反，自由和政教分离的重要性就在于，它们使一个多元社会的全体成员对公共政治制度的承诺成为可能，也使得一项共享的公共辩护事业成为可能，尽管在世界的性质、生命的目的以及拯救的途径这些问题上人们仍然存在终极性的分歧。罗尔斯强调，这种分歧的存在不是一种灾难，而是人们自由运用理性的自然结果。

《我的宗教观》将描述罗尔斯前期的思想转变：战后早期他对异端裁判所的历史的研究。罗尔斯对正统基督教的拒斥，与他对它运用"政治权力建立霸权并压制其他宗教"的漫长历史的批判是并行不悖的（264）。但从始至终他所意图表明的仍然是，宽

---

〔29〕《正义论》，第 xviii 页。
〔30〕《政治自由主义》，第 28 页。

容并不依赖于宗教怀疑主义——宽容与信仰完全相容，并能为有信仰的人所接受。

在具体阐述政治自由主义时，罗尔斯回应了下述指责：一种自由的政治观不过是建立一个政治机构以奉行一种全面自由的生活哲学——世俗的、怀疑论的、无视道德秩序先于人类意志而存在的思想——因而它敌视具有信仰的公民。罗尔斯不同意这种指责，他相信公民可采取多种无分优劣的方式来赞同共同的政治原则："当赞成宪政民主体制时，宗教学说会认其为上帝为我们的自由划定的限度；非宗教学说则会以其他方式表现自己。"[31]我们从"宗教和哲学的历史"中得知，"我们可以有多种合乎理性的方式来理解这一较为广阔的价值王国，认为它与政治正义观念所具体规定的特殊政治价值领域相互一致，或相互支持，抑或互无冲突"。[32]

此处，罗尔斯在《我的宗教观》中对博丹宽容思想的论述极富启发性。他说，博丹"不像斯宾诺莎那样，在拒斥或改变了自己的宗教信仰后才赞同宽容"。相反，作为一个天主教徒，博丹对宽容的赞同是以宗教为基础的，而且并不只是出于政治理由。不仅如此，博丹还表示，一种可接受的宗教必须确定"宽容为宗教教义的一部分并且将它与政治观念区分开来"（266—267）。

在最晚近的作品中，罗尔斯试图用公共理性概念阐述他的政治辩护观。他的意思是，创建一个政治论证的公共空间，使它能轻而易举地包容对各种宗教信仰和道德立场的合理支持，并且自身独立于某种全面的哲学观或宗教观。这个提议与他的全部作品一样招致强烈的批评。然而与他的自由主义动机大体相似，这一提议的动机并非来自对宗教价值的贬损，而是源于对其终极价值

23

---

〔31〕《公共理性观念新论》，《万民法》，第151页。
〔32〕《政治自由主义》，第140页。

的一种理解。

罗尔斯告诉我们，"在我读过的许多关于宗教的文献中，几乎没有哪部作品能像让·博丹的《七智者论崇高的秘密》那样令我震撼"（266）。在该书的结尾，参与对话的七个人——天主教徒、犹太教徒、路德会教徒、加尔文教徒、穆斯林教徒、自然主义哲学家和怀疑论者——结束了他们的对话，"在互爱中拥抱彼此"。然而，他们之间这种"令人惊叹的和谐"并不建立在改宗的基础上，更不建立在分享同一种世俗主义的观念上。相反，博丹告诉我们，"此后，虽然每个人都维护各自的宗教在各自生活中神圣不可侵犯的地位，但他们再未就宗教问题进行其他的对话"。[33]

---

〔33〕 让·博丹：《七智者论崇高的秘密》（*Colloquium of the Seven about Secrets of the Sublime*），马里恩·莱瑟斯·丹尼尔斯·昆茨（Marino Leathers Daniels Kuntz）译，普林斯顿：普林斯顿大学出版社，1975 年版，第 471 页。

# 青年罗尔斯的神学伦理学及其背景

### 罗伯特·马里修·亚当斯（Robert Merrihew Adams）

在这篇文章中，我的目的是要阐明，罗尔斯作为普林斯顿大学本科生写于 1942 年秋的本科毕业论文的内容以及他对文中提到的几位作者思想的运用。论文的论域比论文题目《简论罪与信的涵义》所能提示的要宽广得多。其理论核心就是被罗尔斯称作自然主义伦理学和严格意义上的伦理学之间的对比，后者关注着人格关系和共同体。在第二部分，我将讨论构成这个对比的那些概念（特别是那些与利己主义和自我中心主义相关的概念）；在第三部分，我将检查罗尔斯对自然主义的批评；而在第四部分，我将会考察出现在这个批评中有关价值和目的的诸概念。共同体是罗尔斯最为看重的目的。在关于共同体的论述中，他遗留下太多悬而未决的问题，而在第五部分，我会试着把论文中所表达的关于共同体的观点尽可能清晰地展现出来。罗尔斯关于利己主义和自我中心主义的诸概念帮助他组织对于道德的和宗教的恶或罪的阐述，而这就是第六部分中我的主题。罗尔斯对皈依（从罪到信的转变）的论述与他对罪的论述密切相关，而且在我看来，它也是这篇本科毕业论文中令人印象最深刻、并整合了文中诸多论题的部分，在第七部分我将会考察这些内容。

这篇本科毕业论文由一位被广泛认可为他们那一代人中最重要的道德哲学家所写，其最为吸引人的地方就是它展现的伦理学理论所具有的明显的神学特征。它断然地声称"宗教和伦理不相分离"（114）。在这篇论文中，一种新教基督教的形态得到确认，而其他宗教形式则未得到认真的讨论。我的文章的第八部分就集中讨论这篇论文关于上帝的论述。

在第一部分，我从一些对罗尔斯写作他本科毕业论文时的历史背景的观察展开论述。

### 1. 1942 年和新正统神学

罗尔斯在 1942 年写作本科毕业论文时，其文化和思想背景不同于他后来发表有关道德哲学和政治哲学著作时的背景。实际上，一些在这篇论文中提及的作者可能对于他后来著作的读者而言是陌生的。《正义论》（1971）的索引并没完全包括这些在本科毕业论文参考文献中被列出的作者，而按照罗尔斯自己的观点，他们又是他的思想"主要来源"。作为其中之一的菲利普·利昂现在几乎完全被遗忘了，而我认为，他像任何其他作者一样对罗尔斯的论文产生了很大的影响。在 1942 年，已为人所知的"分析哲学"运动已经在欧洲取得了重要的发展，但它在美国还没有得到广泛的认可，且它在普林斯顿大学哲学系也没有占据主导地位。因此，它很难对罗尔斯的本科毕业论文产生影响，尽管在忠诚的维特根斯坦主义者——诺曼·马尔康姆讲授的一门课上，罗尔斯就开始了对本科毕业论文主题的研究。

然而，这篇论文明显地受到那时著名的新教神学运动的影响。罗尔斯在新正统神学的全盛时期写了这篇论文。"新正统神学"这个标签适用于在第一次世界大战结束后的几十年中活跃于欧洲和北美洲的迥然不同的一群新教神学家。在 20 世纪 60 年代至 70 年代期间社会文化的变迁中，这个运动失去了它设置议程的地位（agenda-setting position），尽管，最著名的新正统派神学

26

家——卡尔·巴特从未停止过拥有一批追随者。

"新正统神学"这个词明显地暗示着正教（orthodoxy）的复兴和更新——伴随着崭新转变的正教（orthodoxy with a new twist）。典型的新正统派神学家们已从他们曾经受教过的、"自由的"或现代的新教形式中醒悟过来，于是他们努力去重新借用一些更为古老的正统派形式——尤其是在巴特的例子中，它就囊括了17、18世纪时期的一些新教神学家的"正教"思想。就像前缀"neo"（新）所暗示的，他们仍然在某些方面得益于他们老师的自由神学思想，有时他们也会激烈地与他们的老师进行争辩。

新正统神学声称自己建立在《圣经》的基础上，但拒绝对《圣经》进行原教旨主义（fundamentalism）或直译主义（literalism）的解释。就如第一批新正统派神学家中的埃米尔·布鲁内尔所说：

> 我所说的上帝道成肉身是《圣经》中真实的启示；作为一个真正的启示，它必须被掩盖起来……《圣经》中的话是属于人的；也就是说，上帝利用人类，并且因此利用容易犯错的人们不牢靠而经常出错的话。但是，人们以及他们说的话都是上帝在人们中间向人们说话的方式。只有通过一个严肃的误解，真正的信仰才会在《圣经》启发性的语言中得到实现……谁将《圣经》中的字词当做上帝说的话，谁就永远不会真正地理解上帝的话；他也就不会知道是什么构成了天启。[1]

新正统神学的一个主要目的就是发展一种较少直译主义色

---

〔1〕 埃米尔·布鲁内尔：《危机神学》（*The Theology of Crisis*），纽约：查尔斯·斯克里布纳之子出版社1929年版，第19页。

彩、但也并非不严肃地解释《圣经》的方式，将它作为上帝自我显示的工具。

新正统神学运动的一个早期标签是"危机神学"（the theology of crisis）。在这种语境中，"危机"有两种意义。一方面，它指向欧洲文明的危机，这个危机被广泛地认为是由第一次世界大战突然促成的或揭示出来的。[2]另一方面，它指向上帝的审判（judgment）（即圣保罗写给罗马人的书信中的希腊语审判［krisis］一词）。在巴特对《罗马书》的注释中——在这本书中危机神学于1918年第一次出现在新教的舞台上——他说：

> 事实是整个具体世界都是不确定的、处在**审判**（KRISIS/judgment）之下的……如果上帝是其他事物中的一个，如果祂自己就是**审判**的对象，显然祂将不再是上帝，并且真实的上帝也许必然要从**审判**的根源中去追寻……真实的上帝使自身从具体事物中分离出来，祂就是对所有具体事物进行**审判**的根源，是**审判者**，是对这个世界的否定：人类所理解的神也包含在世界之内。我们所谈的也就是这个真实的上帝——祂是并不构成这个世界任何部分的**审判者**。[3]

巴特说，上帝的超越——上帝完全的他者性（otherness）——是新正统神学的一个主要主题。[4]

巴特的审判观念，把关于超越的上帝的知识与对人类生活中否定性（negativities）的认定联系起来。

---

〔2〕同上，第1页脚注。

〔3〕卡尔·巴特：《罗马书释义》，由埃德温·C. 霍斯金斯（Edwyn C. Hoskyns）译自德文第六版（London：Oxford University Press，1933），第82页。巴特在1921年为第二版完全重写了这本书，且以后的版本和英译本都依据这个重写的版本。

〔4〕巴特：《罗马书释义》，第115页。

上帝与人之间的巨大差别是他们真实的统一（their verit-
able union）……所有的"法"，所有人类的存在（being）、
所属物（having）和活动（doing），以及整个世界的进程及
其不可避免性都是一个标志、一个寓言、一种可能性、一种
期望。由于这个原因，它们总是被剥夺和不满足的，总是一
种空缺和渴望。但是，一旦认识到这一点，在他们之中就出
现了对上帝的信仰，上帝通过责罚来原谅、通过杀死来给予
生命，并且，唯有当祂所说的"不"被听见时，祂就说出了
祂所"是"。在耶稣身上，上帝被认作是不可知的。同样，
根据这个**审判**（KRISIS）人与人之间最深刻的统一得以理
解。[5]

28

　　我没有理由认为青年罗尔斯读过巴特的作品。并且在这段话
中，巴特向我们指出的人类和上帝之间的关系似乎与罗尔斯在他
本科毕业论文中所支持的关系是不同的。[6]然而，在罗尔斯关于
皈依的论述中，对上帝通过使"不"可以被听见而说出"是"这
个观念则有一个回应；[7]这也是一个新正统神学的主题。
　　罗尔斯在其本科毕业论文的前言中说，他认为自己从神学家
布鲁内尔那里学到的最多（108）。布鲁内尔的神学并不是巴特的

---

　　[5]　同上，第114页。在保罗·梯里希的《存在的勇气》一书中（*The Courage
to Be*［New Haven：Yale University Press，1952］），神定（在只有"不"是可以听见时，
神意被言说了出来）的观念在更长的篇幅中、以一种不同的方式得到了发展。
　　[6]　我发现，可以很自然地把刚才引用的段落中的"一种空缺和渴望"解读为
表达了柏拉图式的虔敬之爱，而这是罗尔斯在他的论文中所要反对的。直到1942年，
在这点上，巴特自己可能才持有与他早期著作相反的观点。
　　[7]　罗尔斯说："因此，从这种被消没的感觉当中就产生了这种对恩赐、对上帝
的慷慨仁慈与慈爱（即使面对拒绝也会赐予）的认识，以及对自己依赖于上帝的理
解。"（238）

复制品；并且，虽然在对上帝的知识依赖于上帝的自我显示这点上，他赞同巴特；但在 20 世纪 30 年代，他们关于自然神学却存在着公开的激烈争论，布鲁内尔也并不像巴特那样完全地拒斥自然神学。[8]在欧洲，布鲁内尔著作的影响力比巴特的小，它在今天的吸引力也相对较小（可能比它应有的吸引力还要小）。但是，许多人是通过布鲁内尔的介绍才了解新正统神学的，尤其是在美国。他先于巴特在美国拥有了一批听众，并且直到 1942 年，他的著作在美国仍然比巴特的著作更加著名。

阅读布鲁内尔的著作有许多优点。其中之一就是，与巴特相比，他以一种更容易被接受的方式进行写作。此外，我想说的是：与在 1942 年译成英文的巴特的最重要著作相比，布鲁内尔此时的作品更加体现了神学与伦理学的彻底结合。对于罗尔斯和其他人而言，这是非常有益的。就如罗尔斯所言，布鲁内尔激情的人格主义对他触动极深。即便他阅读了巴特的著作，他也更有可能倾向于布鲁内尔，而非巴特。

通过 20 世纪二、三十年代期间在美国的演讲，布鲁内尔使自己在美国赢得了一批听众；而直到 1962 年，巴特才开始拥有自己的美国听众。1938 至 1939 学年，布鲁内尔作为普林斯顿大学神学院的名誉访问教授来到普林斯顿，他在普林斯顿的影响力便得到加强，而这就发生在罗尔斯到普林斯顿读本科的前一年。虽然罗尔斯可能并没有亲耳聆听过布鲁内尔的演讲，但布鲁内尔的思想在普林斯顿一定很"盛行"；而且在普林斯顿，任何有着

---

〔8〕 作为主要的文本，布鲁内尔的《论自然本性与恩典》（*Nature and Grace*）和巴特的《断乎不可——答布鲁内尔》（*No*）的英译本已经以《自然神学》（*Natural Theology*）为题一起由彼得·弗伦克尔（Peter Fraenkel）出版了（London：The Centenary Press，1946）。也参见约翰·W. 哈特的《卡尔·巴特与埃米尔·布鲁内尔：一个神学同盟的形成和解散》（John W. Hart, *Karl Barth vs. Emil Brunner: The Formation and Dissolution of a Theological Alliance*, 1916 – 1936 [New York：Peter Lang，2001]）。

与青年罗尔斯同样兴趣的学生，如果不曾与参加过布鲁内尔讨论
班的人展开讨论，这确是令人惊讶的。因而，尽管罗尔斯在论文
中只提及了布鲁内尔的三本书，但布鲁内尔对他的影响可能是通
过口头讨论以及书面材料而产生的。

把罗尔斯的本科毕业论文说成一篇关于新正统神学的论文是
诱人的[9]。但我对此感到犹豫。新正统神学这个范畴的松散性
助长了这种犹豫；新正统神学包括了如此众多不同的观点，以至
于用新正统这个范畴很难提供一些准确的信息。"新正统神学"
这个词有时指一个界定得相当明确的思想运动或思想学派，巴特
就是这个运动或学派的主要领导者，而布鲁内尔则是重要的代表
人物，尽管他与巴特之间存在分歧。然而，这个词经常（实际上
可能是频繁地）被用来指称一些更像是某种思想环境（intellectu-
al climate）的概念，大多数 20 世纪 20 年代到 60 年代之间的新教
神学家都在一定程度上吸收了这个概念，除了那些最为保守和最
为现代的神学家之外。

比如，那些认为莱茵霍尔德·尼布尔和保罗·梯里希是新正
统派神学家的人们，他们会与许多持相同见解的人一起，把新正
统神学设想为一个思想环境、而非紧密联系在一起的运动或学
派。因为与巴特和布鲁内尔相比，梯里希被认为持有更少正统思
想的成分，且尼布尔也不像他们那样关注神学方法论和宗教信念
的知识论。实际上，尼布尔自己说，与大陆的新正统派神学家们
的思想相比，他的思想"更属于自由派的传统"。[10]

就"新正统神学"被称作一种神学环境而言，罗尔斯的本科

[9] 埃里克·格雷戈里的一篇很有意义的论文——《原初状态之前：青年罗尔
斯的新正统神学》就持这样一种观点。在此，我非常感谢格雷戈里有益的回应。

[10] 出自 1943 年 3 月 13 日给约翰·本尼特（John Bennett）的一封信，引自理
查德·怀特曼·福克斯的《莱茵霍尔德·尼布尔的传记》（John Wightman Fox, *Rein-
hold Niebuhr: A Biography* [San Francisco: Harper & Row, 1985]），第 214 页。

毕业论文被当做新正统神学文献是合理的，因为它确实是在这种思想环境中写出来的。另一方面，如果我们把新正统神学设想成一个思想运动和学派，把这篇论文看做是一篇新正统神学论文就是很成问题的，因为罗尔斯几乎没有给出支持这样一个运动的明证。

在 20 世纪 20、30 年代期间，巴特和布鲁内尔在他们神学著作中的争论非常激烈，而且危机神学或新正统神学的概念作为一个运动是在争论的环境中形成的，它通过对左派的自由主义神学和右派的原教旨主义神学的反驳而被界定出来。最后，甚至在巴特和布鲁内尔之间也爆发了激烈的对攻。罗尔斯的本科毕业论文与这些争论之间的关系似乎是相当清白的。他赞赏布鲁内尔的观点，但对布鲁内尔参与进去的争论却没有兴趣，实际上他也很少了解它们。当罗尔斯说他的一个主要目的就是"处理一类特定的基督教问题……通过采用源自于《圣经》思想中的一些概念"，而非来自于"古希腊传统的概念"（107—108）（就如许多人所言，他实际上指的是柏拉图的传统）时，他与许多新正统派神学家走得很近。而且，他关于圣言作为上帝自我显示的活动（我会在本文第 8 部分讨论这一点）的观念与巴特和布鲁内尔的观点非常相似。但是，罗尔斯对于《圣经》的引用在方法论上是相当不自觉的（unself-conscious）；而且，发生在这期间的美国新教主义关于《圣经》权威和《圣经》解释的激烈论战，在这篇本科毕业论文中几乎没有被提及。

布鲁内尔是新正统神学运动中的一个核心人物，罗尔斯在许多问题上赞同他。但是，与对待尼布尔和安德森·尼格伦——他们把新正统神学表述为一种神学环境——的著作一样，罗尔斯似乎把布鲁内尔的著作当做他自己论文的素材。而他的关注点却与他们的关注点不一样，我将会在接下来的部分中来讨论这一点。

我相信，罗尔斯本科毕业论文的计划主要是为他自己设计出一个神学和伦理学的立场。他并不想参与到神学运动的争论中去，他也没有在这些论战中忠实地进行论战，并且有可能他自己对于这些论战也没有充分的了解。

这篇本科毕业论文当然也可以被划分到神学论文中去。然而就它的风格而言，它同样也是一篇伦理学论文。那么，更加准确地说，它就是一篇神学伦理学论文。虽然文中的伦理学思想是神学的，与其伦理学结论相比，它的神学预设却并没有得到充分的阐述。这篇论文很明显是从基督教的观点来写的，但是它却只包含了基督教神学的一些片段。布鲁内尔的神学与巴特的神学最大的相通点在于，它们都具有基督中心这一显著特征，罗尔斯的本科毕业论文则明显区别于此，它既没有发展基督论（christology），也没有详细论述关于"基督的格位和事工"的教义。实际上，这篇毕业论文的伦理学思想，似乎并没有与任何基督论的观点紧密地相联系。

在这第一篇罗尔斯的伦理学理论著作中，主要的评价对象并不是行为，而是心灵的状态。他并没有给出正确行动的标准，而是批评或称赞各种态度和动机。就"对罪和信的涵义所进行的一种新教式研究"而言，这并不是一个不同寻常的关注点。在路德和其他新教改革家的思想中，罪主要是一种心灵的状态，一些复杂的态度和动机状态，而不是一个直接的自愿行为或一种行为模式。将罪的观念主要表述为一种状态而非一个特定的行为，是广义上的新正统神学家的特点，但是在自由新教主义（liberal Prot-estantism）那里也能找到这个特点。[11]与这种观点相一致，对态

[11]　这明显地体现在最为著名的自由新教神学的代表作——弗里德里希·施莱尔马赫：《基督教的信仰》（1830 年版）（*Christian Faith*［1830］［Edinburgh：T. & T. Clark，1928］），H. R. 麦金托什等人译，第 273 页 66 节中。

度和动机的评价在新教伦理思想中占据着核心的位置。这种关注也是罗尔斯本科毕业论文的一个典型的新教特征。

## 2. 自然的和人格的

如果罗尔斯在他的本科毕业论文中参与了任何争论的话，那就是他反对"自然主义"的论争。其毕业论文两个主要目的的第一个就是"强烈地抵制一种被我称作是自然主义的思想体系"。他直接给出了对于这个词的解释：

> 我所谓的"自然主义"的含义远远宽泛于这一术语通常所具有的含义。自然主义描述了这样的宇宙：其中所有的关系都是自然的，精神生活则被归约至欲望和嗜欲的层次。

他接着说，这种意义上的自然主义"在西方国家自奥古斯丁以来就颇为盛行"，所以他对它的抵制就"或多或少进行了一种'变革'"（107）。关于"自然主义"，他在其他地方也说：

> 与它通常被使用的意义相比，我们打算在不同的意义上使用这一词汇。当我们思考自然主义时，我们倾向于想到一种类似于唯物主义及其同类哲学的观点。但是，对我们而言，自然主义是这样一种思想，即所有关系都以自然的术语来讨论。（119）

在这些解释中，罗尔斯自然主义的观念的两个主要特征就被勾画出来了。第一个特征是：他主要把自然主义当做是一种关于关系的观点。实际上，虽然他常常谈论"自然"或"自然的领域"，或者谈到作为"自然的"世界和宇宙，但他主要是在这种

33

意义上来使用"自然的"这个词：除了关系之外，其他任何事情是否能够是自然的这还并不清楚。第二个特征是：罗尔斯还把自然主义与某种特定的关于动机的观点联系起来——它不超越于"欲望和嗜欲"。因此，我们下一步必须试着去确定的是：首先，一种关系是"自然的"、或被说成是自然的，这意味着什么；并且，罗尔斯是用哪一类关系与自然的关系进行对比的。其次，对他来说，什么被当做是"欲望和嗜欲"，且他认为什么样的动机是优越于它们的。

罗尔斯认为"存在着两种类型的关系：自然的关系和人格的关系"（112）。正是通过自然关系和人格关系的比较，他所提倡的伦理学类型才与另一种伦理学类型区分开来，而后者是他批评的靶子。他说，他自己的伦理学轮廓

> 将会与我们称为"自然伦理学"的另一种观点形成对比，这种我们所称的"自然伦理学"即柏拉图和亚里士多德的伦理学，它与我们的基督教伦理学或"共同体的"伦理学是对立的。严格意义上的伦理学，不是要建立起一个人与他所应努力追求的某种客观的"善"之间的联系，而是要建立起人与人之间、直至人与上帝之间的联系。（114）

因此，自然主义是这样一种伦理学：罗尔斯把它归给了柏拉图和亚里士多德，并且他把它与一种关于人格关系的"共同体的"伦理学进行了比较。

这样一种"自然的"与"人格的"或与"精神的"之间的对立（罗尔斯认为"人格的"可替换成"精神的"）当然并非是前所未有的（111）。他能够在布鲁内尔和尼格伦那里找到这些词

所表达的两个端点，而他们俩人则是罗尔斯思想的主要来源。[12] 然而，布鲁内尔和尼格伦都不曾把由诸关系所界定的"自然主义"设定为一个理论上和论争上的核心角色，而罗尔斯则是这样做的。最后，不是为了这些前人，而是为了罗尔斯关于自然主义所表达的思想，我们必须追求这样一个理解：当罗尔斯说他在不同寻常的意义上使用这个词时，他要用它表达什么意思。

　　一个初步的表述提示到，罗尔斯仅仅是就这些关系项的性质来设想自然关系和人格关系之间的差别的。他说：

　　　　正如我们所知，经验中实际上存在着三种类型的关系：（a）人格关系和共同体的关系，（b）自然关系，以及（c）因果关系。第一种是两个人之间的关系，第二种是有人格被纳入其中的某个人和某个对象之间的关系，第三种则是两个对象之间的关系。（114）

35

不幸的是，对于罗尔斯的理论来说，这很快就显得太过简单了。因为，他注意到"有一类关系，在其中'你'被当做是一个对象"，它"是一种去人格化的人格关系，并非其本身就是具有人格性的"。虽然，它显然是两个人之间的关系，但是这种人格关系并不足以使其满足为罗尔斯所认可的"严格意义上"的伦理学的要求。它实际上是"一种罪"（117）；并且，我认为，对有关于它的一些例子的确认是被罗尔斯称作"自然主义"的主要内容

　　〔12〕　在《叛逆的人类：一种基督教的人类学》，奥利弗·伟恩（Olive Wyon）译，第364页中（London：Lutterworth Press, 1939），埃米尔·布鲁内尔说：如果一个人忘记或忽视命中注定的精神生活，他就会堕入动物和自然的境地。在《圣爱和欲爱》，菲利普·S. 沃特森（Philip S. Watson）译，一卷本第287－288页中（New York：Haper & Row Press, 1969），安德森·尼格伦说，拯救的观念是自然主义的术语、而不是在"人格的或伦理的术语中"形成的；参见上书，第225页。

之一，而这都是罗尔斯要加以反对的。

在第一章第二部分中，他对自然关系和人格关系之间区别的更为详细的讨论是更精致、更令人满意的。出现在那里的一个关键点是：在罗尔斯设想意义上的人格关系中，一个人把他人当做"你"而与其相关联，并且这个"你"不仅仅"给与、分享和爱"，而且"正是这个'你'构成了人格关系中的评判者"（116）。换言之，在完满的人格关系中，一个人在道德上对其他人是负有责任的；而且，人格关系至少部分地是"道德关系"——罗尔斯就曾这样称呼他们（146）——在"道德"并不是与"不道德"（immoral）相对照、而是与"非道德"（non-moral）相对照的意义上。

就如上文所言，"自然主义"的第二个主要特征是它把人类的动机（motivation）还原为"欲望"和"嗜欲"。对于这一点的理解同样存在着巨大的问题。因为，"欲望"和"嗜欲"常常被用来标明指向包括人格关系在内的任何一类目的的动机。二者同样有狭义的意义和用法——如果对于"嗜欲"并非如此的话、至少对于"欲望"和"欲求"是这样的——但是在日常的谈话中，我想并没有什么精确的狭义意义指派给它们。为了理解罗尔斯对"自然主义"的批评，我们需要合理而精确地理解，他把什么样的动机分别地指派给自然的和人格的领域，并且我们也要合理而精确地理解它们之间的区别是什么。我们也可以很好地猜想，除了欲望和嗜欲以外，属于人格领域的动机是什么，如果它们并非欲望或嗜欲的话；而且，我们也可以猜想，罗尔斯是否使用了一个更加一般的术语，在这两个领域内它适用于指向任何目的的动机。

罗尔斯似乎对他对于这些问题的处理并不完全满意。在第五章中，他就试图为这个"难懂之处"给出一些说明，他说：

36

如果自然本性得不到满足，作为人，我们会感到失望；如果嗜欲得到了满足，作为人，我们会感到快乐和愉悦。冲动和本能在某种意义上驱使我们往前走，人格则只是去渴望；自然本性一味猎取，人格则只是去追求。（220）

然而，在以同样的方式继续讨论了一番后，他觉得有必要在下一段中加上这句话："以上论述确是含糊而晦涩的，因此我们不必过分重视它"。（221）

而在第四章的开篇处，这些问题以多少有点更加令人满意的直接而清楚的方式得到了陈述：

在后面几节中我们会使用如下定义：（a）用"自然关系"来标识这一种经验领域：在其中，一个人欲望、争取、想往或需求某一对象或某一具体过程。"活动"可被描述为欲望、想往或争取。（b）用"人格关系"来标识另一种经验领域：在其中，一个人力图在另一人与自身之间建立一种确定的、和谐的关系。这里的"活动"不能被描述为嗜欲意义上的欲望、想往或需求。它不是一种强烈愿望或冲动，而是某种不同的东西。它是对友爱、情感交融和共同存在的分享；要么是给予、爱和分享，要么则可能是（如最常见的那样）憎恨、妒忌、蔑视、自傲，如此等等。（180）

借助于动机所指向的目的的概念，这些界定给出了一个相当

37 清晰的区分。属于人格领域的动机指向建立（或者也许是维持）一种人格关系。属于自然领域的动机指向其他一些事物，这些事物被描述成"对象或者一个具体的过程"。同样，罗尔斯说"嗜欲的标准是追求某个对象，即某个无人格的、客观的、本性上是

自我揭示的事物"（180）。这些界定也有这样的内容，它可能打算根据它们的样式（*modality*）去区分这两类动机；但是，我认为这个区分在此并没有清楚地被给出。我们被告知，"自然"的动机（简短起见，我们将这样称呼它们）、或它们的"活动"或实现"可能被描述为欲望、需求或渴求"；并且我们还被告知，"人格"的动机活动不能用这些词来描述；但是，如果我们通过一方面肯定这些术语、另一方面又否定这些术语来竭尽全力地想知道，何种样式被确定了出来，这就是毫无帮助的。而且，就人格的领域而言，在上述引文最后一句话中所提及的含有正面含义的这些词同样几乎没有什么帮助。因为，为什么引文中提及的"分享"不能是"奋力争取"的一个活动或目的，这一点是相当不清楚的。而且，虽然"爱"、"恨"、"妒忌"、"蔑视"和"自傲"确实暗示了一种在情绪上不同于欲望和嗜欲的样式，但爱和恨在情绪上的样式也不属于人格关系的领域，而且这看来也是真的——比如，在喜爱和憎恨某种食物和某种音乐类型的情形当中就是如此。

在第四章的开头，罗尔斯的诸多定义明显受到英国哲学家菲利普·利昂的《权力伦理学》一书的影响。而提及"具体的过程"（concrete process）时，这就是对利昂的观点的回忆；罗尔斯是这样（150）描述它的：嗜欲追求具体的过程。并且，利昂的自我中心主义观念的一部分也包括把"恨、妒忌、绝望、自傲等等"的分类归属于人格关系的范围，罗尔斯对它进行了描述、并把它接受为自己的观念（150—151）。事实上，与他的其他思想来源相比，在关于动机的分类中，罗尔斯的思想与利昂的思想离得更近。对利昂的分类方法（它更为鲜明地得到了界定）的一个概述至少可以帮助我们对罗尔斯的分类方法提出一些正当的质疑。利昂简洁而清楚地把它概括为：

38

在某人自身之中或者他人那里的嗜欲、或生理上的渴求、或对诸过程和经验的欲望，都出自利己主义的生活或利己主义，而这就包括利他主义（altruism）或为他主义（alteregoism）……野心是对于地位（或诸关系）的欲望，是对于作为这些象征的过程和经验的欲望。它追求着……独一无二或整体（allness）……不同或区分、认同、至高无上、优越和平等。它造成了自我中心主义者和自我中心主义……对于正确的框架或情形（统一、整体、交流）而言，道德欲望或**努力**（nisus）体现和显示着善性，对于过程而言，它则仅仅是这些之中的构成部分。道德欲望或**努力**促成了真正的道德生活和道德的人或好人。[13]

那么，利昂对于动机分类的主要区分是一个利己主义、自我中心主义、道德欲望或道德努力的三分法。罗尔斯的分类法与他的分类法的不同在于：罗尔斯的主要区分是动机分别属于"自然的"领域和"人格的"领域的二元区分。指向人格关系、好或坏的诸动机自身就与所有其他目的指向的动机形成对比。我认为，这是罗尔斯处理这些观点时的一个创新点。然而，这个差异的重要性不应该被夸大。自我中心主义和道德努力都被利昂设想为：把人格关系的状况和情形当做目的自身，并且都属于罗尔斯叫做人格领域的范围[14]。并且，毋庸置疑，由于受到利昂的影响，罗尔斯把属于人格关系领域的动机也划分为两大类：一类是自我中心主义的动机，另一类是指向共同体的动机。罗尔斯说，"人格关系则被自我中心主义或者友情和爱所驱动"（118）。

39

---

〔13〕 菲利普·利昂：《权力伦理学：或关于恶的问题》（*The Ethics of Power：or The Problem of Evil*〔London：George Allen & Unwin, 1935〕），第 23－24 页。

〔14〕 关于自我中心主义，从前引对于野心的定义来看，这一点是很清楚的。关于道德努力，参见利昂的《权力伦理学》，第 282 页。

将一种突出位置指派给自我中心主义是关于动机分类的一个与众不同的特点，在这一点上，罗尔斯追随着利昂。"自我中心主义"是在一个相当宽泛的意义上被使用的。它不仅仅标示着自满、或对于自己的过高评价。对于罗尔斯和利昂而言，我还要说，它也标示所有对于社会地位的渴望、或者对于社会地位之各种表征的渴望。自我中心主义的形式包括骄傲、自满、好斗和对于权力的渴望。最后这种形式对利昂而言是特别重要的，而他的著作就极其鲜明地持一种反法西斯主义的论点。当然，对于各种社会地位的渴望，就是一种对于某类人与人之间的关系的渴望、而非对个别过程的欲望。

罗尔斯对于"利己主义"和"嗜欲"的使用以及对"自我中心主义"的使用，在很大程度上追随着利昂对这些术语的使用（参见150—151）。然而明显地，他并没有追随利昂对于"欲望"的使用。对于罗尔斯而言，"欲望"主要是"自然"领域的特征；而对于利昂而言，"欲望"则同样属于利己主义、自我中心主义和道德行动。利昂把它当做一个相当一般的述语，用以表示任何目的指向的动机，并且说它能够"指称任何驱使的力量、任何'追逐'（making for）和'荷尔蒙的冲动'"[15]。在罗尔斯本科毕业论文中，最接近于满足这个主要功能的术语可能就是"追求"（seek）。在我已经引用的一段文字中，他自己有意识地把它分派给人格的领域（220）；但是，实际上，他在人格和自然两个领域中都使用了它。[16]

在第四章第一节第三小节（180—182）中，按照嗜欲所指向的对象的种类，罗尔斯把嗜欲分为四个"种类"。（a）"具体的" 40

---

〔15〕 同上书，第 295 – 296 页。

〔16〕 例如，在人格的领域："爱追求与它的给予所指向的人之间的平等"（207）。在自然的领域："嗜欲的标准是寻求某个对象，即某个无人格的……事物"（180）；这些都并非例外。

嗜欲是对于身体状态或过程的欲望。（b）"理性的"嗜欲包括
"对真理、融贯性或经验解释中之必然性的欲望和渴求"。罗尔
斯相信存在着理性的嗜欲，但他也承认，一个"实用主义者"
就可能否认它。（c）"审美的"嗜欲是"享受一个美的对象的
欲望"。我们通常会"由于它自身的缘故欣赏它"。罗尔斯承认
对于美学的无知，他对审美嗜欲的现实存在也好像持不可知论
的观点。最后，（d）"宗教的"嗜欲"把上帝、善的型相、太
一等当做它的对象来追求。它是指向最高的对象，指向一切真
善美之源头的嗜欲"。也可能会产生这样的疑虑：这种分类是否
真的就涵盖了所有嗜欲的类型。特别是，许多对于精神过程的
欲望并非毫无争议地或明显地被归入到罗尔斯的四个种类中的
任何一个。

罗尔斯认为前三种嗜欲的类型"是合法的、适于人的嗜欲
的，它们在我们经验的自然领域内构成了自然活动的基质"
（183）。我认为罗尔斯本质上是同意利昂的观点的：与嗜欲相关
的生活是道德生活不可或缺的基础；这是因为，既然"各种过程
就是生活并且道德生活也是生活"，那么"没有各种过程和对于
这些过程的欲望，我们就不可能拥有道德生活"。[17]

然而，罗尔斯拒绝嗜欲的第四个种类："宗教的"嗜欲。罗
尔斯说，"我不知道这样一类嗜欲是否存在，但倘若确实存在，
它也是不应当被允许存在的。具有那种嗜欲就是在犯罪。"这是
"因为如我们所见，罪的一种形式是把人格关系转变成自然关
系"，而且，"做这种和上帝相关的错事"就特别地罪孽深重
（182）。

41　　罗尔斯拒绝宗教的嗜欲，这是因为"把自然关系扩展至它们

─────────

〔17〕　利昂：《权力伦理学》，第 244－245 页。

并不适用的领域构成一种罪"（183）。罗尔斯所指的这种"扩展"毋庸置疑是对自然领域的扩大，它源自于"自然宇宙的扩展"，这是他在第三章中所要讨论的；并且这种扩展使单纯的自然坠入他所要攻击的自然主义之中。从这些他用来拒斥宗教的嗜欲的术语中，我们是否应该推断出：包含在自然主义和扩张的自然宇宙之中的自然关系的扩张，其唯一的非法扩展就是它们扩张到了我们与上帝之间的关系之中？然而，很难确信这就是罗尔斯所要表达的。他关于"自然宇宙的扩展"的讨论显然是小于"宇宙"这个词所触及的范围的[18]。但是，他确实承认人类之间非人格化的关系，当然，他将这当做是"自然关系的一种不合法的扩展"。

罗尔斯对于扩展的自然关系的拒绝，艰难地与这样一种认识共存：在现实的人类生活中，他承认人格关系中的利益是复杂而广泛地与嗜欲纠结在一起的。罗尔斯说，除其他情形以外，"在感官欲望中我们追求着""共同体和友爱"。（150）。在他提及感官欲望时，他可能也想到了性欲（sexual appetition）。他说："性欲……完全是独特的，原因在于嗜欲的对象与另一个人格（person）有着密切的关联。"这种理解暗示着"嗜欲的对象"并不等同于其他的人格。而且实际上，这一点或者对此的一种概括看来就是讨论性关系时的主题（虽然没有充分地进行说明）。罗尔斯看起来是这样进行讨论的：虽然在自然动机和人格动机中存在着诸多混合，但它们相互之间从来没有形成一个有机的整体。尤其是，似乎他也打算排除单一动机的可能性，这样一个单一的动机不仅指向一个广义上的道德人格关系、而且还指向身体上的性生活，而这种性生活并非仅仅是性关系的一个工具性的部分。然

42

---

〔18〕 作为一位正式阅读这篇毕业论文的读者，T. M. 格林在对罗尔斯论文复本的评注中指出了这一点。

而，他给出的最清楚的论证（这是从卖淫的现象得来的），看来并没有表明没有什么单一的动机能够同时是有关性欲的、又是关于人格的，而是仅仅表明一个人能够在需求性时并不需求超出于性关系的人格关系（187—188）。

无论如何，罗尔斯的本科毕业论文并没有试图系统地解释在人类关系中哪种嗜欲是合法的、哪种嗜欲是非法的。且罗尔斯反对非法扩展自然关系的系统论证仅仅处理与上帝的关系相关的问题。因此，当我们转向考察罗尔斯对自然主义的批评时，这将是我们的关注点。

### 3. 对自然主义的批评

罗尔斯批判"自然主义"时主要的历史目标是柏拉图和奥古斯丁，在第三章中他花很长的篇幅来讨论他们。由于对柏拉图的讨论是很少与神学相关的，以及由于上述的原因，我将会主要关注奥古斯丁，我相信罗尔斯是在神学的层面上最充分地阐释了"自然"关系的非法扩展。他对奥古斯丁的驳斥在第三章的最后一段的一个概述中得到了充分清晰的陈述：

> 自然宇宙具有如下几个特征：（a）一切关系都是与对象的关系，甚至连上帝也可以被看做一个对象；（b）嗜欲性的欲望（appetitional desires）是一切关系的能源，所有的爱都是获取性的，因而并非基督教意义上的爱；（c）（在基督教体系中）就恩典被视为呈现给意志的一个对象而言，它同样是欲望的一个对象；（d）全部自然主义的理论体系都忽略了共存性、人格以及上帝的真实本性，因而都不是真正意义上的基督教理论，而是个人主义的理论。（178）

　　上面给出的特征有四个，但它们提示了两个主要的批评。其中之一最为明显地与自然关系非法扩展的观念关联着，即"共存性、人格以及上帝的真实本性"在罗尔斯所描述的奥古斯丁的体系中消失了。这其实就是这样一个指责：奥古斯丁犯了将人与上帝之间的关系转化成"自然的"、非人格化的关系的罪。

　　在这一点上，我们必须要说，罗尔斯对奥古斯丁的解释既不具有说服力、也不公平。在论文第三章讨论奥古斯丁时，罗尔斯实际上并没有使用"人格关系"这个术语。相反，他使用的核心术语是"对象"。他有时在广为接受的意义上使用这个术语，在这个意义上，"某物的对象"指某物与一个行动或态度之间的关系。但是，他有时又在前一章中所界定的意义上使用这个术语，在这个意义上，"对象"是某个"作为我们所谓自然关系中的'另一方'而存在"的事物（160）。而且，他确实宣称：按照奥古斯丁的观点，上帝明显地是在这种意义上被当做一个"对象"而被爱的（175）。假定罗尔斯使用的这个定义，这就等于宣称：按照奥古斯丁的观点，对上帝的爱不应该被理解为追求、参与到一种与上帝之间的人格关系。罗尔斯很少给出论证来支持这个解释性的主张。实际上，奥古斯丁并没有说，上帝是一个罗尔斯意义上的对象（罗尔斯也没有把这个声明归结给他）。事实上，我认为这是相当清楚的（例如，从他的《忏悔录》中就可以看到）：奥古斯丁确实认为他与上帝之间的关系是人格关系、广义上的道德关系——虽然，他同样又在用非人格化的模式谈论这种关系（《圣经》也是这样做的）。在这方面，罗尔斯的历史性论证是薄弱的。然而，这个缺点并没有动摇他的系统性主张：在他自己的理论框架中，可以合理地反对任何将人类与上帝之间的关系当做完全非人格关系的观点。

　　在第三章末尾的概述中，另一个主要的批评是：在一个完整

44 的关于各种关系的自然系统中（从而在罗尔斯所解读的奥古斯丁的观点中），所有的爱、甚至对于上帝的爱都是获取性的，而对于基督教的爱而言，这不可能是真实的。这个批评从历史的而非系统的观点来看更加站得住脚。我认为，说对上帝的奥古斯丁式的爱是"获取性的"就意味着：在这种爱之中，上帝是作为某人自己最高的善而被爱的，并且与上帝之间的关系也被当做一个人自身的善以及能使这个人幸福的善而被追求。这对奥古斯丁当然是正确的，因为他深受古希腊和古罗马哲学伦理学中幸福主义思想框架的影响。然而，奥古斯丁是否认为上帝仅仅是作为其人自己的善而被爱，这却是一个更加富有争议的话题。如果他并非如此，那么在这一点上，罗尔斯在多大程度上与奥古斯丁持有不同的观点就变得更加模糊不清了。因为，在罗尔斯本科毕业论文的第四章和第五章中，恰如我将要讨论的，他坚持认为我们的得救（因此确实无疑的，某种意义上我们的善）依赖于我们对于上帝的追随；并且，他似乎也把这当做是能够恰当地、在某种程度上激发我们的一种考虑。

关于罗尔斯对奥古斯丁的批评，这个历史框架很大程度上是从安德森·尼格伦那儿借鉴过来的。罗尔斯尤其是追随着尼格伦对于奥古斯丁的指责，认为奥古斯丁从柏拉图那里接纳过来一个渴求最高善的观念，但是它却并没有很好地融入到基督教之中。罗尔斯承认，在这点上他受益于尼格伦（174 注 37）。然而，罗尔斯同样在许多重要的方面背离了尼格伦的观点和论证。

尼格伦的《圣爱和欲爱》（*Agape and Eros*）一书——分为两个部分分别在 1930 年和 1936 年在瑞典首次出版——是上世纪基督教关于爱的观念最为重要和最有影响力的研究。它由两种爱的理想的对比而构成；尼格伦把它们叫做欲爱和圣爱，而且，他认为柏拉图和圣保罗分别就是它们最初的（archetypal）支持者。这也并非巧合，在柏拉图的对话中，欲爱在许多重要的语境都是指示爱的一个希腊词；而在希腊文的《新约》中，圣爱又是爱的一个通用词汇。但是，尼格伦非常明智地倾向于将他的历史分析和他的神学论证都建立在词典编撰的事实上。[19]作为一个历史学家，尼格伦论证道，许多基督教思想家都试图综合圣爱和欲爱——在他看来，也就是对基督教的本质进行了折衷处理。他认为，这样一个综合最明显地体现在由圣奥古斯丁阐述的基督教之爱或博爱（caritas）的概念之中，并且，这也得到追随他的中世纪神学家们的拥护。在尼格伦叙述的末尾，路德的出现再次净化了圣爱的主旨。

罗尔斯不满于奥古斯丁把对上帝的爱当做是获取性的和利己主义的，这也是尼格伦的一个论证。然而，罗尔斯的另一个主要的批评却并不是尼格伦的论证，而这个批评也最为紧密地与他对"自然主义"的驳斥相关：即人与上帝同在的共同体在奥古斯丁的观点中消失了。虽然，尼格伦确实也说了"古希腊思想没有给予严格意义上的与上帝同在"一词任何地位；然而，他把这当做是对以欲爱为主旨的纯粹柏拉图式思想形式的一个指控。但是，就如尼格伦所理解的，他并没有把这当做是对奥古斯丁的综合性博爱的指责。实际上，他明确而中肯地提到了（虽然并非经常），"与上帝的同伴关系"在奥古斯丁的神学观点中占有一席之地。[20]

那么，尼格伦对奥古斯丁的批评仅仅建立在对利己主义的指责之上吗？远不止于此。至少，在罗尔斯驳斥"自然主义"时，另一个明显不重要的论证对于尼格伦却是重要的。尼格伦是一位路德教的主教和神学家，而且他的著作吸收了 20 世纪早期路德

45

---

〔19〕 尼格伦：《圣爱和欲爱》，第 33 页。事实上，我相信圣爱（agape）和它同源的动词 agapan 在希腊文的《圣经》中仅仅是爱的一个最为一般的词汇；例如，"Septragint"（七十士译本）希腊语译本的《撒母耳记》第二卷 13：1。

〔20〕 同上书，第 528－529 页。

教复兴时的精髓，这些思想精髓也与新正统神学的思想相似。我认为，尼格伦的论证最深刻的动机是路德的信念：拯救只在于恩典，他也试图在对圣爱概念的描画中给与神恩一个伦理学的形式。对尼格伦而言，"圣爱就是上帝的恩典"和"上帝对待人的方式"，并且在圣爱之中"拯救就是神圣之爱的杰作"；然而，"欲爱是人的事工"和"人对待神的方式"，并且在欲爱中，"人是自我拯救的"。[21] 与柏拉图的《会饮篇》相一致，尼格伦把欲爱理解为缺乏的表达，所以，上帝之爱不可能是欲爱，这是因为上帝绝对不会缺乏什么。相反，圣爱彰显着满溢的富足，并且因此，在最基本的层面上，圣爱只能是上帝之爱。[22]

从这个圣爱的观念之中，尼格伦得出了不同寻常的、似乎有些似是而非的结论："在由圣爱所主导的生活中，行动的主体并不是人自身"而是上帝。在详尽阐述这个结论时，尼格伦采纳了一个令人惊讶的非人格化、复杂的"神—人"关系模式——这种模式很难与罗尔斯严格的人格主义的观点相协调，尽管它也是解释《圣经》的一个模式。尼格伦说，"上帝的圣爱能够被保罗非常现实地描述成一种'心灵流体'（pneumatic fluid），它'通过被给予我们的圣灵而流进我们的心里'（《罗马书》第5章）。"因此，在对于邻人的圣爱中，"上帝并不是终点、最终的对象，而是始点和永恒的基础"——上帝并非圣爱的终极原因、而是它的动力因。然而，在邻人之爱中，"圣爱式的爱是指向邻人自身的"。[23]

在此，尼格伦还有一个反对奥古斯丁的论点，而奥古斯丁（至少在某些篇段中）貌似合理地被解释为持有这样的观点：在基督教之爱（或博爱）中，一个人应该与他的邻人相联系，邻人

---

〔21〕 同上书，第210页。
〔22〕 同上书，第211－212、219页。
〔23〕 同上书，第129、215－216页。

并不是作为一个爱的终极对象、而是作为达到在主里喜乐这个终级目的的手段。[24]这个奥古斯丁式的观点并不具有吸引力。难道我们不应该由于他们自身的缘故来爱我们的邻人吗？基督徒们当然可能会认为：不只上帝，而且基督徒们自身就能够、并且也应该是这类爱的活动主体。在许多文本中，尼格伦似乎也确实假设就是如此，而且人类有时在圣爱的感召下爱着他们的邻人，然而，其理论的一致性在此是值得商榷的。

尼格伦强调神之恩典的另一个异常吸引人的地方是：他坚持圣爱"必须是自发的、无动机的，也是未经计算的、不受限制和无条件的"。[25]圣爱不像欲爱——后者实际上是对被认知的价值的反应，而圣爱在这个意义上是"无动机的"：在它的对象的价值中，它找不到动机；不仅在原谅和宽恕过错、且在并不严格对应于其对象的价值这个意义上，圣爱是一种恩典；而且在它完全不对其所见到的对象的价值作出任何回应的意义上，圣爱也是一种恩典。圣爱"对于价值是漠不关心的"，而且"不论何种估价的思想"在与上帝同在这一方面都是格格不入的。[26]实际上，尼格伦的观点认为圣爱的对象并不拥有先于圣爱的价值。

> 上帝并不爱这个自身已经值得爱的事物，相反，上帝爱这个自身并不值得被爱、而是由于变成了上帝之爱的对象反而获得价值的事物……圣爱并不去认可价值，而是去创造价值。[27]

---

〔24〕 奥古斯丁：《基督教大全》（*De doctrina Christiana*），第一卷二十二章 20 节。同样参见罗伯特·马里修·亚当斯：《有限和无限的诸善》（*Finite and Infinite Goods* [New York：Oxford University Press, 1999]），第 185－187 页。

〔25〕 尼格伦：《圣爱和欲爱》，第 91 页。

〔26〕 同上书，第 77 页；楷体为原文所有。

〔27〕 同上书，第 78 页；对照第 86－91 页。

这明显地暗示了一个关于价值本性的神圣之爱的理论；但是相对而言，《圣爱和欲爱》对元伦理学几乎并不关注，也没有发展出此类伦理学理论。

48　　从圣爱必须是"无动机的"这个观点中，尼格伦引出的一个结论是：在最为简单明了的意义上，上帝可能很难成为我们的圣爱对象。在指向上帝之圣爱的观念中，存在着一个"困难"。"圣爱是自发的、无动机的爱。但相对于上帝，人的爱绝不可能是自发的、无动机的。""事实上，通过上帝向我们展示的圣爱，我们对于上帝的爱不是在最高的程度上'被给予了动机'吗？"[28]

尽管存在着这样的困难，尼格伦还是肯定存在着一种指向上帝的、属于人类的圣爱。它并非完全是无动机的，以至于它只能是返回到上帝的上帝自身的富足（如果它是一种满溢的富足的彰显的话）。但是，也有这样一个主要的方面，在其中指向上帝的属于人类的圣爱好像就是上帝之爱：它"不是一种嗜欲性的渴求"。而是，在圣爱之中，"人对于上帝的爱表明：为（上帝之）爱所感动的人充满感激地希望完全归属于上帝"。然而，这并没有告诉我们：指向上帝的圣爱是什么。在其他地方，尼格伦曾暗示指向上帝的圣爱是一种顺从（*obedience*）。他说，在圣爱之中，对上帝的爱"把它所有的注意力都集中到实现上帝的意志之上。它就是对上帝的遵从，排除掉任何有关回报的思想"。[29]

柏拉图式对于最高存在（善的型相）的爱和奥古斯丁式对于上帝的博爱与圣爱形成了对比，前二者是嗜欲性的渴求和人类需求的表现形式。而对于圣爱，"在上帝比所有其他欲望的对象都更值得欲求、但却不会被简单归类为任何欲望的对象的意义上，

---

〔28〕 同上书，第 92、213、93 页。

〔29〕 同上书，第 213、94 – 95 页。

祂并不是'最高的善'"。[30]就是在这一点上，尼格伦对于一种十分强式的单凭恩典获得拯救的教义的信奉，激发了他对欲爱和博爱的批评。他认为在追求上帝时，欲爱不能充足地认识到神恩的首要作用。因为，"在人这一边根本没有通向上帝之路"、相反"上帝必定会亲自来见人"，这是尼格伦关于神恩的观点的一部分。[31]

根据尼格伦的术语，罗尔斯对他所称的"自然主义"的攻击应该被当做"圣爱"反驳"欲爱"的论证吗？在罗尔斯自己的术语中，他并没有使用"圣爱"和"欲爱"这两个词，[32]但是，仅仅因为术语这一点并不能够解决他在何种程度上追随尼格伦的问题。尤其是，我们可以询问罗尔斯是否用"欲望"和"嗜欲"这两个与"自然"领域相联系的词来标示欲爱；而且，我们还可以询问是否"基督教之爱"的观念——在其本科毕业论文（250—252）所阐述的理想动机类型中，"基督教之爱"具有重要的地位——就是圣爱的观念。

尼格伦当然把欲望和嗜欲与欲爱联系了起来。[33]而且，罗尔斯比较欲望和基督教之爱的方式明显地与尼格伦对照欲爱和圣爱的方式有相似之处，尼格伦把欲爱和圣爱相应地对比为获取性的和给予性的。罗尔斯说，"欲望引导我们去获取某些东西。另一方面，基督教之爱则不求一己之所好，它显示了某种奉献精神"（250）。然而，我认为，把罗尔斯关于自然和人格的对比解读成尼格伦对比欲爱和圣爱的一个翻版，这是一种误解。这两种对比

---

〔30〕 同上书，第213页。

〔31〕 同上书，第80页；楷体为原文所有。

〔32〕 在他的毕业论文中，它们仅仅出现在关于尼格伦的引文中。类似地，当罗尔斯在引用和注释奥古斯丁（174－175）时使用拉丁词 *caritas* 时，这并不意味着尼格伦对于奥古斯丁式的 *caritas* 的解释就是欲爱和圣爱的综合。

〔33〕 尼格伦：《圣爱和欲爱》，第175、180页。

不管是在结构上、还是在内容上都是有差别的。

其实，结构上的差别是根本的。尼格伦的对比确确是欲爱和圣爱之间的对比。而另一方面，对于罗尔斯而言，如果基督教之爱是两极的一个端点，另一个端点就是自我中心主义，并且这一极在人格关系的领域之内。而且，按照罗尔斯的观点，在包含欲望和嗜欲的两极结构中，两极中的另一极并不是基督教之爱，而是一般而言对人格关系的关切。

而结构上更加重要的差别关系到欲望和欲爱与各自对立面相互之间的对立强度。对于尼格伦而言，圣爱和欲爱是"完全相反的两个主题"，"两种对于生活的一般态度"。他声明，"在像欲爱和圣爱这样完全相反的"两种力量之间，不可能存任何真正的综合，即便在基督教的历史中也有人为了将它们结合起来而进行了反复的尝试。[34]另一方面，尽管罗尔斯持有自然和人格之间的对比，但他仍然假定，包含着人格关系的人类生活也将会包含自然关系，比如，与自然关系相关的欲望和嗜欲。甚至，这也适用于受基督教之爱支配的那种生活。在一个由基督教之爱主导的生活中，欲望和嗜欲可以以这种方式被驯化，它们不再与尼格伦的欲爱观念相匹配，而这种观念基本上是从与圣爱不相容的宗教的方面来界定的。对于尼格伦而言，欲爱是一种"从贫穷和空虚的感受开始、为了在上帝那里满足他自己的需要而追寻上帝的力量……"，这与"圣爱是相反的，而圣爱是由于上帝的恩惠而变得富足、在爱之中自己流溢了出来"。[35]

同样，在内容方面，罗尔斯关于嗜欲和欲望的观念并不是尼格伦关于欲爱观念的一个翻版。罗尔斯根据它们的对象来界定欲望和嗜欲：它们并不指向作为目的自身的人格关系。而对尼格伦

---

〔34〕 同上书，第 227、209、231－232 页。

〔35〕 同上书，第 232 页。

来说，这并不是欲爱的标准。在他看来，欲爱和圣爱之间的区别"并不是所爱对象的问题，而是关涉到它的本性和基础的问题"。[36] 按照尼格伦的观点，奥古斯丁对于上帝的渴求和追寻仍然具有欲爱的特征，即使它的最终目的包含着与上帝同在的关系，因为这种同在关系被构想为奥古斯丁自己的某种善，对上帝的追求也被（至少被尼格伦）设想为"人类朝向上帝之路"。

51

尽管存在着一些共同点，[37] 在内容上，罗尔斯的基督教之爱的观念基本上还是与尼格伦的圣爱观念区别开来的。因为罗尔斯基督教之爱的观念并没受尼格伦神恩观念的限制。罗尔斯确实强调基督教之爱的"给予性"是"信仰的一种果实，而这种信仰是由圣言突然降临到我们这里来赐予我们的"（251）。他也坚持认为共同体的建立是上帝的恩赐，而且没有上帝的恩赐这也是不可能的（231）。但是，罗尔斯并不会由此就认为，在建立共同体时排除了我们自己的活动。相反，他说"被拣选的人是被选择来重建共同体的。重建共同体是或者应该是他们的首要目的"。他认为，选民与上帝在这个过程中进行合作："通过他们的努力，连同圣灵的帮助，其他人才能被带入到共同体之中"（247—248）。

严格地讲，罗尔斯同样并没暗示，在基督教之爱中上帝是唯一的施爱者（lover）。我相信，在他的本科毕业论文中，有关我们需要神恩的反裴拉基主义（anti-Pelagian）论调是通过一个由上帝促成的信仰上的皈依，而不是通过这样一种有关爱的理论而被吸纳进来的——在这种理论中，我们并不是主体、而仅仅是传导者（conduit）。罗尔斯对（"自然的"）"嗜欲"的替换是由嗜欲的现象学以及它所追求的关系而得到界定，而并非由谁是它的主体来界定的；他似乎就认为我们是它潜在的主体。

---

〔36〕 同上书，第 142 页。
〔37〕 例如，在强调"给予的精神"（250）这一点上。

罗尔斯并不认为，我们对于上帝恩典的依赖就是贬损我们追求与上帝同在的共同体之动机和活动的理由。他说在罪恶中"人渴望孤独"，他也说"人并不试图去打探（上帝的）秘密（起码他不应当这么做），但他确实力图通晓与祂的位格相关的某些事。"罗尔斯并不指责这种渴望和追求，为此他还提供了一个很好的理由："人必先掌握关于上帝的这种知识，而后方能重归共同体。如果'他者'尚未揭示自身，那么建立共同体的工作必定以失败告终。"罗尔斯接着说"这种关于上帝的知识只能来自上帝"，但是，除了"人必须等候上帝前来与他说话"之外（224—225），他似乎并不会从这之中得出任何伦理学的结论。

### 4. 价值和目的

在他的本科毕业论文中，罗尔斯并没给出一个充分阐发的关于价值或善的理论。关于善，他所否认的远比他所肯定的更为清晰。在本科毕业论文关于这个主题最为清晰的论述中，他说：

> 如我们已经表明的，第一个要拒斥的概念就是作为一种欲望对象的善的概念。我们主张欲望的对象不论如何都与拯救无关，除非在它们作为人的自然本性的一部分这个范围内而言，而人的自然本性唯有在人格与共同体业已获得有序安排之后才能得偿所愿。完满意义上的共同体——天国共同体其自身就是目的，它是上帝造物的目标。虽然人的自然性的存在在其中得以实现这一点可能为真，但这种实现相对于共同体本身来说是次要的。（219—220）

在消极的方面，罗尔斯否认将善等同为欲望的对象。而在积极的方面，虽然上述引文可能给读者留下这样的印象，即罗尔斯认为真正的善就是共同体，但准确地讲，这并不是他在此所要说的。按照一种在我看来对他的整个文本都很典型的讨论方式，罗尔斯在肯定地讨论共同体时避免使用善和价值这样的词汇。他赋予共同体的优越之处，通过我们应该珍视它（作为目的自身）这种方式而得到表达，而不是通过它客观上具有的价值（作为善自身）得到表达。接下来，我将首先讨论他将欲望的对象和善联系起来的论述方式，然后讨论他将共同体当做目的自身的处理。

拒斥"作为欲望对象的善的概念"与罗尔斯对"自然主义" 53 的批评是一致的。这是从关于拯救的讨论中清除"一切与自然宇宙相关的术语"的出发点（220）。对拯救这个话题的这种相对化是很重要的。在本科毕业论文的许多地方，罗尔斯说"对饮食、美、真理，进而对作为一个整体的自然善物的欲望……这些欲望及其对象都是善的"（120）。实际上，"自然宇宙是善的而非恶的"是他的本科毕业论文的一个主要的论题（179）。然而在行文上，他却与这个观点并不完全一致。关于嗜欲，他说"我们可以推测它们也不会通向善"，而且，当他写到"自然欲望之恰当目标——'善'"时（186—187，120），他使用了"引号"（shudder quotes）。但是，我想在这些例子中，他想对比的是嗜欲和对共同体的追求，后者是他最看重的。我认为，罗尔斯最为清楚地加以拒斥的是这样一个观念（他把这和柏拉图联系起来）：通过"自然的"方式而非人格的关系来追求我们的最高善（同样参见160）。作为"人类自然本性的一部分"，欲望的对象会得到它们的应得，但"仅仅是在人格和共同体业已获得有序安排之后"。罗尔斯在此断言了优先性的存在——并非在准确的正当优先于善的意义上，而是在共同体的诸目的是优先于"自然"欲望诸目的的意义上。

他并没告诉我们在共同体中，"人的自然存在被实现"的方式是什么，或自然欲望的应得是什么。就我目前的理解，他的观点可以向两个方向的任何一方发展。他可能会假设自然欲望的应得是建立在共同体诸目的的基础之上的，并且仅当它们服务于共同体的诸目的时，它们才会被满足。或者，他也可能会假设自然欲望因其自身就是值得满足的，但是不能以共同体为代价；因此，它们的应得就是有限制的，但是并不需要建立在共同体的诸目的的基础之上。在第二章中，罗尔斯对自然欲望辩护的大意暗示着，如果被问及，他可能会采纳后面的解释途径，这种途径明显地对自然欲望更加大度，这是因为它并不为每个自然欲望的满足要求一个积极的建立在共同体之上的辩护。

按照另一种解释途径，似乎可以合理地声称：至少存在着某些自然欲望，对它们的满足在某些情况下是得到共同体诸目的的支持的或者甚至是被要求的。具体而言，也就是可以合理地认为：好的共同体的、人格之间的关系要求我们无私地努力去满足每个他者的一些自然欲望。然而，得出这样的结论——即，对于青年罗尔斯来说，关心他人自然欲望之目的的利他主义由此就是无可疑义的——未免有些仓促。通过考察利他主义给利昂、甚至给尼格伦造成的问题，我们就可以处理它给罗尔斯造成的问题。

尼格伦注意到，对于古希腊的哲学伦理学而言，"善（the Good）的问题……是'最高善'的问题——即，某物能够在任何方面都满足个人的问题"。我们也可以说，它是关于对某个人而言什么是最高善的问题。善的问题是幸福主义（在此，伦理道德的标准是主体的幸福）和功利主义（在此，伦理道德的标准是最大多数人的最大善）的核心问题。这就是尼格伦把欲爱设想为追求**最高善**时的意思。他否认上帝是这个意义上的**最高善**。他说，圣爱很少是个体化的；它是一个"社会的理念……并且，当善的问题从社会关系的角度被提出时……它就能够与幸福主义和功利主义分离开来，且转向完全独立的关于‘**善**自身（Good-in-it-self）’的问题。"[38]

从一个社会的视角来看，什么是**善**自身？把它从幸福主义和功利主义当中分离开来之后，尼格伦明确地地提示：它是这样一种事物，其善性并没有被当做是对于特定某些人（无论是个体地，还是在集体当中）的。那么**善**自身还能是什么？尼格伦的答案是"**善**就是圣爱"。[39]我认为，他想说圣爱的具有决定作用的善性并不是对于人们的善性，而是一个具有人格关系的特征的、与人无关的、内在的善性，即一种特定的爱。

圣爱，或基督教之爱一般被假定为是利他主义的。它或者任何形式的利他主义真的能够完全地与"幸福主义和功利主义"分离开来、并且与什么对人们是好的并不相关吗？作为利他主义的一种形式，最可能替代关注什么对他人是好的，也许就是对他人偏好的回应。菲利普·利昂对于道德动机和嗜欲之间关系的说明就暗示着这样一些观点。

利昂试图不去以他自己使用"善"的方式（没有使用引号）来表达对于个人而言的善性概念。对于他而言，**善性**严格来说（特别是对以大写"G"打头的"Goodness"而言）是"我们体现在个别正当情境中的东西，"[40]利昂至少主要把这种情境设想为人格关系的各种情境。但是他并没把它严格地放在爱之中。利昂认为，"如果［读者］用善性这个名称来称呼体现在人格关系中的东西，并且考虑到这个善性在种类上与所有其他东西是如此地不同，那么，他将拒绝使用善性这个名称来称呼任何其他东

----

[38] 尼格伦：《圣爱和欲爱》，第44－45页；对照第213页。

[39] 同上书，第48页。

[40] 利昂：《权力伦理学》，第297页。他说"或者是在体现着善性的各种情境中"；他说，这个（或者并不清楚的）循环是想表明没有一个对［善性的］定义是可欲的（intended）（第41页）。

西"。这个考虑"可能会进一步使他相信，整个所谓的'价值'领域只不过是精神病理学的一个分支"。[41]

56      在利昂看来，"并不存在某种真正好的嗜欲和过程。"他认为对于各种过程的嗜欲都是被道德动机（moral motive）设定的，但是它们并不拥有与道德动机同样的价值。他坚持认为：

> 道德（morality）并不预设"诸善"……如果任意某事物是被道德预设的，它就不再是好的和坏的过程，而是被喜欢和被想往的过程、被讨厌的过程和厌恶的对象。

按照我认为利昂将会设定的观点，对于"正当情境"（大部分是社会性的）的要求并不要求我们把嗜欲（不管是我们自己的、还是他人的）的对象当做真正的善，而是仅仅要求我们以某种方式回应相互的嗜欲。[42]

把利他主义设想为回应他人的偏好而非关心（不管是什么）他们的善，这可能对某些担忧家长制的思想家有吸引力。但是，它能够为利他主义提供一个完全充分的说明吗？例如，孩子们的合理利他式的家长当然需要考虑，什么对他们的孩子是好的，而非仅仅考虑孩子们的偏好。如果家长们都是哲学家，他们也许还会通过假想的个人偏好来分析"什么对一个人是好的"这个概念；但是这和当前的论证并不相关。因为假想的偏好并不是实际的偏好，并且，这个例子中的家长仍然依赖于一个什么"对他们的孩子是好的"这样一个观念。

由于罗尔斯坚持认为许多嗜欲的对象都是好的，他的本科毕业论文无论如何都没使他拒斥"某物对某人是好的"这样的观

---

〔41〕利昂：《权力伦理学》，第23页。

〔42〕同上书，第285、287－288页；也参见第289－290页。

念，也没有使他否认"满足人们的嗜欲可能对他们真的是好的"这样的观念。然而，他的立场仍然严重地限制了他可以严格一致地高度评价对于满足他人物质需要的利他主义关怀。这种关怀所指向的目的，并非外在于为利他主义者所关怀的他人的单个自我；用利昂的话来说，它是在那个人自身中的一个"过程"。看来这样一类利他主义的动机，必须要被归到罗尔斯关于动机分类的"自然的"部分中去，在这种分类中，所有并不指向人格关系的动机都被归入自然的动机。

似乎同样可以得出的是：利他主义将他人的物质需求作为目的自身来满足的关切，必定会被罗尔斯断然地视为低于对作为目的本身的人格关系的关切。把满足他人物质需要的动机放在一个较低位置，在基督教的思想中这当然并非史无前例。但是，由于《新约》中对于满足物质需要的强调，[43]这样一个关于价值的排序在对基督教之爱的说明中就是很成问题的。我怀疑，罗尔斯在这个问题上想持一种模棱两可的态度；并且，在他的本科毕业论文中，我还没有观察到任何迹象，表明他意识到这些有问题的、已为我所注意到的暗示。

关于利他主义，罗尔斯在本科毕业论文中几乎没有进行讨论，而且他也没有直接地提出这样的问题：在他关于动机的伦理学分类中，对有关他人的可能事实（这种可能事实并非人格关系的事实）的利他主义关切应该被赋予什么样的地位。然而，我们也许可从他讨论其他论题的话语中得出一些推论。关于属于"自然"领域的诸动机，罗尔斯说它们所有都是获取性的、利己主义的或自我中心的。在"自然宇宙中……嗜欲性的欲望是一切关系的能源，所有的爱都是获取性的"（178）。"自然关系是利己主义的……欲望和

---

〔43〕 例如，在《路加福音》10：25－37 和《马太福音》25：31－46。

嗜欲在本质上是利己主义的，因而是自私自利的"（118）。

那么，罗尔斯会如何评论一种本质上并不包含任何人格关系的、对于另一个人所经历的一个过程（比如从疾病中痊愈）的利他主义关切呢？罗尔斯会否认任何人都有这种利他主义的关切吗？或者，他会同意利昂把它们归类为利己主义的或"为他主义的"动机吗？[44] 或者，他会仅凭这类关切关系到另一个人的福利便声称它们实际上归属于人格关系领域吗，即便一个人并不想要与另一个人相处或与她建立任何关系，除了希望她好以外？所有这些看来都是成问题的，而且罗尔斯没有提到这些问题中任何一个。

恰如上文所言，在他的本科毕业论文中，罗尔斯倾向于通过这样一种方式来表达他对共同体的珍视：即我们应该珍视它（作为目的自身），而非根据它客观上拥有的价值来珍视它（作为善自身）。与他对共同体的最高评价相比，他把"善"这个词与他对"自然"嗜欲之对象的附属性评价更加紧密地联系了起来。但这并不是说他从未暗示共同体是善的，并且实际上是最善的。毋宁说，在考虑"善"的用法时，他表现出一种矛盾心理。这鲜明地体现在这样一个单句中，他在那儿既反对'好生活'这个短语，同时他又用'好生活'来表示：他对人格关系的评价是超出"任何对象"之上的。他说，"我们认为，所谓的'好生活'（一种令人嫌恶的表述）并不在于寻求任何对象，毋宁说它是涉及人格关系的一个截然不同的问题"（161）。

罗尔斯说，"完满意义上的共同体——天国共同体其自身就是目的，它是上帝造物的目标。"这个提示是很清楚的，作为"造物的目标"，共同体是上帝在创造世界时寻找的最重要和最终的目的。在这个文本中，同样有一个很强的提示：共同体是我们

59

---

[44] 利昂：《权力伦理学》，第 23 页。

最高的目的，因为"拯救"或者我们人格本性的实现只有在共同体当中才有可能（219）。罗尔斯暗示着，共同体必须要被作为目的自身来期盼——严格地讲，它不可能存在，除非这些参与其中的参与者都把它当做目的自身来期盼。"没有任何共同体可以建立在利己主义之上"（187）。如果（就像青年罗尔斯、而非后来的罗尔斯所设想的）社会契约是"一个把社会仅仅当作手段来利用的互利计划"，一个基于社会契约的社会"就根本不是一个共同体"（229）。[45]

罗尔斯坚持认为，共同体就是目的自身。另一方面，尼格伦似乎要在涉及圣爱的讨论中完全把有关目的的分析排除掉。他宣称，"不能对［上帝之］爱持有目的论的解释或动机"。并且，他把路德当做是维护圣爱的伦理学家（agape-ethicist）的典型，他说"路德伦理学的整个构建并不是目的论式的，而是因果关系式的"。这些声明可能和尼格伦对于幸福主义和功利主义的拒斥有所关联。然而，我认为它们是误导性的，因为有一些重要的区别还没给出。尼格伦所追随的观点似乎可以说得更加详细些，而且，这个观点也是相对狭窄的。即，圣爱在某些方面没有最终的目的（ulterior end）。特别是，"上帝并非为了获得任何利益而去爱，而仅仅是因为爱就是祂的本性"。并且，在指向某个邻人的圣爱中，上帝的角色是作为圣爱的原因，而非邻人被当做手段来用时的奖赏。[46]在这些观点中，没有哪一个能够保证圣爱的结构不能按照为圣爱所追求的目的来进行分析。事实上，我认为，除了把友谊和邻人的善当做是目的自身之外，理解尼格伦对于圣爱的说明也是不容易的。

60

---

〔45〕 这种关于社会契约的观点可能不仅受到霍布斯的影响，而且同样受到利昂的影响（在《权力伦理学》，第174－177页），利昂把社会契约描述成"自我中心主义者的相互平衡"。

〔46〕 尼格伦：《圣爱和欲爱》，第201、737页。

当今的道德哲学最喜欢讨论替换目的论动机的动机类型，而这既非尼格伦也非青年罗尔斯所关注的问题。他们俩既没有把表现性行为（expressive action）、也没有把按照原则的行动当做对试图产生一个外在于行为之目的的行动的替换物来进行讨论。这并不是说这篇本科毕业论文含有一个关于正当行为的目的论理论；它并不关注界定正当行为的性质这样的问题。然而，在青年罗尔斯的伦理学中，追求建立共同体是处在前沿和核心的问题，而他的伦理学却缺少任何这类思想：可能存在这样一些情形，在这些情形中，这个动机的目的*应该为了一些较少目的论性质的考虑而被牺牲掉。

按照青年罗尔斯的观点，在何种程度上说追求作为目的自身的共同体才是一个无私的动机，这是值得考察的。而在菲利普·利昂的著作中，关于这点，他持有一个清楚的观念，即使他并没给出一个十分清楚的讨论。利昂坚持道德动机在这个意义上是"客观的"：它实质上并不涉及自我。它的目的仅仅是"正当之事应该被完成或者**善性**应该被体现在某种情境之中"。这个情境通常会是一个包括某人自己某些行为的情境。

我们可以对这个关于道德客观性的说明表示怀疑。那么，在我与他人的关系之中我践行正当和善的欲望又该如何被看待？我们把这个欲望当做是目的自身而且并不出于其他任何事物的缘故？这个欲望实质上是涉及自我的，但是看起来又像是道德动机。实际上，当他说"真正的有德者是与善偕行、因善而行、躬身行善的"，[47] 这很像利昂自己关于道德动机的观念。因为很明显，只要你试图去躬身行善，你就将躬身行善当做一个（根本上自我关涉的）目的。罗尔斯后来的道德哲学提出一个相似的自我

61

---

　　* 这个目的即建立共同体。——译者注
　　〔47〕 利昂：《权力伦理学》，第 196 页。

关涉的动机：把自己的本性表达为自由而平等的个人的关切。[48]

在他的本科毕业论文中，对与他伦理学理想相关的自我关涉动机的处理，罗尔斯没有利昂精确，但是他更加谨慎、在论证上也更加一致。他强调，他的理想不是利己主义的。他说，"基督徒之爱不求一己之所好……它的目的是将某物给予作为人的其他人"（250）。这个给予的欲望通常不会被当做是利己主义或自我追求的。它的目的并不是自身之中的一个过程，而是一个人格关系的事实。但是，这个关系的事实，这个所说的目的实质上是自我相关的。这个目的不仅仅是他人接受到了礼物，而且是，其他人是从我这儿接受到礼物的，假如我是施爱者的话。如果目的就是去给予他人以某物，那这就是被隐含着的。

罗尔斯进一步说，基督教之爱"尽管是给予，但它并没有忽视给予者的人格。当它在给予时，自我没有被破坏而是被完善"。确实，他接着说，在基督教之爱中施爱者的自我"得到完善，但是它并不是在嗜欲的意义上被完善，当然也不是在自我本位即被赞美的意义上被完善"。但是，这仅仅意味着自我既不是通过满足一个对于"具体而非人格化过程的"欲望而"嗜欲性地"得到完善的，也不是通过满足一个凌驾于他人之上的欲望而"自我中心主义式地"得到完善的。相反，通过以某种方式参与到共同体中，自我得到了完善，而这个方式实质上部分地就在于去爱。"灵魂是在信和爱之中完善它自己，因为它天生就是共同体的，而且所有强度的信和爱都为它所特有"。（250）

我想尼格伦可能仍然会拒绝这样一种爱：按照这种方式，这种爱"并不忽视"施爱者自身的自我。他可能认为这种爱离自爱的某个方面太接近了，以至于他将它从圣爱中完全排除了出去，

62

---

〔48〕 罗尔斯：《正义论》（1999 年版），第 147 页。

而圣爱则仅仅为对上帝和邻人的爱留有余地；并且他也认为这种爱与"偏见"（sidelong glance）离得太近，以至于他将它从圣爱的邻人之爱中排除了出去。[49]但是，尼格伦的理想在这点上是简单而又难以维系的。如果某人的理想动机模式包括把参与到好的共同体当作最终目的，同时也包括去完成共同体成员的本职工作——这当然是罗尔斯动机理性模式的一个特征，不管是在他的本科毕业论文中、还是在他的正义理论中——那么，这个人就理想化地拥有了一个目的，而这个目的实质上还是自我相关的（虽然这个目的并不会是通常称作的"自我追求的"）。

在此，关于价值的一个深入的话题还需要一些评论。无论是尼格伦还是青年罗尔斯都拒绝说上帝是美的。尼格伦明确根据"是什么唤醒了人类之爱"这个问题而把他的这种拒绝置于欲爱与圣爱的对比之中。很明显，他仍然记得从柏拉图而来的那个话题；他说"欲爱拥有一个明显的审美特征。是神圣之美吸引着灵魂的眼球、并且使灵魂的爱活动了起来"。然而，另一方面，在圣爱那里，"唤醒人类之爱的不是其他的东西、而是上帝向人显示的圣爱"。大概就是这个与对立的欲爱价值系统不可分离的美的观念，说明了尼格伦的这个相当奇怪而又充满热情的主张："在圣爱的情景中，说上帝是'美的'……这听起来就像是对上帝的亵渎。"[50]

当罗尔斯说，"把上帝说成所有对象中最美的、最令人满足的、最让人欲求的对象就等于在犯罪"，以及，"如果一个人不能仅仅因为上帝是自有永有的就去信上帝，反而必须得补充说，祂的圣美使祂成为最令人满足的那样一个对象以致我们绝不会去渴求其他事物——那么，这个人干脆不做一个基督徒或许会更好"

---

〔49〕 尼格伦：《圣爱与欲爱》，第 215 – 216 页。
〔50〕 同上书，第 223 – 224 页。

时，这可能是对尼格伦充满热情的主张的一个有意的回应；就如罗尔斯使用"对象"时用斜体所强调的，他的主张是在"自然的"和人格的对比基础之上、而非尼格伦的欲爱和圣爱的对比之上被引发出来、并得以完成的。这是因为"把人格关系转变成自然关系，做这种和上帝相关的错事当然就是犯罪"，即说上帝是最美的对象就是在犯罪（182）。

这反映了罗尔斯把美归为嗜欲——"审美的嗜欲"的对象，而对于罗尔斯而言，审美的嗜欲与所有嗜欲一样都归属于"自然的"领域（181）。有了这个假设，说上帝是美的就产生了"宗教的嗜欲"这个范畴，并因而就将嗜欲的领域从其合法的自然领域扩张到人格关系的领域之中。罗尔斯声称，将上帝称作是美的就是在犯罪，这显然是他排斥"宗教嗜欲"的一个方面。

在此出现了一些罗尔斯并没提到的话题。当我们说（或者认为）一个人是美丽的，这也是罪吗？这是"把人格关系转换成自然关系"了吗？对这些问题肯定的回答看来是相当不人道的。当涉及性关系时，它倒与假道学作派的那种特定的不通人情相似了。按照我的观点，对这篇本科毕业论文最恰当的解读会容许将美归属于人类、看作是无罪的，并且是我们的动机结构中自然动机与人格动机之正常混合的一部分。我猜想，罗尔斯只是在从混合物的方面，而不是从自然的与人格的动机彼此之间构成有机整体这一方面进行思索——虽然他并未提供（就我所能看到的）任何更好的理由来否认这种有机整体也可能会出现。如其所言，罗尔斯实际上认为只有宣称上帝是美的才是罪恶的或与共同体相悖的。

这暗示着：除了避免把上帝非人格化，关于上帝的主张还有其他的动机存在。最有可能的动机也许就是：在价值的最高层面上，拒绝承认任何审美价值的欲望。我认为，把罗尔斯的本科毕

64

业论文解读为受这样的一个信念所驱使是合理的：这个信念认为人们之间一般的道德关系是或可以是处在这样一个价值平台之上——它超越所有其他类型的价值，包括理智的价值和审美的价值。如果最高的存在者（也）被认为具有一些审美的价值的话，这个信念就会受损。那么，为什么要接受这样一个意味着最好的人格关系不能有审美维度的信念？在此就有两个可能的动机。

（1）值得担心的是，承认将被爱者的美作为爱的一个因素会损害爱的无条件性。这产生了一个严重的问题。另一方面，同样值得担心的是，拒绝将美当做爱的一个因素也会有害于爱的其他重要方面。

（2）另一个动机是审美价值诉诸沉思；许多勤奋的道德学家和基督教伦理学的解释者，都确信更积极地制定伦理和宗教决议和戒律的时刻（moments）必须处于任何更具沉思性的时刻之上。然而，对于《圣经》的解释，这并非必不可免的。另一方面，在罗尔斯引用奥古斯丁的一段话中，《诗篇》中的一节很显眼："有一事，我曾恳求主，并一直苦苦追求。那就是，但愿我终生住在主的殿宇中，瞻仰主的圣美"（175）。[51] 作为献身宗教的一个主题，这段话把美赋予上帝；同时，在这样做的时候这段话清晰地表达了一个沉思性的愿望。在《圣经》促成虔敬的几个流派中，这个主题是很重要的。而相反的对于宗教、伦理决议和行动的强调，紧接着对于"沉思生活"以及对于审美与宗教相混合的怀疑，在新教的论证中、比在其他任何形式的基督教的论证中都更具有影响力。

罗尔斯表述了这样一个观点：与其认为一个人必须确认了上

---

〔51〕 很有可能（虽然我不确定可能性有多大）罗尔斯对于这个《圣经》的出处并没有什么印象。脚注（《诗篇》27：4）是其毕业论文现在这个版本的编者加上去的，而非罗尔斯自己给出的。

帝的"圣美使祂成为最令人满意的"对象才会信仰上帝，倒不如不做一个基督徒，而他认为持有"同样观点"的作者不是尼格伦而是克尔凯郭尔（182），明确这一个联系是很重要的。克尔凯郭尔确实坚持认为，在价值的最高层面上审美价值并没有占据一定的地位，这对于基督教以及一般而言的宗教和伦理学来说都是重要的。而且，克尔凯郭尔把这点和如下观点联系了起来：宗教和伦理的生活形式是在决议（decision）中、而不是在沉思（contemplation）中被置于中心地位。[52]

　　罗尔斯把审美价值降到一个更低的水平上，当他在其正义理论中拒斥"至善论"时，这在何种程度上仍然有效？关于这个问题，首先且最明显须加以说明的是：为年长的罗尔斯所拒绝的至善论是一个政治原则，这个政治原则把在审美以及其他非政治维度中的卓越当做是一些适合于为政治决定奠定基础的考虑。在《政治自由主义》以及此后的作品中，按照罗尔斯最终的观点，他并不必然反对个人在他们自己"完备的视角内"把美当做个人的最高价值，只要在他们的情境中，这种价值排序按照下面的方式进行：根据这种方式，他们可以参与到一个"重叠的共识"当中，共同支持为罗尔斯所提倡的自由政治正义原则。然而，我并不相信，某个把美涵括在其最高价值之中的人，可能会严格地像罗尔斯在《正义论》中所写的那样来书写她的理论。[53]无论如何，我们都可以说，在罗尔斯的本科毕业论文中，他发展了一种宗教观，通过给予一般的人格关系以极端的优先性，它已经成为一个在重叠共识中参与政治正义原则的可能基础。

66

---

　　[52]　罗尔斯引述了索伦·克尔凯郭尔：《非科学的最后附言》，大卫·F·斯文森（David F. Swenson）和瓦尔特·劳里（Walter Lowrie）译（Princeton：Princeton University Press，1941），第221－222页。相关观点的陈述在克尔凯郭尔的作品中广泛出现，特别是在《附言》和《非此即彼》中。

　　[53]　例如，参见《正义论》（1999），第387－388页。

## 5. 共同体

罗尔斯承认从埃米尔·布鲁内尔的作品中有所受益，他也提到了一个"明确而坚定的认同：宇宙一个是由造物主和受造物组成的共同体"（108；楷体为本文作者所加），他把这当做布鲁内尔作品中他特别欣赏的观点。布鲁内尔用罗尔斯热衷加以引述和拥护的语言来肯定共同体的优越性：

> 诚如布鲁内尔所言："人所特有的东西不是自由，不是创造性智能，也不是理性。毋宁说，这些是人的真实属人的存在——爱得以实现的条件。它们虽然不具有它们自身的意义，但其意义却在于爱，在于实现真实的共同体。"[54]所以说，人是生存于共同体之中并为它而生存的一种存在者。他所获得的恩赐都是实现这一目的的的手段。（192—193）

罗尔斯对"共同体"这个词的使用很可能是由布鲁内尔的《叛逆的人类》（英译本）引发出来的。罗尔斯在其本科毕业论文中引述的其他思想源头则很少明显地使用此词。例如，尼格伦《圣爱和欲爱》的英译本一般喜欢使用"团体"（fellowship）这个词。

在他的本科毕业论文中，罗尔斯宣称"伦理学的问题"就是一个建立共同体的问题（128）；而与我们对这样一篇论文可能期望的相比，通过定义或解释共同体这个概念，他说出的内容却很少。他评论道，"共同体"是"一个很难界定的词"（111）。我并不确信，罗尔斯是否想到了德国社会理论中 *Gemeinschaft*（共同体）和 *Gesellschaft*（社会）之间的区别，尽管他的共同体的观念

---

〔54〕 布鲁内尔：《叛逆的人类》，74 页。

是与标准的 *Gemeinschaft* 的观念相一致的，它们都标示着这样一个联合体：它因其自身而被它的成员珍视、而非仅仅因为它服务于他们的自我利益（189，229）。实际上，与罗尔斯后来的作品形成鲜明对比的是：他的本科毕业论文并没有讨论任何可能会涉及构造共同体的制度问题。在一个对传统基督教三位一体的三个位格之平等原则的评论中，罗尔斯说"三个位格之间之所以相互平等，是因为那个完善的共同体是由完全的爱和信来维系的，而爱寻求与它的给予所指向的人之间的平等"（207）[55]，我们可以从中看到罗尔斯后来的政治哲学主题的一个预示。

也许，当罗尔斯讨论共同体时，他心中关于人格关系或人格关系系统的最好陈述会在他对基督教之爱的说明中找到（250—252）。爱是"给予"，而非自我追求（同样参见186）。"爱之中确实存在着情感因素"。甚至，"爱是一种强烈的、完满的人格联系"，这种联系关涉"灵魂的中心"、而非"人的边缘"。爱是指向他人的，但是，爱又使施爱者的人格和自我得以完整。它并不是利己主义的，因而，它也并不关心与他人相关的任何类型的优越性。

罗尔斯所理解的共同体的其他特征是，"共同体包含着责任和义务"以及信任，而非恐惧和猜疑（249，229）。他坚持共同体不能建立在功绩之上，而且对功绩的关切实际上是共同体的一个障碍（229—230，241）——这一点我将会在第七部分中更充分地加以讨论。他强调共同体是以"开放性"为特征的，而且也是以情感和思想的交流以及互相表露为特征的（250，153—155）。罗尔斯把共同体和交流联系起来，这与布鲁内尔是一致的，他称赞布鲁内尔是他关于"言语是某种为了共同体而存在的

68

---

[55]　爱追求与被爱者的平等是克尔凯郭尔的《哲学片段》第二章的一个核心观念，罗尔斯引述了这一点。

东西"这个思想的源头（155）。布鲁内尔说言谈是"共同体中的理性（reason-in-community）。"[56]

在排除了利己主义和强调了交流之后，罗尔斯的共同体观念也与好的和正当的关系性情境（relational situation）的观念有共同之处，而这在利昂的事物系统之中也有相应的位置。利昂说：

> 正当的情境是……由人格关系构成的……以至于这些人在其中追求和获得的既不是相互之间的分离，也不是相互之间的等同，更不是某种形式的征服，而是差别中的一致（at-oneness），互相补充的合作，多元的和谐，没有同化和混乱的交流。

而且，他在书的最后还描述了"生活、成长和生存在这个与他人进行自由、充分而亲密交流的共同体中的自由人格的发展，在这之中善性也得到了体现"。[57]

在刚刚引用的利昂的这些陈述中，一个重要的方面是它们对于"自由人格"的"差别中的一致"的强调。一个相似的强调也出现在罗尔斯的本科毕业论文中，而这对于合理地理解这份与个体主义和共同体主义之间的区别紧密相关的文献也是至关重要的。"个体主义"一词通常作为罗尔斯所要加以反对的东西而在其本科毕业论文中多次出现（例如，227，246）。个体主义明显地与罪相关（230），而且它与"共同体的思想"形成对比（108）。但"共同体主义"这个词并没在罗尔斯的本科毕业论文中出现。

然而，很明显，在其本科毕业论文中，没有什么比共同体受

---

〔56〕　布鲁内尔：《叛逆的人类》，第 176 – 177 页。
〔57〕　利昂：《权力伦理学》，第 282、309 页。

到罗尔斯更高的赞扬了。"除非我们拥有共同体，否则我们也不具有人格。个体只有生存于共同体之中才能成为人"（112），这也成了这篇本科毕业论文的一个明显而重要的学说。许多自称为共同体主义者的人都承认这个学说，而且它经常被当做是共同体主义者的一个信条。其实，罗尔斯并没有认真地为它进行论证，也没有引述它的思想渊源。它可能是由克尔凯郭尔的主张——"自我的标准一直就是：只有在面对某标准时，自我才是自我"[58]——激发出来的。但是，我又认为它最有可能的源头是布鲁内尔，因为布鲁内尔说，"与他人分离开的我就根本不再是人。与'你'分开后，我就不再是'我'"，而且"只有人生活在爱之中，他才是完满的'他自己'"。[59]这是由于布鲁内尔把人类人格的理想解释为一个上帝的形象，而这也被罗尔斯采纳了。与大多数将上帝在我们身上的形象等同于我们的理性的传统观点相反，布鲁内尔将它等同于我们去建立人格关系的能力和神定的命运，这种人格关系即首先与上帝、但同时也在彼此之间建立的负责任而又广泛的道德关系。[60]

然而，罗尔斯也肯定"所有人都是个体，即独立而不同的单元"，而且"除非我们拥有人格，否则我们不会拥有共同体"（111—112）。与利昂一样，他明确地拒绝把共同体和人格的价值当做是互相冲突的。他说：

---

〔58〕 见索伦·克尔凯郭尔：《致死的疾病》，瓦尔特·劳里译（与克尔凯郭尔的《畏惧和颤栗》［*Fear and Trembling*］一起出版），普林斯顿：普林斯顿大学出版社，1954年版，第210页。《致死的疾病》明显地在这篇毕业论文中得到引述：在第244页，有一个观点明显地是克尔凯郭尔的，而且在第208页，有一个表明"孤独"特征的思想明显地是克尔凯郭尔内心中感到绝望的地方。

〔59〕 布鲁内尔：《叛逆的人类》，第140、291页。

〔60〕 同上书，第91－113页。罗尔斯对布鲁内尔的观点的挪用在192－193、206页中是很明显的；同样参见202、205页。

那些想要维护人分离于共同体的独立性而否弃人对共同体的必要依赖的人，其恐惧同样是错误的。他们未能明白，一个人脱离了共同体就不再成其为人了，而且真正的共同体不会同化个体反而使他的人格得以可能。真正的共同体即在上帝之下因信而结合起来的共同体，不会消解一个人反而会为他提供支撑。（127）

罗尔斯的本科毕业论文并没有说作为一个整体的共同体的善必须要求牺牲个人的利益——它甚至也没说一个共同体的正义或正当的原则是用来限制个人善的观念的，就像在罗尔斯后来的正义理论中所说的。如果这些牺牲和限制的思想对青年罗尔斯并不是必需的，那么可以确定：这主要是由于，对于共同体的向往在他关于对个人生活恰当向往的观念中占据着主导地位。因而，与今天对于个体主义和共同体主义的争论相关，更为重要的是罗尔斯的本科毕业论文缺少如下思想：出于对共同体的制度和传统权威的遵从，有关个体自主性的理想应该受到质疑。

这些要点都反映了罗尔斯本科毕业论文中的一个倾向：使用人与人之间的关系来描述共同体，而非使用一些更为整体论的词汇来描述。一个同样的倾向也出现在布鲁内尔那里，他对于"个人和共同体"的讨论确实影响了罗尔斯。在一定意义上，他们都可以被描述成持有一种"个体主义"的共同体观念。此外，在确认个人自主性和共同体之间的积极而非消极关系时，布鲁内尔是果断的。他说，"真正的独立"仅仅能够在恰当的共同体中得到发展，这个共同体对于他和青年罗尔斯而言就是与上帝同在的生活。而且，"爱就是在他处感受到上帝的召唤时自由的自我处置（self-positing）"。在布鲁内尔关于共同体的讨论中，遭到最猛烈攻击的目标是"集体主义"（collectivism），他把它描述成是对于

"共同体的命运"的误解，以及这样一个"曲解"：它使"人格的存在"附属于一些原本只应是个人生活手段的东西。这些"手段"包括"文明的联合"、应该服务于个人生活的文化、制度和国家，甚至、抑或尤其是"教会的集权"。[61] 1937 年，布鲁内尔是在用德语进行写作。毋庸置疑，当他做出上述批评时，他脑海里浮现的是纳粹主义（但不仅仅是纳粹主义）。而在罗尔斯的本科毕业论文中，我也没有找到什么理由来怀疑罗尔斯是完全同情布鲁内尔对于集体主义的攻击的（虽然，他对于纳粹主义的批评源自于他对自我中心主义的拒斥，因而他的论证更与利昂的而非布鲁内尔的相一致）。

总而言之，认为罗尔斯在他的本科毕业论文中同时高度评价个体主义和共同体主义，这似乎是公平的；而且罗尔斯成熟时期的作品也是这样的，就如在本书导言中所讨论的。在这篇本科毕业论文中，而且尤其是在后来的正义理论中，个体和共同体的主题以一种复杂而微妙的方式交织在一起。如果我们要说罗尔斯就是一个"个体主义者"或一个"共同体主义者"，那么我想，只有在他同时是一个个体主义者、又是一个共同体主义者的意义上，使用那些术语才是最准确的。这一点以虽不相同但却相似的方式同样适用于他的本科毕业论文及其后来的正义理论与政治自由主义理论。

## 6. 罪与自我中心主义

罗尔斯把罪定义为"对共同体的否弃和拒斥"。在这一点上，可以合理地假定他追随着布鲁内尔。布鲁内尔说：

---

〔61〕 布鲁内尔：《叛逆的人类》，第 292－295 页。

> 亚当的罪是对与上帝之间联合的毁坏……"与上帝作
> 对"的状态也就是"相互之间的作对"。……在基督之中,
> 我们知道我们自己……是选民的共同体;所以,在祂之中,
> 我们也把罪视为忤逆拣选的圣言以及解散在拣选的事实面前
> 打算和准备建立的共同体。[62]

72 与我从罗尔斯那里引用的定义相比,在这段话中,布鲁内尔的解释更加神学化,但是罗尔斯使用了与布鲁内尔的观念相似的神学观念来支撑他的定义。假定"'罪'是一个唯有与上帝相关时才为我们所用的词",罗尔斯就问,"为什么要使用'罪'这个词?"他花费了好几个段落来回答这个问题。他辩论到,由于"人格关系的关联式特征(nexus-like character)","对另一个人的否弃,即对共同体的拒斥,也就是对上帝的否弃。对邻人的伤害就意味着得罪上帝"。他把这种关联中上帝的加入与这个思想联系起来:"由于我们都是带有上帝形象的人,因而我们全都与上帝相连"。罗尔斯关于罪的定义的神学论证,在他的下述陈述中得到了进一步的说明;这个陈述说,"自我中心主义之所以构成一种罪,是因为它否认并破坏了那个人类为之而造的属灵的共同体",而且"如此看来,对共同体的否弃即是对人之目的以及造物主的否弃"(204—205;亦参见193)。

除了由上述方式加以支持的对罪的定义外,罗尔斯对于罪的说明还有两个主要部分。其一是在第四章第三、第四部分中,对作为罪人"犯罪后果"之"孤独"的生动描述。另一个则主要是对这样一个观点的论证,这个观点认为道德的恶和罪的根源主要甚或仅仅在于一个人精神的部分——并非在于其"自然"的部分

---

[62] 同上书,第141页。

和其"嗜欲"的部分、而是在于对人格关系的诸种关切之中，而且特别在于自我中心主义和骄傲之中。这是一个失于严谨的论证，它通过第二章的前三个部分和第四章的前两个部分而得到扩展。它主要是用来辅助论证支持这个观点的三个论题的。

在第一个辅助性的论证中，罗尔斯处理这样一个观点：一些与身体相关的欲望在道德上是坏的，或者是一些应该躲避掉的东西。罗尔斯自己很轻易地对付掉了这个观点，他大概并没有认真地把它当做是一个可行的选择。在第二章的前两部分，从早期教会"教父"那里，他为这样一个论题寻找证据，这个论题认为基督教历史性地支持这样一个观点：人的身体和身体的欲望都是好的、而非坏的。在这些部分中，罗尔斯历史性的说明并没有什么新内容，而且他追随了一个在 12 世纪中期的基督教神学中极有影响的解释方法。当然，最广泛地被当做正统的基督教神学则坚持认为，人的身体原则上是上帝的创造，而且它正常而自然的过程在原则上也是好的。这个历史性的论证至多只能驳斥一些太过于极端的观点。即使在正统的教会"教父"那里，也经常有人对身体的欲望持相当消极或矛盾的态度，罗尔斯在一定程度上认识到了这点。而且，与半个世纪以前的学者相比，今天仍在著述的大多数学者更不愿意让正统的观点主导着对历史的叙述。[63]

罗尔斯更为认真地对待的另一个可能作为他自己观点的替代品的观点，是亚里士多德所代表的观念。如果身体的欲望由理性和伦理上的理智明智地加以控制，那么它们对人的生活是必要且适当的；但是，有时这些身体上的欲望，同样被当做是威胁着要推翻或阻止这种明智的自制的激情形式。根据这个观点，道德理

73

---

〔63〕 彼得·布朗的《身体和社会：早期基督教中的男人、女人以及性克制》（Peter Brown, *The Body and Society: Men, Women and Sexual Renunciation in Early Christianity* ［New York: Columbia University Press］, 1988. ）一书是最近对这个话题进行历史性研究的一个优秀的例子。

性争取去主导激情和身体上的欲望的观念，就持续地在许多主流的道德和精神思想中扮演着重要的作用。罗尔斯的其他两个辅助性论证就是反对这种观点的，而且这些论证也不依赖于教会的权威。这两个辅助性论证都和这个问题相关："到底是灵魂败坏了肉体，还是肉体败坏了灵魂？"（148）或者，用利昂的术语来说（这个术语在罗尔斯讨论罪的部分中也得到了使用），利己主义之罪是源自更基本的自我中心主义之罪、还是自我中心主义之罪源自更为基本的利己主义之罪？即，对个体之中的"过程"所抱有的一个过分的、自私的或反常的兴趣源自对人格关系所抱有一个反常的（追求优越）的兴趣，还是后一类罪恶的兴趣源自前一类？

在引用利昂时，罗尔斯认为利昂坚持"嗜欲本身没有导致任何表现形式的自我中心主义"，而且，罗尔斯也衷心地赞同这个观点（151；183）。[64] 主要出现在第四章第一部分末尾之中的、他对自我中心主义之罪不可能仅仅源自利己主义之罪的论证主要包括：关于对人格关系（包括与优越性相关的人格关系）的兴趣截然不同于对个体生活过程的"嗜欲性"兴趣的现象学论证。如果我们接受它的前提，这个论证可能会很好地说服我们：嗜欲自身不能纯粹地或主要地作为关切社会优越性的基础，这是利昂和罗尔斯共同使用"自我中心主义"来表达的。罗尔斯并没有严格地给出这样的假设：比如，对于在财富或权力方面的优越性的明显"自我中心主义式的"攫取，实际上可能纯粹地或主要地具有工具性的动机、是受对于满足个人生活中各种需求的"利己主义"焦虑所鼓动的。然而，这样的假设在罗尔斯于 1942 年写作时所身处的那个神学背景中当会被视为一个严肃的竞争性观点。

---

〔64〕 引用利昂的《权力伦理学》，第 158 页。

例如，莱茵霍尔德·尼布尔在《人的本性与命运》的第一卷中对于罪的解说就暗示了这一点。尼布尔的解说当然是对于罪的神学化处理，这在当时的美国讨论得最多，而罗尔斯很明显也利用了它。

我认为对罗尔斯来说，在这三个辅助性的论证中，最重要的是把利己主义之罪建立在自我中心主义之罪之上的论证，这个论证主要出现在第二章的第三部分，在第四章又得到了强化。第二章的论证是通过给出关于一些虚构的或普通的有关性犯罪、贪食和酗酒的案例的一个推理性的心理学解释而展开的，而这个心理学解释主要是源于尼布尔明显将"感官欲望"之罪解释为根植于一个更深层的精神之罪中的努力。罗尔斯把感官欲望之罪解释为根本的骄傲和自我中心主义的表现。就如他所承认的，这些论证都是"表面的"。它们所包含的大部分轶事性（更别提这些逸闻趣事诸多虚构性的特点了）使其明显不足以证实他的总括性结论："无论感官欲望在何时变成了罪，我们都将发现它完全混合了那些无人能免的精神上的扭曲和渴求"（149—150）。在第四章中，他对贪婪的自我中心主义资本家的虚构例子的使用，也没有为贪婪动机的这个结论提供强大的支持（194—195）。我们当然可以同意，有关贪婪、嗜酒和性侵犯或性泛滥的许多例子都有着深刻的渴求社会优越性的根源，而不必相信所有这些罪恶的例子都会具有那样一种正确的解释。而且，罗尔斯也没有为下述这个甚至更加谨慎的结论提供令人信服的论证，这个结论就是：虽然"可以设想嗜欲有可能引起罪，……（a）这并不是常见的情况，（b）无论如何，嗜欲本身都不是恶的，毋宁说它所导致的结果才是恶的"（152）。

罗尔斯对嗜欲与对人格关系的关切之间差别的论证，也暗示了对于利己主义之罪的衍生性特点这个论题的疑虑。在讨论一个

75

饥寒交迫的人对于休息和温暖的"纯粹"嗜欲时，罗尔斯设想他会请求他人为他热一杯咖啡；而且，他评论道，"其他人只能作为实现被欲求的目的之手段进入他的意识。他们根本不是作为人而纯粹是作为手段进入他的意识当中"（187）。一个康德主义者可能会认为这样一种良心的状态就已经是一种罪恶的状态，在其中一个人把他人仅仅当做工具、而非人；这种罪恶的状态很容易导致对他人利益和福利不道德的忽视，同时也没有任何竞争性的自我中心主义动机。

在罗尔斯将利己主义边缘化时，另一个有关一致性的问题也出现在他对精神生活的核心论述当中。就如我们已经看到的，在第四章第一部分，罗尔斯拒绝把被他称为指向上帝的"宗教嗜欲"的满足作为个人满足的一个源头。他把它归类到罪之中，恰恰是因为他把它当做是一种嗜欲、而非对于人格关系的追求；而且因此，他把它当做是人与上帝之间关系的非人格化。他并不认为，这种罪是根源于对社会优越性的一种自我中心主义的关切。我认为，罗尔斯已经承认这个解释会难以置信地使奥古斯丁式的虔敬变得无足轻重，而罗尔斯在批评宗教嗜欲时就已经注意到这种虔敬了。用他的话说，在此，他的目标似乎就是一种基本的利己主义之罪，而不是一个无足轻重之罪。

然而我相信，认定道德上的善和恶主要都根植于对社会关系的关切的想法，是深刻地与罗尔斯本科毕业论文的一个核心动机相连的；并且，实际上也与他后来著作的核心动机相连。在与尼布尔对罪的说明的对比中，这一点才有可能得到详细阐述。尼布尔通过宣称"《圣经》中对于人之问题的探究的独特性就在于它使有限性的问题附属于罪的问题"[65]，开始了关于罪之根源的那

---

[65]　莱茵霍尔德·尼布尔：《人的本性和命运》，第一卷，第 178 页。

一章内容。当罗尔斯从这个陈述中（他当然已读过这个陈述）发现一个与他自己的承诺相似的承诺——对人类所关注的伦理领域之优先性的承诺，此时，他当不会完全是错的。然而，在他们关于自然以及罪的问题的优先性的观点中，存在着许多重要的区别。简而言之，尼布尔关于罪之本性的观念比罗尔斯的观念更加充满形而上学的色彩，而且并非完全是社会性的；并且，尼布尔归给罪之问题的优先性是一个在道德的、灵魂的问题议程上的优先性，而非解释上的优先性。尼布尔实际上坚持认为有限性的问题在最深的层次上引起和激发着罪。

按照尼布尔的观点，最根本的罪就是拒绝承认我们自己的有限性。当他说这个观点——"骄傲与感官欲望相比是更为根本的，并且后者以某种方式源自于前者"〔66〕——主要是"《圣经》的和基督教的"观点时，他心中所想的也就是这个"骄傲"。这个骄傲可能会在与他人的竞争中以克服社会对他自己限制的形式出现；但是，它同样也可能以为了延长自己的生命而任意攫取各种资源的形式出现，或者它也可能以逃避认识自身有限性的形式出现。因此，它实质上并不是一种社会性的骄傲，除了在与上帝的关系中它是一种背叛以外；而且，甚至那种背叛本身并不必然构成骄傲者之意向的一部分，因为拒绝承认我们自己的有限性对有神论者和无神论者都是可能的。

实际上，罗尔斯引用了尼布尔来论证，"醉汉和贪食者毫无节制地尽力满足某种特殊的欲望，以致这种欲望的满足与其他欲望产生冲突，这仅仅是将自爱发挥到极致并完全丧失了自我控制吗？或者，努力地逃离自我只是节制的缺失吗？"〔67〕但是，当罗尔斯通过意译（就如他所言，"用我们的话说"）试图把尼布尔的

---

〔66〕 同上书，第 186 页。

〔67〕 同上书，第 233 页。

论证和他自己的结合起来时，这个论证就变成了：“﹝感官欲望﹞
仅仅包含了自然关系，还是也包含了人格关系？如果二者都有的
话，又以哪一个为主呢？”（149）逃离自我从论证中消失了，而
且被一种对人格关系的关切所取代，而这种关切并不是从尼布尔
那里引述来的解释的一部分。

我认为，关于罪的观念，尼布尔和罗尔斯之间的差别是复杂
的。罗尔斯对尼布尔给出了一个严厉批评，当他看到尼布尔

> 想要论证人处在一种焦虑的状态之中，他既是受缚的也是自
> 由的，既是有限的也是无限的。尽管焦虑并不是罪，但它是
> 罪的先决条件。当人因为骄傲而试图否定自己的偶然性时，
> 当他由于感官欲望而试图逃离他自身的自由时，他就犯了
> 罪。（191）[68]

罗尔斯在两个方面不同意这个关于罪之根源的说明（在这一点
上，尼布尔明显受了克尔凯郭尔《概念恐惧》一书的启发）。

在这个语境中，这种被加以更多强调的不一致比起真实意义
上的不一致而言会包含更多的误解。罗尔斯把尼布尔的解释当做
“摩尼教”企图把我们的罪归咎于外在于我们自身的某物的一个
例子。与之相反，罗尔斯说，“我们不得不承认，灵魂是自我败
坏的，人格的堕落并非出于自身以外的原因”。但是，尼布尔基
本上也同意人类的灵魂败坏了自身。他说，“罪产生它自己”；而
且，“如果罪并非已经被带入到这种情境之中，有限性和自由的
情境就不会产生罪……由于这个原因，即使对于﹝罪之﹞不可避
免性的认识也不能消除责任的意义”。[69]并且，就总体上而言，

---

〔68〕 引证了上书的第 182－126 页。
〔69〕 同上书，第 181、254 页。

关于罪的不可避免性，罗尔斯似乎基本上同意尼布尔。他谈到精神自我败坏的"明显无可避免的倾向"，并评论道，"罪必须被设想成是以这种高深莫测的、'无缘无故的'方式发生的"。这实质上是尼布尔的观点（191）。

然而，如下这点也构成罗尔斯对尼布尔的部分反对，尽管它并不构成关于罪的解释的一部分："焦虑是罪的结果，它是罪人置身于自己所造就的孤独世界中的状态。"这是一个深刻的不一致。对于罗尔斯，地狱就是孤独——如其所言。他并没有用他自己的话来讨论地狱，而是引用了 T. S. 艾略特描述"地狱活跃的影子（active shapes of hell）"不如"空虚、缺乏（absence）、与上帝隔离"来得可怕的诗句（191，208）。这是罗尔斯的一个充满激情的个人信念，这在他对孤独的描述中讲得很清楚。我认为，我们可以公平地认为，罗尔斯的本科毕业论文表达了这样一个观点：在对人格关系的偏爱中，我们的本性得到最完满的体现；并且，他发现我们很难相信那些偏爱将会植根于对于我们的有限性，或更具体地说，对于死亡和物质不充裕的更深刻的、更少社会性的、更形而上的或生理性的关切之中。

在很大的程度上，罗尔斯成熟时期的著作也是这样的。当然，《正义论》也体现了对作为良序社会之必要条件的经济上合理充足的一种严肃考虑。但是，罗尔斯也希望这些享受一个好的、公正的社会政治体系的人们，在非社会性的善方面能够很容易就得到满足。这在他学术生涯末期的《万民法》中得到了清楚的表达；他论证道，自由人民将会是"得到满足的人民"，而且，由于通过他们的社会内在正义结构，自由人民会远离追求社会优越性的诱惑，他们将"不会去发动战争"。[70]

---

〔70〕 约翰·罗尔斯：《万民法》，第 47 页。

80     这个论证与罗尔斯和尼布尔关于罪的观点之间一个最显著而重要的差别存有联系。尼布尔关于感觉欲望和骄傲之间关系的观点并不是特别明朗，而且他认为罪的根源、或无法避免的诱惑的根源在于焦虑，这主要是从克尔凯郭尔那里借来的观点。在这个领域中，尼布尔最典型的特征以及他与自己（作为 20 世纪中期美国最有影响力的政治思想家）所拥护的"基督教现实主义（Christian realism）"关系最为密切的是他对罪的顽固性（*persistence*）的信念。他宣称，"历史发展并不能逐渐消除那些与爱的法则相悖的兄弟情谊的罪恶腐化。"[71]

在个人和社会政治的层面上，尼布尔看到了战胜罪的真实可能性，却没有看到消除罪孽这个可怕问题的可能性。在个人的层面上，他说："可以在逻辑上进行假定，当人已经意识到他自爱的本性及其与神意的不相容时，这种意识就会破坏自爱的力量。"罗尔斯在本科毕业论文中对于皈依的解释，很容易被解读为正是对罪之力量的一种破坏的说明。尼布尔认为，"这种逻辑至少被经验证实是部分有效的。悔悟确实开启了新生"。但是，尼布尔并不认为，任何历史中观察到的皈依都近似于从个人生活中清除掉罪孽。"基督教历史的悲惨经历表明，人类的骄傲和精神上的自负是如何达到这样一种新的高度，准确地讲，即在没有相应限制的情况下就宣称其神圣性"。[72]

另一方面，尼布尔说，在集体的层面上，"并不存在这样的

81   社会或政治问题，人们在其中并没有面临任何实现善和义务的新的可能性"。他坚持认为存在着可以实现和值得努力的接近正义的可能性。尼布尔肯定会批评，罗尔斯的本科毕业论文从个人的皈依中期望得到的太多，而从制度改革中期望得到的太少。另一

---

〔71〕 莱茵霍尔德·尼布尔：《人的本性和命运》，第二卷，第96页。
〔72〕 同上书，第 121 – 122 页。

方面，他说，"没有人类共同体单单是⋯⋯由良心和理性建立起来的。所有的共同体⋯⋯都是为权力所统治的"。他在民主的内核中看到了冲突，这种冲突受到了限制以免导致独裁或暴力。他说，"民主社会的最高成就在于，它们在政府自身的原则之内体现了反抗政府的原则"。[73]

尼布尔对于民主政治秩序的期望与后来的罗尔斯对于这些问题的期望之间存在着差别，这是无法否认的，即使在某种程度上只是语气和重点方面的差别。这与他们选择为了什么样的政治问题而写作有关。在《正义论》的第一章中，罗尔斯决定集中讨论理想理论和一些"完全服从"正义原则的情形；在解释这一点时，他承认，"部分服从理论的问题也是紧迫而重要的问题。这是一些我们在日常生活中所面临的问题"。他论证说，"从理想理论开始"是为"系统地了解这些更加紧迫的问题"提供一个最好的前景[74]。另一方面，尼布尔关于政治学的大部头著作则主要集中讨论非理想化的情境。这也可能在一定程度上反映了他个人更积极地参与现实（和政党）政治。但是，尼布尔对于公正的理想政治系统之前景更为悲观的观点，无疑使他觉得在处理非理想的情境时，道德智慧的问题比罗尔斯想象的要更加紧迫、也更加困难。[75]

这些差别与尼布尔和青年罗尔斯关于罪的根源的不同看法深刻地相关。有限性的问题并没有消失，尼布尔在这之中看到了趋向于罪的最强烈的诱惑。但这并不是一个我们可以解决的问题，无论是个人地加以解决，还是集体地加以解决。尼布尔也不认

82

---

〔73〕 同上书，第207、257、268页。尼布尔作品的第二卷于1943年首次出版，比罗尔斯提交他的毕业论文还晚了一个月；但是，尼布尔关于政治中永恒之罪的观点已经广为人知，在他早先的书《道德的人和不道德的社会》（*Moral Man and Immoral Society*）（New York：Charles Scribner's Sons，1933）中，甚至有一种比这种观点更为悲观的观点。参见福克斯的《莱茵霍尔德·尼布尔》一书，第212-214页。

〔74〕 罗尔斯：《正义论》，第8页。

〔75〕 例如，参见尼布尔的《人的本性和命运》，第二卷，第88页。

为，上帝会在人类历史的任何时候消除掉这些问题。按照尼布尔的观点，我们的道德和精神的任务并不是解决这些问题，而是学着与它相处。他也不认为，我们应该学会满足于可获得的最佳的精神和政治状况。相反，他相信，借助于一个超越的善的标准（这就是一个具有牺牲性的爱的标准），我们应该持续不断地让这些状况接受批评。然而，他也把这个信念——我们可以现实地实现这个理想——当做是一个危险的幻想。

至少与有限性的问题相比，自我中心主义的问题——罗尔斯把它当做是罪孽之源——似乎更容易服从于个人和社会在道德上的进步。而且，罗尔斯可能也认为这是一个优点，它为希望提供了一个基础，而他自己与尼布尔都一致认为希望对于道德的和政治的努力而言是必要的。我认为，希望的基础在尼布尔的思想中确实是最困难之处。当尼布尔认为，对我们自身有限性的焦虑能够清除自作主张的罪恶倾向时，这种清除是透过"对上帝之爱的终极保障的信仰"而完成的。那么，上帝之爱是怎样处理焦虑之根源的？例如，尼布尔谈到了希望："永恒将会充实而非消除在时间过程中展现出来的丰富性和多样性"。但是，他对于这些事情讲得很模糊，而且，也不像罗尔斯在本科毕业论文中那样乐意用精确的语言肯定传统基督教对于超出历史变迁的来世生活的希望。[76]另一方面，尼布尔肯定会说，他对罪之根源的解释比罗尔斯的更加现实。尤其是，他可能会认为如下这点是其论述的一个优点，也是其现实主义解释的一个面向：他关于罪之根源的解释并没有赋予对人格关系的关切以特别基本的动机性功能，因而他没有理由否认在经济利益方面我们仍然可以是自私的，而且这一点对于社会关系的竞争性关切毫无关联。

---

[76] 同上书，第一卷，第 183 页；第二卷，第 295 页。也参见福克斯：《莱茵霍尔德·尼布尔》，第 215 页。

### 7. 皈依和对功绩的拒斥

有关皈依的部分（第五章第三部分）可能是整篇本科毕业论文中最具有原创性、最为有趣的部分。罗尔斯自己着重强调了皈依在基督教思想中的核心地位。他说，"毋庸置疑，充分理解皈依对于理解基督教而言绝对是必不可少的……皈依是至关重要的，因为它的性质构成了基督教神学的发源地。正是在这一体验中，启示、罪以及信才实现了它们完整的涵义和经们之间的对比"。他在其中看到了"拣选教义"、创造，以及更一般地讲，"关于上帝的真实观念"的"真实根源"（233、242）。

对于皈依的强调是一些新教传统的特点。而且，罗尔斯对于在皈依之中"圣言打破了罪的封闭性"的解释是典型的新教思想（233）。然而，罗尔斯对于皈依的现象学解释——"曝露于圣言之前"的"袒露性（flatness）"（233—237）——则惊人地是个人化的，而且，我认为也是极具原创性的。这个体验表面上并不引人注目，其实它是一种内在的转化。罗尔斯接着说，"罪不禁在上帝的恩典面前被毁灭……圣言的到来就这样使自我的罪曝露无遗，以至于它们不再拥有藏身之所"（239）。

这似乎是在没有明确限制的情况下确认了对于罪的一种根除，而这种确认与尼布尔会主张的相比是更为彻底的。布鲁内尔也坚持认为，由罪而来的皈依绝不会在今生完成："人性固有的糟粕（eggshells）作为某些已被克服的东西仍然附着在〔信仰上帝的人身上〕，同样仍然是一些需要一次又一次地加以克服的东西"。[77]罗尔斯原本可能期望在进一步反思的基础上，证明他有关皈依效果的主张。但是，他在本科毕业论文中的讨论并没表示

84

---

〔77〕 布鲁内尔：《叛逆的人类》，第488页。

有必要这样做的意思。当他说，由于"蒙受圣言……我们根据对祂的恩典的类推来行动或试图这样来行动"（249，楷体为作者所加），这好像就是个警告。但是，在一些段落中，罗尔斯断然地说，皈依后的罪人"现在生活于和他人的正确关系当中……因此，从皈依这一体验当中，就产生了恢复和重建共同体的那些活动。这样，义务此刻就被履行了"（248）。

在整合着论文诸多内容的论证和理论结构中，对于皈依的解释是一个核心关节。下面这几点（至少）在此是互相联系着的。

（1）把我们从共同体中分割出来的基本罪就是自我中心主义（差不多就是骄傲之罪——也许更加基本的是对社会地位的贪婪）。

（2）虽然为拯救所要求的皈依在某些方面令人沮丧，但其中关键之处不在于痛苦，而在于自我中心主义瓦解为"曝露的摊开"（238），不带有任何装模作样的成分。

（3）在此（甚至在此前听到上帝之言时），皈依与慷慨、仁慈的判决之爱（the gently judging love）以及上帝的慈爱相遇。"最具威力的定罪是仁慈而非忿怒"（239）。对上帝之爱和罪人自己自我中心主义之间对比的领悟促进了自我中心主义的瓦解和破碎。只有在上帝慈爱的显现之中，我们才能够真正认识到我们的罪，这样一个观念确实在 20 世纪 30 年代[78]的新教神学中已经流行，但是，罗尔斯却在本科毕业论文中花费了极大的篇幅和精力详尽阐述了这个观念（237—242）。

（4）罗尔斯对于皈依的解释深深地与他对如下观点的拒斥相联系，这个观点认为：上帝是忿怒而严厉的。这种联系反映在情绪的袒露上，他把这种袒露归给了皈依；而且，这种联系也反映在这样一个主张之中：上帝的慈爱解除了我们的罪。罗尔斯引用

---

〔78〕 例如，这个观点清楚地出现在埃米尔·布鲁内尔的基督神学著作《中保》一书中，奥利弗·伟恩译，第602页。

威廉·坦普尔的话说，"恐惧是所有情绪中最以自我为中心的"。因为上帝是忿怒的这个信念（根据罗尔斯的观点，这个信念是错误的）产生了恐惧，所以它是信仰的一个障碍物；而且，它导致了另外一个障碍，罗尔斯称其为人格间关系的"协议式基础"。他说，讨价还价的协议是"罪人用来约束'他者'并保护自我的方法"，而且它"源自恐惧"。就如罗尔斯所指出的，对于霍布斯设想的社会契约就是如此；但是它并不能产生真实的共同体，这个共同体必须是建立在相互信任而非相互猜疑的基础之上。同样地，在宗教之中，对上帝的怀疑引起与上帝的讨价还价，同时也成为"任何依赖于'功绩'的拯救方案"的来源（227—230）。

（5）为了反对把功绩当做拯救的基础、或实际上把功绩当做任何合法关切的对象，罗尔斯的本科毕业论文给出了两个理由。这两个理由都是与皈依的体验相联系的。第一个理由是，伴随着自我中心主义的瓦解，"这个凡人认识到他已获得的一切都是一种恩赐，而且没有任何东西不是被赐予他的"。这部分地与父母、朋友、"共同体"已经给予了他某些东西这件事相关，但是同样与"大地"和"自然"相关，而且"他现在可以看出，他所拥有和享有的一切都是上帝的恩赐"（238—240）。

（6）拒斥功绩的另一个理由是，"将善行作为功绩而完成，仅仅适用于属灵上骄傲的魔鬼"；而且因此，"功绩与共同体的建立是不相干的［实际上是适得其反的］"（241、230）。在此，功绩被当做是社会优越性的一种。并且，如果对任何社会优越性的关切都是自我中心主义，而皈依在很大程度上或在本质上是对自我中心主义的拒斥，那么皈依就包含着对关切功绩的拒斥。

罗尔斯认为，"裴拉基派谬误的真正核心在于信仰与信任的缺失"（229），这种缺失造成了一种"在神做出拣选的决定之前标榜自己功绩"的欲望。我认为，这并不是对裴拉基的解释，而是罗尔斯自己关于"什么是被称为裴拉基主义的最严重的错误"的观点。它是圣保罗关于借助神恩、通过信仰获得拯救这个主题的真实表达，这个主题也是奥古斯丁和路德神学的核心思想；而且，它也通过一个在我看来新颖而有趣的方式被罗尔斯加以阐述。"上帝……不是出于功绩而去奖赏"（241），这并不是在《新约》保罗书信中给出的，但是，它表达了这样一个观点：这个观点能够被合理地看做是引出了像《罗马书》第十章第三至四节中的一些段落。

在对于功绩关切的批评中，并就与其同时代的思想渊源而言，与罗尔斯是有更多共通点的是利昂，而不是更为传统的神学作家布鲁内尔和尼布尔。对功绩的关切是自我中心主义的一种表现，利昂广泛阐述了这种观点。事实上，利昂的讨论为这个观点的一个不同寻常的延伸提供了解释，而这个延伸在罗尔斯的本科毕业论文中只是偶尔出现。罗尔斯说，"自我中心主义设法将'你'置于它自身之下，并把'你'转变成一个仰慕者或仰慕的对象"（194；也参见 203）。某人使"你"成为一个仰慕者将会使"你"低于某人自己，这一点是很容易明白的；但是，由于同样的原因，我们可能会想，使"你"成为一个仰慕的对象将会使"你"高于某人自己——如我们所说的，使"你"位于神台（pedestal）之上。罗尔斯在这点上并没有给出解释，但利昂就此讨论了很多。他把对另一个人的仰慕解释为隐藏着的自我中心主义的体现，这种自我中心主义通过"认同"被仰慕的他人而提升自己。他进一步论证到，仰慕与共同体是不相容的，因为它拒绝了他人的个体性，而转向一些"类的性质"，而这些都不过是个人的抽象。[79]他说：

---

〔79〕 利昂：《权力伦理学》，第 196 – 201 页；也参见第 98 – 99 页。

（人们）* 与这些抽象的（性质，属性）不可能有什么亲密的联系，它们只是评价的对象。与这些为我们尊敬、敬重、尊重、称赞、赞美甚或赞颂的人（即，我们赞颂他们的属性或"品质"），也不可能有什么亲密的关系。[80]

利昂使这个观点达到了与实质上所有有神论宗教的传统和实践都相反的地步：他反对仰慕和称赞上帝。他问道："那么，道德的或客观的生活就排除了崇拜、敬畏、崇敬和尊敬所有这些被称作赞颂性的态度吗？"他回答道：

它** 只是没有排除与被体验为善和爱的上帝的一致以及受上帝的感召，而祂……当然是无法被描述的、也不是用"敬畏"、"崇拜"、"崇敬"、"神圣感"这些通常被使用的词汇来描述的。

88

在一个注释中，利昂说，由于"这样一个主张：所有围绕着权力、绝对和至高无上这些概念的宗教都完全是自我中心主义的"，他"准备着被处决、被送到火刑柱上"。[81]

我并不相信青年罗尔斯在拒绝偶像崇拜时有意追随利昂。若孤立地加以考虑，罗尔斯的陈述——"上帝的召唤不是对赞扬的一种召唤，而是对悔罪的一种召唤"——可能会在这种意义上*** 被解读。然而，在他的文本中，其意义又是相当地清晰：我们并不是被赞赏，而是去追悔。罗尔斯说，"将上帝的动机描绘成祂自己的荣耀，就使祂变成了一个自我中心主义者"；而且他反对

---

* "人们"为译者所加。——译者
〔80〕 同上书，第201页。
** "它"指"道德的或客观的生活"。——译者
〔81〕 同上书，第196－197页。
*** 在与上述利昂相同的意义上。——译者

将上帝"设想成一个无限荣耀的自我中心主义者"。然而，即使上帝没有"追求自己的荣耀"，"祂的共同体仍然会显示祂的荣耀"。而且在毕业论文的最后一段中，充满快乐的共同体的实现被设想为是这样的：在其中，"神的全体受造物都将跪倒在祂的脚下"（242、246、227、252）。

就如在这本书"导言"中所指出的，对于功绩的拒斥是"本科毕业论文和罗尔斯后来观点之间特别显著"的一个邻接点。在罗尔斯正义理论的诸多特征中，一个鲜明而充满争议的特征就是，它并没有把对功绩的奖赏或对过失的惩罚当做正义的基本要求。正义理论的这个特征是由这些论证支持的：道德功绩的源头依赖于那些并非通过努力而获得的益处，而且没有一个人是比其他人更值得获得这些益处的。这些论证大多都和本科毕业论文中的论证相同：我们当中任何一个人可能会享受的任何益处"都是上帝的礼物"。本科毕业论文中实质上较少神学色彩的论证——作为对于社会优越性的自我中心主义式的关切，对于功绩的关切是不利于共同体的——并没有在《正义论》中出现，这可能是因为，它很少直接而明显地与公平和应得的观念相关。

在《正义论》中，反对应得的论证的确不是以神学的方式、而是以自然博弈的方式出现的，即幸运和自然偏爱的观念。[82] 在他的正义理论中，罗尔斯当然有充足的理由，避免使用神学术语对他的自然观念和政治理论的目的进行论证。但是，他自己也可能不愿意把"历史解释成上帝意志的展现"，就像他在几十年后《我的宗教观》一文中所讲的（263）。

然而，我怀疑，将万物视为神的恩赐这一思想，对于拒斥功绩式的至善论是一个多余的佐证。仅仅这一否定性考虑——一个人对

---

[82] 罗尔斯：《正义论》，第17节和第48节，以及第64页。

任何完善的获得绝不完全是他自己的行为——是否就击中了至善论思想的要害，这一点并不十分明确。因为，罗尔斯最想反对的至善论主张通常被至善论者当做是建立在实际或可能对完善的拥有（*possession*）这个基础之上的，而不是建立在通过获得至善而获得任何嘉奖这个基础之上。把所有事物都当做是上帝的礼物，这为通过加入一个由上帝建立的共同体而回归上帝提供了一个积极的感恩动机。

### 8. 上帝和启示

根据罗尔斯在本科毕业论文中讨论上帝的方式，我们没理由怀疑罗尔斯回忆的准确性：在《我的宗教观》中，他说自己"在写作本科毕业论文时还是一个信仰正统圣公会教的基督徒"（261）。关于上帝的教义，在本科毕业论文中并没有被系统地阐述；但是，许多关于上帝观念的片段出现在简短的评论中，而且从一种传统的观点来看，它们通常都是非常正统的。就如上文所言，创世的教义被认为其源头在于皈依的体验之中。它被极其简洁地解释成如下涵义："第一，人依赖于上帝；第二，一切都是上帝的一种恩赐"（242）。这样的创造当然要求一个极有能力的上帝，而且事实上，罗尔斯肯定神圣的全能，按照《圣经》的表达即为"一切事物都有可能与上帝同在"（252）。[83] 在讨论人类共同体时，他作出了正统的论断："上帝是……三位一体的，其三个位格之间相互平等"（206；也参见 193）。然而，"上帝是共有的"这个连接性的主张与某些传统基督教的正统契合得更好。

出现在本科毕业论文中、关于上帝观念的一个现代性的解释是对神的不变性教义的拒斥，就像罗尔斯所提示的，这个拒斥的根源更多地与哲学、而非《圣经》相关（246）。这并非是一个令

90

---

〔83〕《马可福音》10：27；参照《路加福音》1：37；《创世纪》18：14。

人惊讶的立场。上帝的不变性虽然几乎普遍地为中世纪神学和早期现代神学所确认，但在 20 世纪神学中却遭到广泛的（但并非普遍的）拒斥。而罗尔斯也没有清楚地给出任何有关上帝与时间和变化之间关系的正面理论。

也许，更为有趣的是与罗尔斯新正统神学的上帝观念相关的问题。他对巴特热衷于强调的上帝的超越性和"他者性"并没表现出什么兴趣。然而，至少在两个方面（拣选的教义和上帝自我显现的观念方面），罗尔斯对于上帝的解释明显受到了新正统神学家的影响，尤其是布鲁内尔的影响。

（1）在本科毕业论文中，对关于上帝的新教观念，罗尔斯最广泛地加以讨论的一个方面就是拣选的教义——即这样一个信念：上帝拣选或选择出那些作为上帝救赎活动对象的人们。罗尔斯说，他"完全接受《新约圣经》中的拣选观念"。但是，他想"避免……严格的预定论结论"，他把预定论与奥古斯丁和阿奎那联系起来；但是，预定论当然也可以与路德和加尔文联系起来。罗尔斯想保留神圣拣选的教义而又抛弃严格的预定论的教义的愿望，在许多现代神学中也能找到，至少最早可以在作为自由神学家典范的施莱尔马赫那里找到，因此这个愿望就并非明显地是新正统神学的；然而，巴特和布鲁内尔确实也分享着这一点。巴特《教会教义学》（*Church Dogmatics*）一书中篇幅长达五百多页的那一章是最让人激动、且具有创意的一部分，在这一章他就试图实现这个宏大的目标。但是，罗尔斯读到的可能是布鲁内尔对这个问题的两页书的处理，并且，与他在那儿所读到的相比，罗尔斯关于拣选的讨论更加丰富。[84]

91

---

〔84〕 参见布鲁内尔：《叛逆的人类》，第 76－78 页。亦见卡尔·巴特：《教会教义学》，G. W. 布罗米雷（G. W. Bromiley）等人译（Edinburgh：T. & T. Clark，1957），第二卷，第二部分，第 306－506 页；于 1942 年在德国首次出版。

为了避免严格的预定论的结论，罗尔斯的第一个建议是，不变的上帝的观念应该被放弃。与他对于预定论问题的这个建议相关，他的想法大概是：如果上帝的拣选在时间过程中能够变换，那么上帝对于人们的拣选就能够反映环境的变化和对于这些人的偶然选择。然而，他主要的建议是，关于拣选的神学应该拒绝"激进的个体主义"以及对于拣选的误解，这个误解把拣选解释为打算"去各处拯救某个孤立的人"。罗尔斯更偏爱的拣选则是：上帝的拣选有一个共同体式的而非个体主义的目标；这一拣选打算"去恢复和聚集一个由祂建立的共同体"。"选民被挑选出来去重建共同体"。他们自己的皈依是重建共同体的第一步，通过告诉他人这个"好消息"，这个过程得以延续。例如，上帝对使徒保罗的拣选就意味着"他是被选择来宣扬圣言；上帝要用他作为进一步拣选的器皿"（244—247）。

92

这怎么会成为一个对严格预定论的替代？罗尔斯并没有像人们期盼的那样清楚地说明这个问题，但是我相信，在他的解释中，上帝进行拣选的目标是共同体式的、而非个体主义的。他并没有否认，人们通过皈依被单个地、而且在不同的时机中被召唤进共同体之中。我认为，罗尔斯的观点与有关拣选的预定论观点的不同之处在于：他认为，上帝对一个人的拣选并非选择这个人而不是其他人去实施最后的拯救，而是选择这个人在共同体的建立中担当某种角色，并在某一特定时刻成为共同体的一员并为之服务。

很难相信，罗尔斯的这些策略足够使他避免更为传统的拣选教义的严苛内涵。鉴于他论证说，我们并无资格为我们可能拥有的任何道德属性索要功绩和荣誉，则这种严苛和实际上的不公似乎仍然会保留在他的理论中，除非他否认关于地狱的教义，而这个教义将把某些人从上帝共同体的成员之中永远地排除出去。其实，并非神学预定论、而是对于地狱和诅咒的信念，是拣选教义中道德过错的主要根源；这一点施莱尔马赫已经清楚地认识到了。[85]巴特和布鲁内尔并没有像施莱尔马赫那样毫不含糊地拒绝了关于地狱的教义；尽管我相信，可以合理地认为，他们把他们的读者导向了普遍救赎的希望。[86]在 20 世纪 30 年代，其他人则走得更远。在罗尔斯本科毕业论文引用的（虽然不是关于这一点的）一个评论中，C. H. 多德支持对《保罗达罗马人书》第十一章的最后部分进行一种清楚的普遍主义的解读。[87]罗尔斯对此可能并不含糊，然而，在本科毕业论文中关于这点也并不十分明确；但论文中的一些主张看来还是提示着这样一个信念：所有人都将最终被拯救。比如，他说这些已经被选出来、且回归到共同体的人们"会在［上帝的］的佑助下将所有那些仍然留在原地的人聚集起来，并且帮着将全体受造物都带领到祂的面前"。最后，"整个世界将被结为一体，上帝的全体受造物都将跪倒在祂的脚下。这个将一切都联合在上帝之下的共同体，就是上帝将祂的造物所推向的终点"（252；楷体为作者所加）。

（2）在罗尔斯的本科毕业论文中有关上帝是如何为我们所知

---

〔85〕 施莱尔马赫：《基督教的信仰》，第 536 – 560 页（第 117 – 120 节）和第 720 – 722 页；特别是《关于选择的教义》，载于施莱尔马赫的《批判性作品全集》，第一部，第十卷（*Über die Lehre von der Erwählung*, in Schleiermacher, *Kritische Gesamtausgabe*, series I, vol. 10［Berlin：Walter de Gruyter, 1990］）。罗尔斯关于拣选的许多积极肯定的观点都可以在施莱尔马赫那里找到。

〔86〕 见巴特：《教会教义学》，第二卷，第二部分，比如在第 477、496 – 497、506 页。布鲁内尔在《叛逆的人类》中关于这个关键点的态度是模糊的，见第 470 – 477 页。在大卫·凯恩斯所翻译的《关于教会、信仰和圆满的基督教教义》（《神学教义学》的第三卷）（*The Christian Doctrine of the Church*, *Faith*, *and the Consummation*［the third volume of his *Dogmatics*］, trans. David Cairns［Philadelphia：Westminster Press, 1962］）第 415 – 424 页中，布鲁内尔的态度一点也不模糊，但是清楚而明显地不一致，这部著作是他在罗尔斯完成其毕业论文很久以后才写出来的。

〔87〕 特别是，C. H. 多德的《保罗达罗马人书》（London：Hodder and Stoughton, 1932）。

的观点中，我们发现了对启示的强调，启示被当成上帝自己在交流活动中的自我展现，而且我们也发现了对"自然神学"一个相应的贬抑。这些都是典型的新正统神学观点；尽管它们大部分都出现在罗尔斯本科毕业论文里争议性较小的文本语境中，而非最重要的新正统神学家们的作品中。罗尔斯关于启示的观念体现了人格主义（personalism）的观点，它激发了论文中许多主要的论证，而且在这一点上他与布鲁内尔特别相似。

罗尔斯说，"自然神学能否告诉我们很多，这也是令人怀疑的"（111）。当他说这些话时，他或许允许对有神论的哲学论证 94
进行怀疑：

　　理性无法告诉我们上帝是否就是造物主、是否永恒不朽、是否全能的等等。但是祂自己则可以告诉我们……至于上帝的本质，在我们可理解的范围内，不是通过玩弄形而上学术语就能发觉的，毋宁说是在蒙受祂的圣言当中被准确无误地呈现给我们的。（242—243）

似乎可以合理地说：与其后的学术生涯一样，青年罗尔斯并不想使他最为重视的信仰建立在形而上学的论证之上。

然而，在他的本科毕业论文中，对自然神学的轻视和对启示的强调经常是建立在他所渴望的关于上帝位格特征的知识之上。"人格关系以互相揭示为基础……人格关系要求这种自我揭示的活动，否则就没有人格关系能够建立起来"（117—118）。这也适用于上帝。"自然神学无法告诉我们上帝的位格是什么，祂的位格性（personality）必须由祂自己来揭示"（124）。罗尔斯非常生动地解释了这一点：

请想象一个力图回归共同体却得不到"他者"回应的人。假设我们付出了一切努力,"他者"却始终保持沉默、不予答复,我们还能做些什么呢?倘若其他人并不显露自身,我们的努力必定会失败,……自然神学在上帝的位格面前毫无用武之地。为什么?因为我们对他人的所有认识都得自于他人的给予。与人格相关的知识乃是被揭示的知识。(224)

罗尔斯宣称,在皈依的过程中"圣言打破了罪的封闭性并推翻了它的壁垒"。这表达了这样的观点:上帝之言是充满活力的。那种言语并不仅仅是写出来的文本;它同样是一些为这些已经听到它的人所传播的东西。但是,在此之外,上帝之言是向我们显现上帝的神圣行动;它甚至能够建构在特定时刻为我们所知并向我们显现的上帝的存在。就像罗尔斯在这本个文本中所讲的,"启示是上帝的行动,是祂来到我们身边并对我们讲话,正是祂的出现打破了罪的孤独"。同样地,"正是上帝自己说给我们的圣言毁灭了罪,使内在的灵魂皈依,并立即使它向共同体开放且进入共同体之中"(233、248)。

这些陈述表达了一个典型的新正统神学关于启示和上帝之言的观念。它为新正统神学家提供了避免"原教旨主义者"直译主义的解经(biblical literalism)方式,尽管罗尔斯并没有为了这个目的而诉诸它。他似乎已经满足于布鲁内尔关于这个观点的大部分关键点,这些关键点包括:上帝之言在被书写出来的同时也得到了传播,"实际上是上帝自己在同我们说话",以及"对于一个人的知识仅仅通过自我揭示才是可能的,而他通过他的话来揭示自己"。[88]罗尔斯的想法也与巴特的想法有些共同之处,尽管他

---

〔88〕 布鲁内尔:《叛逆的人类》,第67页;《危机神学》,第32页。后一段被罗尔斯引用过(233)。

看来不可能已经读过巴特的作品。[89]

在巴特和布鲁内尔那里，关于启示的教义都有一个极端的以耶稣基督为中心的形式。他们都强调以位格形态出现的耶稣是上帝之言的最初形式。罗尔斯也肯定，在耶稣之中，上帝的肉身化是上帝自我显现的一个重要部分；但是，他并没有坚持它的首要地位。罗尔斯可能会轻易地被解读为：他给了上帝与我们同在（God's presence with us）一个与圣灵完全同等的角色。由于启示所具有的位格性，罗尔斯说，"上帝不得不现身其位格之中"。但是，他继续解释道，"首先祂在祂的位格耶稣基督那里降临，使许多人皈依信仰；继而在圣子复活之后通过现身为圣灵，祂拣选使徒来传递'好消息'"（124—125）。同样地，罗尔斯说，"《福音书》记载了圣言，基督是圣言的启示，十字架则是圣言的象征"。——但是，他把圣言的皈依活动的高潮放在《新约》的《使徒行传》之中，且并没有暗示在那儿耶稣基督就是行动者（agent）（233—234）。这与在本科毕业论文中通常对基督论的忽视相一致，并且这也许是罗尔斯在本科毕业论文中处理启示时最为缺乏新正统神学特征的地方。

我认为，在本科毕业论文中，罗尔斯关于上帝最精彩的讨论就是，他试图把对"自然主义"的批评与他关于启示的观念联系起来。他主张"被扩展的自然宇宙排除了……上帝，尽管它可能借用了祂的名义"（120）。如果"被扩展的自然宇宙"是与我们非人格化地相联系或我们试图这样去联系的所有事物的总体，那么，这个主张应该意味着：如果我们试着与某个东西建立非人格性的联系（例如，通过对它的嗜欲），这个东西就不能是上帝，

[89] 现今对这个问题的经典解释，见卡尔·巴特：《教会教义学》，G. W. 布罗米雷译，第二版（Edinburgh: T. & T. Clark, 1975），第一卷，第一部分，第4-5节；在德国于1932年首次出版，在英国于1936年首次出版。

即使我们把它称作上帝。

这是令人困惑的。它*说出了比下述主张更多（从某个角度看，或许是更少）的内容：试图与上帝非人格化地相联系是错误的，也是一种罪。如果某人并不把你当做人来对待，那么即使你确实是一个（人类之）人，那也无法阻止你成为一个受到这样对待的人。而如果这确实能能使你免于成为受到这样对待的人，则这种对待就不会如此地冒犯你。同样地，当罗尔斯说"罪的一种形式……是把人格关系转变成自然关系，而且，犯这种与上帝相关的错误就是罪"（182；楷体为作者所加）时，他似乎在暗示，这种被非人格化地加以对待的实际上也可能是上帝。不难理解，为什么罗尔斯会认为把上帝当做一个非人格化的存在就是一种罪过，但他为什么就会认为真地不可能去这样做？

罗尔斯主张"被扩展的自然宇宙"排除了上帝，马丁·布伯则将上帝描述为"永恒的**你**……据其本质不可能变为**它**的**你**"——从这个主张似乎可以得出上帝并不存在于一个**它**（非人格化）**的世界中，罗尔斯的主张与布伯的主张之间存在一个明显的相似性[90]。布伯的主张建立在一种关于我—你关系和我—它关系的理论之上，这种理论包含着一个丰富而细致地阐发了的认识论和语义学框架。我认为，理解布伯主张的一个关键点是：他认为我们不可能有对上帝的经验（*Erfahrung*）——在一种我认为的康德式的意义上。也就是说，在经验的世界中并不存在上帝。第二个关键点是：布伯相信我们仍然能遇到上帝，以一种我—你的模式；这样一种相遇给予我们一个认识上帝的途径，而且

97

---

* "它"指上述罗尔斯的讨论。——译者
** "（非人格化）"为译者所加。——译者
〔90〕见马丁·布伯：《我和你》（*I and Thou*），罗纳德·格雷戈尔·史密斯（Ronald Gregor Smith）译，第二版（New York：Charles Scribner's Sons, 1958），第75页。

在更宽广的意义上这就是一种经验（用布伯的惯用术语来说，是一种阅历［erlebnis］而非一种经验［Erfahrung］）。罗尔斯可能并没有读过布伯的作品，但是布鲁内尔一定读过；而且，虽然在对启示的讨论中，他们似乎并没有预设一个康德式的框架，但他们的确都确认了一些与布伯的第二个关键点非常相似的观点。

我把这当做寻找罗尔斯提出那个令人困惑的主张的动机的一个线索。我认为，这个主张所想表达的观点是认识论的而非形而上学的。在此，罗尔斯被这样一个为他和布鲁内尔共同持有的关于启示的观点所打动。罗尔斯准备承认，传统对于自然神学的论证"或许能告诉我们上帝是全知全能、永恒不朽的"，但是，如果我们仅有这些非人格化的论证，"上帝依旧是个巨大的未知者"，这是因为罗尔斯真正想要知道的是神的位格（person），而"自然神学在上帝的位格面前毫无用武之地"。这是因为，"与人格相关的知识……经由共同体内部的交流而产生"（224）。我认为罗尔斯也推断道：上帝不可能被当做某个人（a person）而为我们认识到，除非我们与上帝处在一个共同体中；而且在这个意义上，在"被扩展的自然宇宙中"，我们不可能找到一个作为个人的上帝（God as a person）。

布鲁内尔的一些话也暗示着同样的结论。他声称，"关于上帝的基督教观念的内容……不能被认为具有理性的内容；它只能被当做是一个启示"；而且，同样地，"我们不能设想活着的上帝；我们只能在祂的**话**中感知祂"。他对比了"理性的上帝……祂是我为自己构造出来的"和"对我说话的被启示的上帝……这个上帝是'超越了我'的'**你**'。"他进一步坚持认为，"仅仅在我的信仰之中上帝自己才向我说话"，而且"信仰是与造物主的真实联合"——即，与上帝之间的人格关系。[91]

我认为，即使承认这个基本原理，对罗尔斯而言，被扩展的自然宇宙排除了上帝的主张也应该被视为一个错误。认为对他人某些方面的认识仅在某种人格关系的环境中才是可能的，这并不荒唐。例如，对罗尔斯而言，下面的主张并非荒诞不经的：一些对于上帝的洞见的根源在于他所描述的那种皈依的经验之中，而且它们也不可能被任何不具有那种经验的人所完全领会。然而，看起来更难的是去为这样的设定辩护：仅仅在某种确定的人格关系之中，某一类人根本上才能被认识。

罗尔斯自己对于人格自我揭示的解释的许多方面，并不能支持一个很强的、把上帝从嗜欲的可能对象领域内排除出来的观点。作为他论证的一部分，在第二章中，罗尔斯说我们拥有身体，这是件好事而非坏事；他也给出这样一种思想："我们就是将身体作为使得共同体得以可能的符号来拥有它的"。他解释道："人格关系必须奠基于互相揭示之上，"一个人"必须凭借感觉材料将他的感觉揭示给我们"；而且，我们运用我们的身体来制造我们用以交流的感觉材料（153）。这是一个关于我们如何相互交流、以便使得共同体成为可能的合理解释的概述。但是，这个被提及的交流过程依赖于对这些感觉信息的认知，而这些感觉信息是由这些通过产生这些信息进行交流的自愿主体制造出来的；而且，这种认知是对于他人的一种知识，而不管我们与他们之间的关系是自然的还是一般而言道德的或人格的关系，都与这种知识不相关。总而言之，如果罗尔斯只是坚持认为上帝不是嗜欲的一个恰当的对象的话，并且如果也没有补充任何暗示着上帝甚至不是一个嗜欲的可能对象的讨论的话，我认为罗尔斯对于人格关系

---

〔91〕 布鲁内尔：《叛逆的人类》，第 242－243、103、67、494 页。

的解释，包括对与上帝之间关系的解释，可能会更显一致。

根据我对它们的理解，这种简化只会影响到本科毕业论文中极少的几段话，而且也不会影响它的主要目的和论证。布伯也不会（无疑也不应该）轻易地放弃他的主张：上帝不能成为一个**它**，尽管这看来是有问题的。这个主张位于布伯整个神学的中心。但是，相似的主张在罗尔斯那里却并不具有那种地位；罗尔斯也没有把精力投入到有关人格关系的一种丰富的认识论的及语义学的理论中。在他的本科毕业论文关于上帝的讨论中，他把主要精力投入到这个主题所包含的伦理涵义之中，我认为这并不会受到我所建议的那种简化的影响。

有关罗尔斯本科毕业论文中的上帝观念的最后一个问题是：在他后来的文章《我的宗教观》中，上帝观念在何种程度上遭到了拒斥。在那篇文章中，没有一个有神论的信仰明确地得到肯定，但是，并非所有对于上帝的信仰作为现实的选择都被排除掉了。罗尔斯看来仍然对宽泛意义上的"宗教信仰"很感兴趣，但是，他相当清楚地不再认为自己是基督徒了。这种立场大概使得抛弃基督论的教义和三位一体的教义成为必然。这篇简短的自传性的文章并没表现出对启示概念的积极而恒久的兴趣，尽管它并没有明显地丢掉在信仰中承认上帝存在的观念。在《我的宗教观》中最显著的缄默可能是，罗尔斯关于在皈依的经验中与上帝的一种人格性的相遇的现实并没有说什么，而这在他的本科毕业论文中却是至关重要的。在并非专属于基督教的上帝观念的诸多方面中，上帝意志的至高无上在历史上也许是一个主要的观念，它在罗尔斯的本科毕业论文中被明确地提及，而在《我的宗教观》中却被拒绝。在此同样有一个相当强的暗示：不像本科时期的罗尔斯，年长的罗尔斯和菲利普·利昂一样不赞成荣耀上帝（264）。

许多与基督教相关的教义在后面这篇文章中受到拒斥，而罗尔斯在本科毕业论文中已经拒绝或避免了这些教义，这一点是引人注意的。对于严格预定论教义而言，这种拒斥很明显；而且，按照我认为的对于本科毕业论文最合理的解读，对于地狱的教义也是如此。年长的罗尔斯指责这些教义"把上帝描述成仅仅为祂自己的权力和荣耀所动的怪物"（264）。但是，在他的本科毕业论文中，他把对这些信念的拒绝当做是在制定基督教教义时被考虑进来的一些因素；而在《我的宗教观》中，罗尔斯把它们当做拒斥"主要的基督教教义"本身的理由。同样地，他在《我的宗教观》中说，"基督教是一个孤立的宗教：每个人都被单独地拯救或定罪，而且，我们自然而然地关注于我们自己的得救、以至于其他事情都变得无关紧要"（265）；然而，对于本科时期罗尔斯所设想的基督教，这万万是不可能的。晚期的自传性文章似乎以这些方式展现了这样一个更加外在于基督教的立场，而且也展现了从神学再解释过程中的解脱，这种神学方面的重新诠释，是基督教作为一个极富生命力的宗教的长期事业。

在《我的宗教观》中，我并没发现一个相似的、与某种区别于基督教的有神论相关的解脱和外在性。在这篇文章最后的部分中，罗尔斯对于上帝的意志和我们的理性之间相似性、以及它们与道德主张的真实性之间关系的讨论是全面而仔细的，至少是像本科毕业论文中关于上帝本性的任何相关讨论一样。罗尔斯似乎并没在此参与到他在其他地方所称的"臆想"之中：这个"臆想"为了说服其他人能够合理地接受他所得出的实践结论，就从这些他人接受、而他自己显然不接受的前提出发来进行论证。[92]相反，他似乎明显地给出了一个他自己的关于上帝之实践合理性

---

〔92〕 罗尔斯：《万民法》，第 155 – 156 页。

的说明，如果他是一个有神论者的话。他的声明，即"然而，我相信上帝的理性与我们的理性是相同的，上帝的理性承认同样的推理是有效的、同样的事实是真实的，就像我们承认它们是有效的和真实的一样"（268），这可以被简单地解读为：这暗示着他仍然认为他自己是一个有神论者。在这篇文章的整体语境当中，这个声明也许应该被当做一个更加模糊的承诺，但是它当然不是一个从建构性的有神论的思考中解脱出来的结果。

# 简论罪与信的涵义

（1942）

# 文本说明

这篇论文现存的两个复本几乎是完全相同的。存放在普林斯顿大学图书馆里的那个复写本包含有少量手写的改动，其中的一些已经被录入到哈佛大学图书馆里的那个复本之中。哈佛大学的这个复本（罗尔斯所存放的那个）里的一些手写的改动，似乎是由普林斯顿大学的两名教师读者所添加的，文中还附有他们在页边空白处的评论。

这篇论文已经被稍作修订：其中章节的编号方式、段落划分，以及每一个小节都被加以条理化处理，而且还增加了一些段落的划分。我更正了几处明显的排印错误和语法错误，在某些情况下，我对拗口的段落做了微小的改动，以使它读起来更加通顺。但我基本上保持了罗尔斯文章的原样。大部分的编辑校订都出现在引文和参考文献当中。注释已经被整理得更加精确和完整，而且还增加了一些注释。参考文献也有所扩充。我对照着出处检查了所有的引文，并在我能确定的地方查阅了罗尔斯所采用的译文。（例如，他采用了希利对《上帝之城》的翻译，但却引用了"后尼西亚教父文库"中奥古斯丁的其他著作。）

唯一例外的是《圣经》。即使得到了其他人的帮助，还检索了几个关于《圣经》的翻译数据库，我还是未能查出罗尔斯文中涉及《圣经》的引文出自哪个译本。所以我将它们保持原样，仅仅指出了注释中的一个明显的引用错误。

非常感激帕特里夏·奥布莱恩（Patricia O'Brien）打印出这篇文章，并感谢罗伯特·亚当斯的意见和建议。

托马斯·内格尔

# 简论罪与信的涵义

## ——基于共同体概念的一种阐释

约翰·博德利·罗尔斯　著

一篇向普林斯顿大学哲学系提交的毕业论文

1942 年 12 月

# 前　言

　　为了避免混淆，我要在前言里简要谈论一下这篇论文。首先我想说的是，我并不试图解决任何特定的神学问题。我已经涉及了一些问题，但我并不主要关注它们中的任何一个。通过列举通常是最重要的那两个目标，我试图从事的工作可以得到最好的解释：

　　（1）强有力地反对我称之为自然主义的那个特定的思想体系。我所谓的"自然主义"的含义远远宽泛于这一术语通常所具有的含义。自然主义描述了这样的宇宙：其中所有的关系都是自然的，精神生活则被归约至欲望和嗜欲的层次。我认为自然主义必将导致个人主义，它无法解释共同体和人格，也丧失了宇宙的真正内涵。由于这种思考方式在西方国家自奥古斯丁以来就颇为盛行，通过否弃这种传统的思想路线，我们将或多或少进行一种"变革"。我并不认为希腊传统和基督教结合得很好，而且，我们越快地停止膜拜柏拉图和亚里士多德，情况就越好。一盎司的《圣经》就抵得上一磅（或许一吨）的亚里士多德。

　　（2）第二个目标是，通过采用源自《圣经》思想的一些概念，来处理某一特定的基督教问题（如罪与信那样的问题）。我已经暗示过，神学体系的重建必须要诉诸共同体和人格这类概念才能完成。自然主义的概念已经混进来扰乱我们的思想。因此，这篇论文的第二个目标就是思考某一特定的基督教问题，并试着以正确的范畴术语来回答它。通过这种方式，我们不仅会看到我们与自然主义思想家的答案之间的巨大分歧，还会接触到那些"正在发挥作用的"范畴。

上述目标涵盖了一个广泛的领域，我也非常清楚我对这个问题的处理是不充分的。然而我确信，我已经向读者充分呈现了我对自然主义的反驳，以及我认为重建神学所应采取的方法。我相信，在个人主义之风盛行了几个世纪之后，时代的风尚似乎会指向"共同体"思想的复兴。在神学家当中，我认为布鲁内尔是令我获益最多的人。他的著作最完美地诠释了我所谓的奠基于宇宙内在性和人格性特征之上的神学，并且明确而坚定地承认了宇宙是一个由造物主和受造物组成的共同体。

如果读者牢记上面这些评论，整个论证线索将会非常明晰：第一章是总论；第二章和第三章主要论及自然主义；第四章和第五章则是论证的建构性部分，重点在于从共同体的角度对罪与信所作的一种分析。

约翰·罗尔斯

# 第一章 总 论

## 第一节

1. 每一种神学和哲学理论似乎都带着某些基本的预设来研究经验。如果这些预设是合理的，那么这种哲学或神学的基础就是稳固的，但如果这些预设是无效的，那么它们所支持的观点也将落空。因此，我们将概述并考察我们的基本预设，进而表明后续的观点。这个导言将作为所有后续观点的背景材料，它也简要地概述我们须表明的几乎所有的观点。尽管我们的论证在某些时候可能看起来比较冗长，它的主题却是非常简单、一目了然的。我们并不打算提出任何新的、惊人的或者原创性的观点。下文只是重讲那些众所周知的东西。但正因为它是众所周知的，我们就容易忘记它。带着我们将要采取的简单预设分析经验，我们会得出一些起初看来并不明显的结论。我们的观点会有政治理论、伦理学和神学方面的含义，然而我们所能做的仅限于指出这些含义。

2. 整个讨论都将围绕着四个基本预设而展开。

（1）首先假定，存在着被基督徒称为上帝、并在耶稣基督那里显示自身的一种存在者。至于上帝是什么类型的存在者——即祂是否拥有所有指定给祂的形而上学的属性——我们不敢确定。自然神学能否告诉我们很多，这也是令人怀疑的。《圣经》已经将所有我们需要知道的与祂有关的事情都告诉了我们，而任何企图了解更多的人都将注定失败。于是我们假定：上帝存在，祂就是《圣经》中所说的那个上帝，而且祂在基督里显示了祂的本质。

（2）上面那个主要的假定蕴含了接下来的两个假定。首先是世界上存在着被我们称为人格的东西。我们并不是用人格来表示"个体"，存在着个体的狗和个体的树，但是狗和树未必是人。人格高于并优越于这样的个体，所有的人都是个体，即都是分离而独特的单元，但并非所有的个体都是人。或许人格相当于我们所说的"精神"，当我们谈及精神生活时，仿佛我们指的是具有人格的生活。我们几乎将互换着使用的"人格"与"精神"，都是难以界定的术语。很少有明确客观的含义可以被我们指派给它们，可是我们似乎都知道它们的意思。于是我们的第二个假定就在于这样一种信念：世界上存在着被我们称为人格的东西，也存在着具有这种人格的人。我们认为人格是独特的，它不可被归约为某一特定躯体的所有物或精神状态的总和。

（3）第三个假定是，世界上存在着我们用"共同体"一词来指示的东西。它也是一个很难被界定的词汇。我们用共同体所指的当然不是个体的集合。我们并不习惯于将森林称为树木的共同体。因此，共同体似乎包含了人格这一概念：除非我们具有人格，否则我们就没有共同体；而且，除非我们拥有共同体，否则我们也不具有人格。个体只有生存于共同体之中才能成为人。因此，我们的第三个预设就是这样一种信念：在人格是独特的这个意义上，共同体也是不可归约的和独特的。

（4）第四个预设在于这样一种信念：人格的和共同体的领域或特征在质的方面与自然界截然不同。我们用"自然"指的是这个术语通常具有的涵义，即：那个充斥着各种对象的广袤空间，所有这些对象都为我们所见、所感、所接触等等。自然与人格的这种差别的结果就是两种关系：自然关系与人格关系。我们的主要任务之一就是详述并澄清这种差别。

上面这四个预设构成了我们全部思想的范畴，我们正是从上帝、人格、共同体和自然这些方面来讨论我们的问题。在讨论中我们将看到，某些其他的哲学家和神学家如何采用不同的概念来分析问题，而我们也因此不能接受他们的分析。此外，简单阐述上面这些预设就会得出我们的宇宙观，即：宇宙在精神方面是人们见证上帝之荣耀并与祂相连的共同体。据我们所知，上帝为了创建这个共同体而创造了整个世界，而创世到达的终点也正是这个共同体。人类作为人隶属于这个共同体，作为这个共同体的成员就是人的独特之处，也使他与自然万物区别开来。通过成为一个人，人类生活在与上帝、天使、魔鬼以及与他的同伴的关系当中，而他则不能破坏这种关系或者与共同体的这种连结。这样宇宙在根本上就是一个精神性的或者具有人格性的宇宙。它是由上帝创造的，上帝是祂已将自己所揭示的那个样子，而被创造的人类则在这一创造之中。世界在本质上是一个共同体，是造物主与受造物的共同体，并且拥有上帝作为它的源泉。

3. 我们应该顺便来简要评论一下这些假定。

（1）它们并不是其术语都被逻辑地运用这种意义上的假定，因而我们也不是在从事某种演绎系统。这些陈述从一开始就被假定是因为我们没有时间来表明它们的正确性。它们具有经验性的含义并来源于经验：例如，人格与共同体的存在以及人格关系与自然关系的差异，都是一个经验研究的问题。当然，关于上帝存在的信念严格说来并不是经验性的。但存在一些相信祂存在的理由，而且这些信念也并非纯属幻想。我们做出上面这些评论，是因为时代趋于将所有这类思考或者设想为无稽之谈，或者设想为一个演绎系统。我们并不认为我们的观点是无稽之谈，也不认为

113

它是来自于任意假定的推论。

（2）这些原则是我们其他观点的基础，而我们的其他观点则与之紧密相关。例如，罪将被界定和解释为对共同体的破坏和否弃；信则被视为真正融入共同体并与之相连的某个人的内在状态；恩典被视为上帝力图使人回归共同体的活动；人身上的"上帝的形象"则使人因与神相似而能够进入共同体，上帝作为三位一体的神就在祂自身这个共同体当中。

（3）为了理解我们所面临的主要的伦理问题和宗教问题，我们就必须理解这些原则，因为我们相信伦理问题是一个社会性的或者关乎共同体的问题。伦理学应该研究共同体和人格的本质。人类主要的道德问题就是如何生活及与人相处。宗教问题也是关乎共同体的，它思考人类如何使自身与上帝相关联。伦理情形与宗教情形是相似的，因为二者都包含了对共同体的确立；宗教和伦理不相分离还在于它们所处理的问题都处在同样的纽带关系之中，即涉及全部世界（无论是天堂、地狱还是尘世）中所有人的人格关系。这些原则引导我们去接受的观点，将会与我们称为"自然伦理学"的另一种观点形成对比，这种我们所称的"自然伦理学"即柏拉图和亚里士多德的伦理学，它与我们的基督教伦理学或"共同体的"伦理学是对立的。严格意义上的伦理学，不是要建立起一个人与他所应努力追求的某种客观的"善"之间的联系，而是要建立起人与人之间、直至人与上帝之间的联系。

# 第二节

1. 我们的第四个原则表明，人格和共同体的领域与自然领域之间具有完全不同的差别。本节中，我们将通过给出每种关系所具有的一些对比强烈的特征来澄清这个差别。

正如我们所知，经验中实际上存在着三种类型的关系：（a）人格的和共同体的关系，（b）自然关系，以及（c）因果关系。第一种是两个人之间的关系，第二种是有人格被纳入其中的某个人和某个对象之间的关系，第三种则是两个对象之间的关系。因此"我"与"你"之间是一种人格关系；欲望着某物的"我"与被欲望的事物（如饮食）之间是一种自然关系；而任意两种事物之间都是一种因果关系，正如桌上的饮食与桌子之间的关系。这些区别似乎非常清楚，应该很少引起争议。

由于我们的主题主要关注人格和共同体的问题，我们将不会 115 处理因果关系，或者并不试图去描述它们。然而，基于两个理由自然关系将获得与人格关系同样多的关注：

（1）很多哲学家和神学家都将它们与人格关系相混淆，因而我们不得不批判这些思想家。我们必须指出，伦理学并非主要关注自然关系。那些未能区分自然关系和人格关系的人还包括像柏拉图、亚里士多德、奥古斯丁和阿奎那这样的人物。他们都未能理解共同体的问题，且都认为伦理学是要建立起人与其恰当对象（如善的型相、真，或者被奥古斯丁和阿奎那构想为最可欲对象的上帝）之间的联系。

（2）为了表明自然本身并非恶的而是善的，罪并非缘于欲望或嗜欲而是来自于灵魂的堕落，区分出这两种关系也是必不可少的。简言之，为了理解罪、信仰和恩典，我们必须做出这种基本的区分。

2. 现在我们来列举出人格关系和自然关系的截然相反的特征。

（1）一种人格关系以"你"在另一方为特征；一种自然关系的另一方则是"那个"或"它"，即某个对象。与我们相对的是"你"而不是对象这个事实改变了这种关系的整体环境，没有人会以对待对象那样的方式去对待人。在人格关系中我们意识到，我们是与类似于我们自己的"他者"相关联。

（2）因此，人格关系的双方都是主动性的，"我"和"你"之间要么融洽要么不融洽。自然关系中的对象与作为人的我们通常是不相干的；另一方常常是一个无意识、无知觉、无人格的对象。这个对象通常是一个无理性的事实，如将被欲求或被抓住、否则就被忽略和避开的"那儿的"某个东西。

（3）人格关系产生了一种关联，即：他们彼此都被紧密地联系在一起。他们中一个人的响动（reverberation）会对其他所有人造成干扰，反之亦然。此外，这种关联是具有人格性的关联，即：造成的干扰也牵涉到人格。哲学家们一直在谈论宇宙的因果关联，以及所有事件如何因果性地联系在一起。在同样的意义上我们说，具有人格性的事件人格性地联系在一起。人格关系的这种关联性特征已经一次又一次地被举例说明：通过伤害一个人的孩子我们来伤害这个人；通过与其他人的爱人私奔我们使自己陷入了艰难窘境。最终，所有的人格关系都被这样地连在一起，因为我们都存在于上帝面前，而且，即使我们素未谋面，也能通过与神相连而彼此相连。人格关系所导致的这一关联使我们得出宗教与伦理不相分离的结论。虽然人格关系产生了一种具有人格性的关联，自然关系却不能以这样的方式把我们包含进去。我们讨厌香蕉并不会招惹苹果的忿怒；但我们喜欢英国人必定会引起爱尔兰人的不悦，如此等等。

（4）正如我们所述，人格关系以"你"在另一方为特征，正是这个"你"构成了人格关系中的评判者，即：我们知道我们站在某个人面前且这个人正在评判我们；也正是这个"你"在给予、分享和爱，我们都知道后面这个事实。但我们并没有如此清楚地意识到的是，正在评判的这个"你"同时也在给予。人格关系中评判的重要性及其与神的自我给予（self - giving）之间的联系，在我们讨论恩典与拣选的教义时将会变得非常清楚。因而无需补充说，自然关系中的"他者"不会进行评判或者给予自身，它只是存在于"那里"。

（5）人格关系中的"我"试图与"你"建立起一种确定的 117 人格关系。这种关系分为两大类：（a）友爱关系和给予关系，即真正的共同体的关系；（b）其中的另一方被当做一个追慕者或者观众那样的关系，正如在那种被骄傲玷污的、有罪的且反共同体的关系中的情形。还存在着第三种关系，即其中的那个"你"被当作物一样在利用。这种关系是一种罪，但它是一种去人格化的人格关系，并非其本身就是具有人格性的。人格关系显示了一定量的"追名逐位"，在自我中心主义的情形中，骄傲的人常常为了赢得追慕者而舍弃生命。最具魔性的罪总是与他人建立具有强烈人格性的关系。在"对象"的世界中骄傲则不可能存在。另一方面，追求其对象的嗜欲并没有在它和它的对象之间建立起任何关系。有关欲望的整体现象尽管看起来在某种程度上包含着人格，实则处在生物性的因果关系的层次上，被欲求的目的是一种无人格的状态，它将对象仅仅当作做段来利用。

（6）由上可知，在每个人都与另一个人相关联的情形中，人格关系是独特的，而自然关系则是易于被替代的。如果桌子上有几个苹果，假定它们都满足人的味觉，那么一个苹果和另一个苹果几乎是一样的。在人格关系中，我们不仅应该将每种关系都看做是独特的，而且我们常常（甚至在犯罪行为的情形中）意识到人格关系的这种独特性。自我中心主义者想要某个特定的人作为他的追慕者，他想获得某个特定的人而非任意一个人的追慕；我们基于特殊的理由猜忌和妒忌某些特定的人而非其他人。在每种情形中，所有的人格关系都具有成其为独特的这种特征，并且都是不可替代的。

（7）人格关系以互相揭示为基础。一个人并不是直接地与另

一个人建立联系（因为这种情形的本质决定了这是不可能的），
而是要借助于某些符号，如言语、面部表情、手势等等。人格关
系要求这种自我揭示的活动，否则就没有人格关系能够建立起
来。这个特征的含义在关于"道成肉身"的讨论中非常重要。另
一方面，自然关系则是自我揭示的，一个苹果即刻便会将自身呈
现为圆的、硬的、甜的等。为了弄清一个人在想什么，则需要某
些微妙的、通常也很狡猾的策略性方法。

（8）在两种关系中分别流动着两种动态的"能量"：（a）自
然关系中的"能量"是欲望、嗜欲、肉体需求、对美的欲望等
等；（b）人格关系中的"能量"是仇恨、猜忌、骄傲、妒忌以及
偶尔的施与、友情等等。由此看来，自然关系是利己主义的（对
具体对象或客观关系的欲望），而人格关系则被自我中心主义或
者友情和爱所驱动。欲望和嗜欲在本质上是利己主义的，因而是
自私自利的。骄傲和猜忌的图谋是自我中心主义的，这意味着它
们并不是存在于自然领域中的努力，而是仅仅存在于精神的和共
同体的领域。它们并非纯粹是自私自利的，因为它们将其他人纳
入了思考当中。正如我们所述，骄傲是在他人面前的骄傲。骄傲
和猜忌、仇恨、妒忌等一样，都预设了共同体。嗜欲则没有预设
共同体，它们纯粹是自然的，因为它们追求的是对象本身。

3. 上面这些特征的清单是不完全的，我们仅仅触及了二者
（即自然和精神）之间的表面差别。贯穿于我们经验中的二元论
则介乎这两种关系之间，它描绘着经验和宇宙整体这两个本质上
不同的领域。以这种方式来解释二元论，似乎比从心灵与身体、

精神与物质、理性与非理性等方面来解释它更为充分。我们希望
我们在经验中都能感受到的这种二元论，能以上面所分析的这两

种关系来解释：人格关系使我们面向精神领域；自然关系使我们面向自然领域；而人类由于同时处在这两种关系当中，他就成为他所是的那种独特生物。

## 第三节

1. 本节我们将简要表明"被扩展的自然宇宙"的含义。这一现象将在第三章得到更加完整的讨论，但在此处介绍这一概念也是明智之举。我们用"自然宇宙"指的是，其中所有的关系都以自然的术语来构想的任何一种宇宙。这种观点我们将称之为"自然主义"。与它通常被使用的意义相比，我们打算在不同的意义上使用这一词汇。当我们思考自然主义时，我们倾向于想到一种类似于唯物主义及其同类哲学的观点。但是，对我们而言，自然主义是这样一种思想，即所有关系都以自然的术语来讨论，而哪种对象被包含进这一宇宙则是无关紧要的：包含有上帝或太一这类对象的自然系统，我们可以称之为有神论的自然主义；包含有很多理想作为对象的系统，我们可以称之为人文主义的自然主义；而其他更多实证主义的观点可以被称为唯物主义的自然主义。不过，这些术语都是暂定的。我们的主要观点是：我们所理解的自然主义并非唯物主义，而是以自然主义的术语来构建宇宙的任一观点。对我们而言，柏拉图和亚里士多德的哲学以及奥古斯丁和阿奎那的神学都是自然主义的。这种论述可能有些令人吃惊，我们将在第三章来尝试论证我们这种有些激进的论述。

2. "自然宇宙"这一术语已经得到了解释。它所偏爱的词汇有"欲望"、"对象"、"善"、"目的"、"嗜欲"、"恰当行为"（proper-act）（亚里士多德和阿奎那尤为偏爱）、"喜爱"（奥古斯丁偏爱）等等。自然伦理学包含着对下述内容的讨论：欲望的恰

120

当对象、对品性加以训练以使人在养成正确习惯之后沉溺于正确的活动、追求自然欲望之恰当目标——"善"的方式。简言之，自然伦理学，无论是在柏拉图或奥古斯丁那里，还是在亚里士多德或阿奎那那里，都关注于将欲望（爱）导向它的恰当对象或目标的问题。尘世的对象对于人类而言是不恰当的对象；人类应该追求彼世的对象。人类应该力争通过上帝而非饮食来满足自己。[1]以这种方式整个宇宙就都被自然化了。

3. 宇宙完全被自然化的结果就是丧失了共同体和人格，当然还有上帝的真正本质。上帝不仅仅是一个最可欲的、令人满足的对象，人格和共同体也不能用自然主义的术语来解释。因此被扩展的自然宇宙排除了人格、共同体和上帝，尽管它可能借用了祂的名义。所有的自然主义思想家都完全遗漏了构成宇宙深层内核的精神因素和人格因素。我们的部分任务就是批判这种被扩展的自然宇宙，并且在与上帝、人格和共同体相关的情况下来分析罪与信，而不是用自然的术语来分析它们。

4. 尽管否弃这种被扩展的自然宇宙，但我们并不否弃自然本身。人类确实天生具有嗜欲，并具有对饮食、美、真理，进而对作为一个整体的自然善物的欲望。这些欲望及其对象都是善的。被创造的自然世界是善的，因为是上帝创造了它。因此，作为上帝对于人类的恩赐，我们说自然是善的，并且赞颂自然的这种恩惠。[2]错误之处并不在于接受自然，而在于将自然关系扩展至包含宇宙中的所有关系。如果我们将上帝设想为欲望的另一个对象，我们就是错误的，因为这样我们就把祂视为自然的一部分了。对自然宇宙的这种扩展是一种罪，因为它导致人格关系转变

---

〔1〕 关于柏拉图主要见《会饮篇》和《斐德罗篇》。关于亚里士多德见《尼各马可伦理学》第 10 卷；《形而上学》第 12 卷。关于奥古斯丁见《上帝之城》第 XV 卷，《论天主教的德行》等。关于阿奎那见《反异教大全》第 III 卷。
〔2〕 我们将在第二章为自然世界辩护，并论证它的善性。

为自然关系，而这个过程是罪的某种形式，正如我们稍后将会看到的那样。因此，我们的问题就是将自然的范围限制在其恰当的界限之内，并为宇宙的中心即共同体和人格留下空间。这个始终依赖于上帝并且与祂相连的精神领域，绝不能与自然相混淆。这些论述应该足以说明被扩展的自然宇宙的意义是什么，以及它将导致什么样的错误。

## 第四节

1. 本节我们将简要提出我们关于共同体、人格、罪以及信的观点，并且表明与它们相关的某些问题。

首先，人是什么？我们认为人是一种共同体的存在，因而他具有人格。人的独特之处不是他的理性能力，不是他的审美能力，不是他的各种各样的力量。这些都不是！人区别于世间其他受造物的独特之处在于，他是为共同体而造的，并且是与共同体相连的一种人格。人与上帝的相似之处就在于这种进入共同体的能力，因为作为三位一体之神的上帝本身就是共同体。由于人是一种共同体的存在，他就隶属于宇宙的这种精神秩序。人类因此也与上帝、天使、他的同伴们，以及与魔鬼及其使者们连在一起。

既然每个人都带有上帝的形象，他就是一种具有责任的存在和背负义务的人格。这种形象使得人能够回答神的召唤，回应祂的爱，拥有对神的虔信，并且在神应允之后与神同在。神的形象也为人的道德存在提供了基础。除去自然道德即关注着嗜欲的恰当对象的道德以外，不存在孤立的道德。基督教道德是共同体中的道德，不管它是尘世的共同体还是天国的共同体。人是一种道德存在，因为他是一种共同体的存在。

122

人类天生就是一种共同体的存在。这一事实意味着人类绝不可能脱离共同体，因而他总是带有责任且始终负有义务。许多救世理论就在于破坏人的这种共存性：卢梭呼吁我们回到森林中去，伊壁鸠鲁学派要求我们逃避社会，而瑜伽哲学则敦促我们进入一种宁静"空灵"的状态。人类的真正拯救并不在于逃避共同体而在于真正地融入共同体。"拯救"恢复并完善人的本性；它不是一个破坏其本性的过程。

上面这三段导致了如下结论：（a）人拥有神的形象因而生来就是共同体的和具有人格的；（b）人的道德存在植根于他的这种共存性之中；以及（c）人类绝不可能脱离他的本性。上帝总是在呼唤他，所以，"拯救"必须是通过将人重新召回到共同体之中来实现人的本性。

2. 罪是什么？我们认为罪是对共同体的破坏、毁灭和否弃。任何破坏共同体的活动都是有罪的活动。因而对责任的拒绝、对赐予（爱）的拒不回应，以及对任何人格关系的破坏都是罪人的行径。

存在着两种主要的罪：（a）自我中心主义，即灵魂对自身偏执的自爱，渴望获得荣誉、名誉、荣耀和赞美。自我中心主义者为了赢得其目标将会走向各种各样的（公开的和隐匿的）极端。他的行动在本性上具有对共同体的破坏性。（b）利己主义，它本身并不是恶的，只要将它限制在自然嗜欲之内，而一旦受到自我中心主义的支持，它便会将人格性的和共同体的关系转变为自然关系。利己主义者把其他人当做如此众多的对象来看待，这些对象被用作满足他自身嗜欲的种种工具，由此他破坏了共同体。还存在着第三种从未在西方文化中盛行过却常常主导着东方文化的罪，那就是试图逃离共同体进入虚无之中的绝望之罪。它是一种由罪的结果所引起的罪，意味着一旦自我中心主义之罪和利己主义之罪扰乱了共同体，人便会犯下这种进一步的罪。因为这种绝望之罪从未在西方世界中盛行过，我们将不在本文中处理它。但是，西方世界将最后这种绝望之罪加入到自己的罪名当中的时间可能也并不遥远了。[3]

罪的结果和后果是"孤独"。因为人在本性上是共同体的，又因为罪破坏了共同体，所以罪的结果就是使人孤独、与世隔离并陷入孤立之中。这种精神上的隔离以及凄凉的"封闭性"，就是罪之不可避免的终点和结果。

上面这三段宣称了如下结论：（a）罪是对共同体的破坏；（b）存在三种类型的罪：自我中心主义之罪、利己主义之罪和绝望之罪；（c）罪的结果是"孤独"。

3. 信是什么？信是某一人格的全部精神品质，该人格充分融入共同体进而植根于供养它的来源之中。信是人与人之间的理想关系，从这种关系中产生出使共同体结合起来的纽带。拥有信仰意味着奠基于共同体之上，这种共同体支撑着人格并且是精神禀赋的源泉。

信仰常常与信念相混淆。我们拥有对人的信仰，因而信仰是一种人格性的和共同体的关系。信念则是一种认为某种命题为真或为假的认知态度。确切说来，我们没有关于上帝存在的信仰；毋宁说是我们相信祂存在，一旦相信祂存在并且通过祂的儿子得到启示，我们就拥有了对祂的信仰。因此，基督教主体部分的信条严格说来不应被称为"信仰"，而应该依据其所是称之为信念。信条是一组被教会视为得到恰当解释的论述和命题；信仰则是一个人和另一个人以及与共同体之间的一种关系。信仰上帝就意味着因着信而与上帝相连，它并不仅仅意味着相信祂存在。因此，

124

---

〔3〕　可以在叔本华、尼采和斯宾格勒等人那里找到迹象。

既然罪是破坏共同体，那么信就是建造和构筑共同体。一个罪人与上帝相分离，一个有信仰的人则与上帝同在于共同体之中。既然罪是封闭、中断和孤独，那么信就是开放、回归和同在。

既然人格关系建基于互相揭示之上，既然人已经脱离了上帝，那么接着就是上帝不得不现身其位格之中来使人回归信仰，这既包括对祂的信仰又包括对他的同伴的信仰。人类可能已经通过他的理智得知上帝存在，但至此他仅仅拥有了信念，他仅仅接受了上帝存在这一命题。为了恢复人的信仰，上帝必须降临，祂必须揭示祂自身，必须召唤人类。自然神学无法告诉我们上帝的位格是什么，祂的位格性必须由祂自己来揭示。正是上帝自己的显现穿透并打碎了人的孤独，进而使人恢复并将他召回到共同体。

125　　　回归共同体被称为皈依。皈依是上帝拣选的直接或间接结果。使徒保罗被上帝拣选并被应允进入共同体。但保罗知道，他的被拣选并不是出于他自己的缘故，他试图将这个"好消息"（good news）传递给脱离了共同体的所有人。以神为依靠并因祂而强大的保罗致力于使许多野蛮人回归共同体。这个直接而奇迹般地被拣选的使徒直接知晓上帝的召唤，我们其余的这些人没有获得上帝的恩宠，就必须听从保罗并接受来自于他的"好消息"。我们之中那些未被拣选的人通过他的布道来获得福音（Gospel）。保罗告知我们的"好消息"就是关于上帝会亲自降临的"好消息"，而祂必须现身来使我们回归。上帝以福音传递或《圣经》传播的方式行动：首先祂在祂的位格耶稣基督那里降临，使许多人皈依信仰；继而在圣子复活之后通过现身为圣灵，祂拣选使徒来传递"好消息"。通过始终与使徒们及其听众同在，祂将我们所有人召回到共同体。上帝降临到我们的孤独和孤立中来，是祂慷慨博爱的另一种恩赐。祂降临到我们中间并不是因为我们自己的功绩，我们也无权要求袛什么。袛使我们回归我们已从中脱离的共同体，就是一种我们必须怀着感激和信赖而接受的仁慈行为。而一旦回归，我们就带着信仰去仰望着袛。

上面这四段宣称了如下结论：（a）拥有信仰意味着回归共同体；（b）我们必须区分开信仰和信念；（c）上帝必须亲自降临到我们的孤独中来使我们回归；以及（d）回归被称为皈依，它是上帝拣选的结果和袛博爱的一种恩赐。所表明的还有（e）即上帝的拣选并不意味着某个特定的人被选择而其他人必然被排除，而是意味着，上帝通过与被拣选的人一起行动来差遣这些人把迷途者带回到袛的共同体。正是以这样的方式，上帝差遣了以色列人和袛的使徒们。

126

## 第五节

1. 在这最后一节中，我们应当表明上面所提出观点的某些含义。首先，我们拒斥神秘主义，因为它追求一种排除了所有特殊性的一致性，并想要克服所有的独特性。既然宇宙在本质上是共有性的和具有人格性的，神秘主义就是不可接受的。基督教关于身体复活的信条在这一点上显示了相当的深刻性。这条教义意味着，我们将带着我们全部的人格和特殊性被复活，并且拯救是要使整个人完全回归而不是要消除特殊性。拯救使人格融入到共同体之中；它不会破坏人格致其消解于某个神秘而无意义的"一"之中。

2. 关于政治理论，我们的观点表明任何社会契约理论都是错误的。因此，那些追随霍布斯和洛克的指示的理论必须被拒斥。人并没有为社会带来任何东西，原因在于这个简单的理由：在进入共同体之前他什么也不是。一旦这个人进入社会，他就能给予社会某些东西；但他不能为它带来任何东西。一旦融入共同体我们就成为了人，然后我们才能为共同体中的生存做出贡献。当一个初生婴儿进入一个家庭，他并没有为那个家庭带来什么东西；他的出生可能为他的父母和年长的哥哥姐姐们提供一时的满足，但是他自己则没有贡献什么东西，他完全依赖于其他人。我们所有人都是以这样的方式开始我们的人生，直到度过了一段很长的依赖期，我们才能对社会有所贡献；即便那时我们也绝不会变得独立起来，我们也不应该想要变成那样。但是，当我们能积极生活于共同体之中、履行我们的义务并创造出彼此共在的机会时，我们确实在这个暂时性的意义上是独立的。

认为人对于共同体的依赖表明他对共同体中的某些"公意"或"群体精神"的屈从也是错误的。这种公意的存在是一种虚构。一个共同体通常是因着信仰而结合在一起的一群人，而且并不存在将所有人都归为一个人的神秘原则。那些想要维护人分离于共同体的独立性而否弃人对共同体的必要依赖的人，其恐惧同样是错误的。他们未能明白，一个人脱离了共同体就不再成其为人了，而且真正的共同体不会同化个体反而使他的人格得以可能。真正的共同体即在上帝之下因信而结合起来的共同体，不会消解一个人反而会为他提供支撑；同样，真正的共同体包含了人格的唯一可能性。在共同体中确实会破坏人之人格（the human person）的不是社会本身，而是侵染了整个尘世社会的罪。正是一群人企图支配另一群人的罪，导致了对共同依赖的恐惧；但是在这种共同体和天国的共同体当中，我们没有这样的恐惧。

因此，人与共同体之间以及个体与社会之间的和谐，能够通过分析它们这些概念自身而得到理解。它们彼此之间是相互依存的：没有另一个，这一个就不可能存在。近代西方思想中苦苦思索的个体与社会之间的这种二分，事实上根本不是一种二分。这里出现的问题是：面临世界上无处不在的罪，人格与共同体如何能够实现？因此，政治学的主要问题就是制定出某种社会安排方案，它能如此驾驭着人类的罪以致共同体与人格的自然关联得以可能。

　　如果我们的文化是要解决个体与社会的问题，上面所表明的答案似乎就是正确的那一个。我们必须要认识到，一个个体不仅仅是一个个体而且是一个人，一个社会不是一群个体而是一个共同体。一旦我们认识到这个事实，任何在独立与同化之间提倡某种平衡的解决方法看起来就是错误的。它之所以是错误的，是因为不存在共同体以外的独立人格这样的东西，此外，共同体本身不会同化人格而是要塑造它并且维持它。正如已经论述过的那样，这里的问题是一个控制并驾驭世间之罪的问题。我们对这个问题的解决方法，不是一个在两极之间寻找中间点的问题，我们应该经常怀疑这种取巧的答案。我们的解决方法是考察并且查明共同体和人格究竟是什么，进而明白社会中的紧张关系并非在于人格与共同体之间，而是在于试图破坏共同体的形形色色的罪之间。

　　3. 与政治学的问题一样，伦理学的问题是在面临世间之罪时如何建立共同体，因而伦理学的问题是关乎共同体的和具有人格性的。任何试图在某种客观价值中（即在某个对象中）寻找"善"的伦理理论，都是我们所谓的自然伦理。但既然人生来就是具有人格的和共同体的，伦理学就必须处理他的共存性；又因为人隶属于天国共同体，伦理学就绝不能使自身从神学中分离出来。

　　带着这些议论我们就能进入到下一个章节了。

# 第二章　为自然宇宙辩护

## 第一节

1. 世界是恶的，它是一切堕落与罪的根源。可见的宇宙是被命运控制的区域；其中精神性的灵魂被游移不定的移涌（ae-ons）＊所俘虏。时间继续无休止地循环，世界和事件重复出现，人类则被束缚在这个邪恶的宇宙中遭受折磨。

这些曾是很多人、尤其是存在于我们基督纪年头四个世纪的诺斯替教派（Gnostic sects）的结论。它是一种人类由于其弱点而时常倾向于接受的观点。对人而言，无论他变得多么铁石心肠，他至少会知道世界上确实存在着恶（evil）与罪（sin）；而为了回答"这类恶为何存在"这样的问题，人常常会回答说，世界本来就是恶的。这一观点产生了这种观念：一切有形事物都是恶的；自然仅是一种低级的美，如果它是一种美的话；人的身体，

---

　　＊ 移涌（aeons），诺斯替教的专有术语，指至高神的无数流出体。诺斯替教是公元 1 世纪初在希腊—罗马世界产生的一个融合多种宗教信仰的秘传宗教。诺斯替教义主要是讲人和人在宇宙中的位置，认为物质世界不是至高神所创，而是低于它的"巨匠造物主"所造。至高神的本质是"心灵"、"生命"和"光"。有一个真实存在的精神世界和物质世界相平行，它由至高神的无数流出体移涌所充满。众移涌中有一个最大的移涌，即纯粹的"范型人"。世人的灵魂都是从"范型人"而来，肉体则从物质世界中来，前者处于后者之中就不得解脱，只有彻悟及此，把握"诺斯"（神传知识）才能得救。详见任继愈主编：《基督教词典》，北京语言学院出版社 1994 年版，第 369、370 页。——译者

作为他隶属于自然法则的部分，使人成为他所是的这种罪人。于是，人的罪就在于：他生来是一种受造物，他拥有一个身体，以及他生活在这个可感世界当中。

这种世界观的另一半声称存在着另一个世界：一个精神的、自由的、充满灵性之美和合理性的世界；一个完全不可见的、超然的、来世的、然而存在着的世界。人隶属于这个荣耀的领域。在尘世这里，他则生活于一个异己的世界，一个他被众多移涌之间的邪恶交易而推入其中的世界；或者一个他被作为某种先天缺陷的后果而落入其中的世界。人的目标必定就是将他自己从这个有形的现实世界的罪孽生存当中救赎出来，并回归他的家园。或者如果人不能拯救他自己，就必须求助于某个救赎者，某个为经过恶魔们的那条回归之路提供知识和神秘口令的拯救者，并且在人类不朽灵魂的安息之地——天国中再次联合起来。

当基督教开始从耶路撒冷城传播时，上面概述的这种世界宇宙论被整个希腊世界广泛信奉。这种观点容许有各种各样的变种，对于其中的一些我们打算进行简要的研究。然而实际上它们是同一种观点，因为它们认为可感世界是恶的根源，并且人的受造性（creatureliness）是人堕落之起因；罪被归因于罪人"堕落"前本性中的某种缺陷。而且这是确确实实的，无论这种观点呈现于一段柏拉图的对话之中，还是呈现于奥利金庞大的人道主义神学之中，或是呈现于像巴西里德斯*和萨图尼努斯**这类诺斯替主义者的粗糙而混杂的想法中。

2. 基督教遇到的第一个异端是"幻影说"。该观点教导说：基督没有真正的身体和人性，祂属人的存在仅仅是一种表象。对

---

\* 巴西里德斯（活动时期 2 世纪），诺斯替教亚历山大派的创始人。详见《不列颠百科全书》，中国大百科全书出版社 1999 年国际中文版。——译者

\*\* 萨图尼努斯（？—公元前 100），罗马政治家。详见《不列颠百科全书》，中国大百科全书出版社 1999 年国际中文版。——译者

于当时的希腊人而言，认为某个来自彼岸世界的拯救者进入此岸世界来救赎人类大概是可容许的，但进而认为祂显露一种真正的人性则是愚蠢的。对于他们而言，一个神圣的拯救者使自身陷入可感世界带有缺陷且有罪的质料中是绝无可能的。因此，一个立即呈现的趋势就是，认为基督仅仅是"看起来"已经显露了一种完整的人性。否则就是声称：那个叫耶稣的人变成拯救灵魂的工具了；灵魂自身没有受到物质的影响，而且它也绝不受制于物质性的肉体。

后面这种推测，在早期为教会所质疑而晚期则遭到批判的文献——《彼得福音》的下面几行文字中得到说明："他们中的一人说道，给他喝添醋的胆汁。于是他们就混杂了醋拿给他喝了，做完了一切事，就等于背着他们的理智完成了他们的罪。随后许多人提着灯四处走动，以为黑夜到来并纷纷跪倒。上帝则大声呼喊，说道，我的力量啊，我的力量，汝已经弃我而去。"[1]

伊里奈乌斯*根据巴西里德斯的观点讲道："他（基督）自己不会遭受死亡，但是西蒙（Simon），昔兰尼城的那个人，则被迫接替他而背负着十字架……因为既然他（基督）是一种无形的力量……他便会任意地美化自己，并因此飞升到派遣他的人那里去：带着对他们（即那些迫害祂的人）的嘲笑，因为祂不可能被抓住，而且对所有人都是不可见的。"[2]正是由于这种推测，希腊化时期的异教团体就试图避开"道成肉身"这一基督教信条。这种教义倾向不仅仅是孤立的现象，它完全持续到了奥古斯丁时

---

〔1〕《前尼西亚教父》（后文简称为 A. N. F.）第 X 卷，第 21 页，第 16–19 小节。（也可参见 A. N. F. 第 X 卷关于该《福音书》的导言。）

* 伊里奈乌斯（约 120 或 140—约 200 或 203?），2 世纪基督教重要神学家。详见《不列颠百科全书》，中国大百科全书出版社 1999 年国际中文版。——译者

〔2〕伊里奈乌斯：《反异端》第 I 册，第 24 章，第 4 节，载于 A. N. F. 第 I 卷，第 349 页。

期，因为我们知道他认为捍卫正统信条、反对摩尼教势在必行。在奥古斯丁与福斯图斯的长期争论中，这位有名的摩尼教徒将"圣灵感孕"称为一种巫术，针对这一指控奥古斯丁回应道："我们否认圣子身体中含有任何可耻的东西。"[3]这是他紧接下来这句话的另一种说法，即："对肢体（members）放纵而无节制地使用是可耻的，但肢体本身并不可耻"。[4]作为一名基督教的教会博士，奥古斯丁捍卫肉体，使其免于受到被视为恶的指控；因为正是对物质的仇恨（当时被称为是禁戒派的观点），助长了"幻影说"的倾向。[5]

132

3. 对这个世界的抨击在最初的几个世纪里显示出各种不同的倾向。其中最为突出的大概就是广泛散布于整个帝国的诺斯替教。没有哪两个诺斯替主义者完全认同彼此，但是他们拥有足够多共同的观点，以至于我们能把他们作为一个群体来讨论。总体来说，他们认为可感的物质世界是由一位低级的"巨匠造物主"（demiurge）或者是通过流溢（emanation）而创造出来的；物质和精神是完全对立的，并且物质是绝对的恶。拯救要从这个本质上恶的物质世界开始，也要从生活在这个世界中的所有人都被游移不定的移涌所控制的命运开始。[6]拯救的途径是由某个拯救者给予的，在这种情况下，作为众多移涌之一的基督降临，以给予人类关于如何逃离这个世界的知识。并非所有人都将被拯救，而只是那些含有一点神性之光的人。这点光芒是由真正的上帝植入到一些人之中的，而不是由创造了这个世界、并被等同于《旧约

---

〔3〕《驳摩尼教徒福斯图斯》，第XXIX册，载于《后尼西亚教父文库》第I系列（后文简称为 P. N. F.），第IV卷，第327页。

〔4〕同上。

〔5〕参见艾德里安·福特斯克：《论"幻影说"》，载于詹姆士·汉斯汀斯编：《宗教和伦理百科全书》。

〔6〕参见 E. F. 司各脱：《论诺斯替教》，载于汉斯汀斯编：《宗教和伦理百科全书》。

圣经》中的上帝的那个邪恶的巨匠造物主所植入的。[7]就像大多数古老而神秘的异教团体那样，诺斯替教从而也是具有贵族气质的，这种元素或许最为明显地体现在它对这个世界的轻视上。伊里奈乌斯告诉我们，瓦伦廷派的诺斯替主义者如何构想了三种类型的人："属灵的人"、"属物的人"和"属血气的人"。[8]人之中属物的这一类走向某种堕落，他们是邪恶物质的产物；属血气的人，如果他做出更好的选择（无论这意味着什么），将会安处于这个尘世和真正天国的中间地带；但属灵的人经过"此世的锻炼和养育"之后，将在某一天臻于完美并"将被赐为救世主所派天使的新妇"。因此，存在着一些本性善的人，他们将作为彼岸世界的成员而获拯救；但那些本性恶的人则注定堕落。

伊里奈乌斯还告诉我们，诺斯替主义者对肉体采取了两种非常对立的观点。但是，每种情形中肉体都是被诋毁的对象。他们或者将婚姻指斥为"仅仅是一种堕落和通奸"，或者采取这种观点，即极度的放纵和性混乱是可容许的，因为它们有助于毁坏可耻的身体，也因为"上帝并不十分关注这类问题"。[9]

4. 亚历山大派最伟大的神学家奥利金，也对可见世界的创造采取了极其非正统的观点。对他而言，这种创造包含有两个部分：（a）对永恒的灵性世界的创造；以及（b）对仅仅持存于某一特定时期内的世俗世界或物质世界的创造。在灵性世界的创造中，所有的人和天使都被创造成完全理性的灵魂，他们是理性的因而就是自由的，而且他们将要享有上帝；对物质世界的创造则出现在自由理性的灵魂因背叛而离开上帝之后。奥利金这样说明他的观点："由于他们过度的精神缺陷［那些灵魂］需要一种具

---

［7］ 参见麦吉弗特：《基督教思想史》第一卷，第4章。
［8］ 伊里奈乌斯：《反异端》第Ⅰ册，第7章，第5节，载于 *A. N. F.* 第1卷，第326页。
［9］ 同上书，第28章，第2节，第353页。

有更加粗鄙而坚实的性质的身体，也出于这一安排为那些灵魂所必需的缘故，这个可见世界也就出现了"。[10]这个世界是这些"应该进入身体的"[11]有缺陷的灵魂进行训练和锻炼的地方。"这种制服"，就像奥利金所说的，"将会以某些方式、在经过某些训练之后，在某些时候"不再通过强力而是通过"话语、理性和教义、通过对一种更好的事物历程（course of things）的呼唤、通过最好的训练体系得以完成"[12]，进而在跟随"那个降临世间来教导那些只能通过服从而获拯救的人去服从"[13]的基督的指引下，将灵魂带回到上帝那里。

　　事实上，奥利金根本没有强烈地反对物质世界的创造。作为一名基督教的神学家，他必须限制他的言论。通过指出理性的灵魂出于他们自己的自由意志而领受惩罚，他部分地保留了正统思想。但是，奥利金思想里的希腊元素是明白无误的。"应该进入身体"这个短语的含义就很清楚，它只能意味着：拥有一具物质性的身体是某种恶，灵魂在完满实现其受造的本质时应当从这种恶当中解脱出来。被创造的世界是上帝处理糟糕情形的手段；对被抛入到一个物质性的自然中加以惩罚的灵魂而言，使世界出现的状态是罪的一种先在状态。于是，世界就是某种更为低级之物。简言之，它仅仅是一种权宜之计，是一个对于不轨灵魂而言的学校。因此，奥利金得以暗示说：肉体的智慧与神的智慧是相敌对的；而且那些"因欲求可见事物而迷失"[14]的灵魂是软弱的。

　　5. 毋庸置疑，对肉体的抨击和轻视在希腊思想中有一段很长

135

---

〔10〕《论原理》第Ⅲ册，第 5 章，第 4 节，载于 *A. N. F.* 第 Ⅳ 卷，第 342 页。

〔11〕　同上书，第 5 章，第 5 节，第 343 页。

〔12〕　同上书，第 5 章，第 8 节，第 343 页。

〔13〕　同上书，第 5 章，第 6 节，第 343 页。

〔14〕　同上书，第 5 章，第 5 节，第 343 页。

的历史。公元前 5 世纪的某些希腊神话故事就为我们展现了一组精神与物质、天国与尘世之间的二元论。奥尔菲斯教 [15]（Orphic cult）最重要的神话故事就是扎格柔斯（Zagreus）的故事。整个神话故事过于冗长以致难以说明，但对我们而言，正如对尼格伦而言那样，重要的观点就是它声称要解释人的"双重性质"。人，是由反对宙斯的提坦神（Titans）的骨灰做成的，因而就与恶相连，但由于提坦神的体内遗留着他们所吞噬的神性，人的体内就有了一点神性之光。人类由此就是两个世界的参与者：即凡间世界与天堂世界、恶的世界与善的世界。正如尼格伦接着指出的那样："正是人的这个神性部分需要从它与尘世因素和感性因素的不当结合中解脱出来；它需要打破它的束缚，从它尘世的污秽中净化自身，并且穿越物理性质的环境进入到与其本性相近的神性生活中去。为此奥尔菲斯主义提供了一种经由斋戒（purification）和迷狂（ecstasy）而获拯救的方式，以使灵魂最终能够与神重聚并升入天国之中"。[16]

在柏拉图哲学的早期对话中 [17]，这种已经传入希腊的东方神秘主义，就通过"型相说"的形式与柏拉图的理性主义奇迹般地结合在一起。柏拉图精致的形而上学，常常向我们隐藏了只有

136

---

〔15〕 尼格伦在《圣爱与欲爱》第 I 卷第 121 页中记叙了这个故事。〔这里主要参照了 1932 年的版本，它对应于 1953 年版本的单行本第 163 页。〕（奥尔菲斯教〔Orphics〕，亦译为俄耳甫斯教，古希腊密传宗教之一，其教义称为奥尔菲斯主义或俄耳甫斯主义。为了与俄耳甫斯（Orpheus）相区别，这里采用奥尔菲斯的译法。详见冯契、徐孝通主编：《外国哲学大辞典》，上海辞书出版社 2000 年版，第 836 页。——译者）

〔16〕 同上书，第 122 页。〔单行本第 164 页则写到："正是人类身上的神性部分，必须要从它与尘世因素和感性因素的不当结合中解脱出来，神圣的理性或神圣的灵魂尤其需要打破它的束缚，从感性污秽之中净化自身，并穿过这种非自然的环境进入到与其本性相近的神性生活当中去。因此，在奥尔菲斯教那里，拯救的方式就是斋戒和迷狂的方式。而其目标就是实现灵魂与神的最终重聚和灵魂融入到神性之中。"〕

〔17〕 如《巴门尼德篇》之前的对话。

细心提炼和条理化之后才能发现的事实：他的哲学包含了一种与上述神话所体现的灵魂观相类似的观点。正是这种基础的观念将随着时间的推移而变得越来越悲观，直到它蜕变成为对感觉世界怀有极端仇恨的诺斯替教的奇怪体系。

一些来自柏拉图的引文将更加明确地说明柏拉图主义如何在哲学上采取了这一立场：在面临解体和一种新的东方文化流入的压力下，柏拉图主义开始延伸到诺斯替主义之中。来自《理想国》的引文："为了认识她的真相，我们一定不能像现在这样，在有肉体或其他的恶和她混在一起的情况下观察她〔灵魂〕，我们必须依靠理性的帮助，充分地细看她在纯净状况下是什么样的。然后你将发现她要美得多，正义和不正义以及我们刚才讨论过的一切品质也将被辨别得更加清楚……我们必须把目光转向别处……她的爱智部分，注意她是如何领会和把握与亲近于她的神圣、不朽和永恒事物之间的交流的。如果她能完全听从这股推动力量，这力量将她从沉没的海洋之中升起，并除去她身上的石块和贝壳——因为她是靠这些被人们认为能带来快乐的世俗之物过日子的，因此身上布满了尘俗之物——她将变成什么样子。"〔18〕

或者来看《斐德罗篇》中苏格拉底第二次对话的某些段落："让我们把灵魂的运动比作一股合力，就好像同拉一辆车的飞马和一位能飞的驭手。诸神的飞马和驭手都是好的，血统高贵，但对其他生灵来说并非完全如此。至于我们凡人用的马车，我们首先说有两匹马拉车，有一位驭手驾车，但我们还得说有一匹马是良种骏马，而另一匹则正好相反，是劣种杂马。〔因此灵魂的堕落就是本性中有缺陷的结果。〕……但若有灵魂失去了羽翼，它

137

---

〔18〕《理想国》，611c－612a。（此处译文参照了中译本，详见郭斌和、张竹明译《理想国》，商务印书馆1986年版，下同。——译者）

就向下落，直到碰上坚硬的东西，然后它就附着于凡俗的身体。"[19]因此，灵魂的物质性身体是它先前堕落的结果。（试比较奥利金）"……当我们还没有被埋在这个叫做身体的坟墓里，还没有像河蚌困在蚌壳里一样被束缚在身体中"。[20]德莫斯以下述方式总结了这种情况：对于柏拉图而言，人有某些崇高的东西，即他的理性，但人作为一种受造物也是尘世的。因而"他尘俗的方面导致了人性的多样性和混乱，而统一和简单化的线索将从他不朽的性质中找到"。[21]

这些引文将足够清楚地说明我的观点：诺斯替主义的幻想在某种意义上蕴含在了狂热的青年柏拉图的对话之中。成熟期的柏拉图是一个历经曲折变化的哲学家，但这些较早的对话，一经写作完成便成为了一份不同凡响的哲学文献。

## 第二节

1. 关于这一点基督教有什么要说的呢？肉体是恶的还是善的？基督教关于这个问题的答案是如此的简单，以至于它常常被忽视。某些现代著作家们频繁地告诉我们说，基督教对于性等问题持有一种"病态的"观点。如同我们将会看到的那样，正是基督教首先发起了对希腊观点的抨击，并以胜利而告终。因为对于基督教而言，答案已经包含在了《创世纪》中那句简单的格言里："神看着一切所造的都甚好"。[22]

---

〔19〕《斐德罗篇》，246a－c。（本书涉及柏拉图对话篇的译文均参照了中译本，详见《柏拉图全集》，王晓朝译，人民出版社 2003 年版。——译者）

〔20〕 同上书，250c。

〔21〕 德莫斯：《柏拉图哲学》，第 304 页。

〔22〕《创世纪》1：31。（本书涉及《圣经》的引文，主要参照了中文《圣经》和合本。——译者）

物质世界是善的；它是善的，因为是上帝创造了它。在整个 **138**
基督教的时期里，神学家们都曾回到这条格言以驳斥异教徒；而
且，《创世纪》里的这一表述也不止一次地使得神学家们免于沦
为异教徒。无论希腊文化的影响在哪里变得明显起来，拒斥世界
的倾向都会出现。但是公平地说，基督教的主流思想在这一点上
都始终保持了自己的方向。

2. 被一些人设想为基督教禁欲主义楷模的圣·保罗，在《哥
林多前书》中明确指出身体将不会被定罪。"身子不是为淫乱，
乃是为主，主也是为身子。并且神已经叫主复活，也要用自己的
能力叫我们复活。岂不知你们的身子是耶稣的肢体吗？"[23]"岂不
知你们的身子就是圣灵的殿吗。这圣灵是从神而来，住在你们里
头的。并且你们不是自己的人。因为你们是重价买来的。所以要
在你们的身子荣耀神。"[24]于是身体完全是我们本性的组成部分，
像其他所有事情一样，是为了使我们适应那与神同在的共同体而
设计出来的，而且对身体的伤害会使得这一共同体不再可能。必
须要进一步注意的是，保罗在《哥林多前书》第七章中看待婚姻
时的严格性受到了两个事实的强烈影响：（a）哥林多教会所容许
的淫乱，以及（b）保罗对于上帝迅速再现的期盼。依据这些考
虑，保罗采纳了一种"大胆的实在论"。此外，保罗是在表达他
自己的偏好。那个信条式的命令则是基督要求婚姻关系恒久不变
的指示。[25]

在《哥林多前书》第十五章，圣·保罗谈及了"身体复活"
这个完全属于基督教的问题。希腊思想试图避开身体，而且对于 **139**
希腊人而言，"身体复活"意味着对他们的宗教意旨的否定。但

[23] 《哥林多前书》6：13 – 15。

[24] 《哥林多前书》6：19 – 20。

[25] 参见 W. F. 霍华德在《阿宾顿圣经评论》中的《论〈哥林多前书〉》。

是，对于希伯来人而言，希腊人的不朽观念只不过是一种虚幻的
残存。保罗想要的是包括身体在内的整个人的回归，他并不把灵
魂看作是深陷并禁锢于一个身体中的某物。他关于这一点的思想
是与《圣经》相符的。他谈及的确实是一个灵性的身体在复活，
但还是有一个身体被复活了。被上帝所复活的身体将是第二个人
的，因为"我们将来必有属天的形状"。[26]"所种的是必朽坏的，
复活的是不朽坏的。所种的是羞辱的，复活的是荣耀的。所种的
是软弱的，复活的是强壮的。所种的是血气的身体，复活的是灵
性的身体"，[27]如此等等。于是，我们必定将在身体里面被复活；
不过却是带着一个与新的天国相适应的身体，因为"有天上的形
体，也有地上的形体"，[28]每种形体都根据它的位置被调整。我
们在天上的形体将是一个适应天国需要的形体；它将是新的生命
在灵性状态下进行自我表达和交流的一种恰当工具。[29]因此，身
体不是将被轻视而是将被赞颂。它是圣灵的殿，并且是创造它的
主上帝的一种最仁慈的恩赐。

　　3. 伊里奈乌斯已经适当地论及了轻视肉体的观点。他写道，
禁戒派*人士（包括马西昂、塔提安以及其他人）"鼓吹反对婚
姻，因而就把上帝最初的创造置于一旁，而且间接地指责了为人
类繁衍而创造男人和女人的祂。被视为他们中的那些人还提出禁
戒肉食，由此证明他们自己对创造了一切事物的上帝是忘恩负义
的"。[30]那些贬低上帝的创造的人是"忘恩负义的"。这个世界是

140

---

　　〔26〕　《哥林多前书》15：49。

　　〔27〕　《哥林多前书》15：42－44。

　　〔28〕　《哥林多前书》15：40。

　　〔29〕　霍华德：《阿宾顿圣经评论》。

　　*　禁戒派，以2世纪叙利亚修辞学家塔提安为首的基督教苦修派别。详见《不列颠百科全书》，中国大百科全书出版社1999年国际中文版。——译者

　　〔30〕　伊里奈乌斯：《反异端》，第Ⅰ册，第27章，第1小节，载于 A. N. F. 第Ⅰ卷，第353页。

上帝的恩赐；背离这一恩赐就是冒犯上帝。因此，如果不论其他的话，享用这个世界就是一个义务问题。但我们必须要正确地享用它；我们绝不能仅仅不知感恩地滥用这一恩赐。

4. 德尔图良尽管主张孟他努斯主义*，但也认真为婚姻辩护以反对那些亵渎它的人。婚姻不是一件"污秽之事"，所以"要被谴责的不是这样一种制度，而是对它无节制地使用；根据创世主祂自己的判断，祂不仅说过'要生养众多，遍满地面'［《创世纪》1：28］，而且说过'不可奸淫'和'不可贪恋人的妻子'［《出埃及记》20：14－17］"。[31]接下来的这段话则是教父当中对身体最为雄辩地辩护之一："啊，灵魂！那么你为什么要妒忌肉体呢？在主之后，无人该当你如此的深爱；无人能像你这位兄弟一样，甚至在神那里也伴你而生。你更应通过你的祷告使她复活：她的罪，无论它们是什么，都归因于你。然而，如果你憎恶她，这也不足为怪；因为你已经否弃了她的造物主。"[32]灵魂和身体一直都像新娘和新郎一样被联结起来；并且肉体必定将被完整地复活。

5. 圣·奥古斯丁或许在所有伟大的教父里是最为"超尘出俗的"。在他那里，我们应该期望找到对肉体的拒斥，如果哪里可能的话。他是从新柏拉图主义的背景走向基督教的，而终其一生他仍然是一位新柏拉图主义者（不过，这一点是有争议的）。他总是对一些看不见的事物——美、真、善等燃起一种典型的柏拉图式的渴望。考察他关于婚姻的两篇论文，人们发现他正在接近

141

---

　　* 孟他努斯主义，又作 Cata-phrygian heresy。2 世纪出现于小亚细亚境内弗里吉亚地区基督教会中的异端，创立人是先知孟他努斯。详见《不列颠百科全书》，中国大百科全书出版社 1999 年国际中文版。——译者

　　〔31〕　德尔图良：《反马吉安论》，第 I 册，第 29 章，载于 *A. N. F.* 第 III 卷，第 294 页。

　　〔32〕　德尔图良：《论肉体复活》，第 63 章，载于 *A. N. F.* 第 III 卷，第 594 页。

那种危险的观点，不过从未与之相交。他完全知道，自然秩序是善的。在为了反对约维尼安（Jovinian）而写作的《论婚姻之善》中，奥古斯丁写道：已婚的人在以生儿育女为目的的性交中亏欠彼此一份忠信，因为这种同伴关系在他们的可朽状态下是第一位的。他们也亏欠彼此一份相互供养的任务。[33]婚姻因此就是一种自然纽带。[34]因为生儿育女是婚姻的自然功能，而且不是一种过错；满足色欲才是过错。紧接着，奥古斯丁险些否认婚姻的恰当地位，但又被迫给予其应有之地位。他写道："节制自己，不行任何性行为，确实是更好的，哪怕是与婚姻中出于生儿育女的缘故而进行的性行为相比。但由于节制是更大的功绩，给予婚姻应有之地位也毫无过错。"[35]因此，"婚姻和节制是两种善，其中第二个则是更好的"。[36]但请注意，奥古斯丁坚持认为婚姻是一种善。婚姻是作为一种手段而给予某件事的众善之一，在这种情况下它被给予了经由繁殖而实现的友爱。因其目的而行使婚姻，人就是在好好地使用它；因其本身之故而行使它，人就会犯罪。但若根本无需那个目的则是更好的。[37]然而，只要婚姻没有被肉欲的强烈渴望所腐化并且是"自然的"，它就是一种善。

在另一篇关于婚姻的论著中，奥古斯丁试图区分出作为一种自然之善的婚姻和腐蚀它的东西，即色欲。他论证说，后者并不构成婚姻之自然状态的组成部分，而是罪的结果，而且在第一个人的后代那里，它将自身显明为肉欲。当人犯了罪，他便开始感觉到其肢体中的另一种法则；因为如果人拒不服从上帝，人的身

142

---

〔33〕《论婚姻之善》（*De Bono Conjugali*），第 6 节，载于 *A. N. F.* 第 III 卷，第 401 页。

〔34〕 同上书，第 1 节，第 399 页。

〔35〕 同上书，第 6 节，第 402 页。

〔36〕 同上书，第 8 节，第 403 页。

〔37〕 同上书，第 9 节，第 403 页。

体为什么要服从他自己的意志呢？肉欲是身体对意志的拒不服从；它产生了羞耻感并且是对罪的惩罚，它不是被创造的身体的自然状态。[38]奥古斯丁将他自己的观点表述如下："对肉体的强烈欲望……绝不能被归因于婚姻；它只能在婚姻之内才被容许。它不是产生于婚姻之本质的一种善，而是作为原罪事件的一种恶。"[39]奥古斯丁已经即将拒斥婚姻，但他还没有抛弃它。这种观点在我们看来是严厉的，但在奥古斯丁的时代，这样一种态度却是合理"适度的"。在其他地方，奥古斯丁则坚决捍卫身体以反对奥利金[40]和柏拉图[41]。这样我们就可以总结说，尽管奥古斯丁仍然受到新柏拉图主义的影响，但是当他发现天主教信仰里"道成肉身"不仅仅是"实例教学"时，他意识到新柏拉图主义对身体的态度是站不住脚的。当他认识到"道成肉身"这一教义的核心时，他将身体作为一种善来接受。[42]

6. 由此可见，基督教的观点绝不是禁欲主义的。当基督教的神学家们厌恶这个世界时，我们可以确定这是因为某些外来思想的影响。希伯来人的思想始终怀有对家庭的崇高敬意。为了说明基督教真正的态度应该是什么，一个人只需要指出《圣经》中所谈到的无子女婚姻的悲痛之情。例如，哈拿、利百加和以利沙伯、约翰的母亲等人的故事，就是希伯来人观点的代表。

世界是一种恩赐，是上帝慷慨的创造。如果我们说有三个主要的概念必须被纳入到宗教思考当中，即上帝、自然和人，那么基督教就会说自然是上帝对于人的恩赐。人的存在作为自然的组成部分是一种恩赐，自然也是一种恩赐；他所吃的一切食物、所

143

---

〔38〕《论婚姻与肉欲》（*De Nuptiis et Concupiscentiis*），载于 *P. N. F.* 第 V 卷。

〔39〕同上书，第 I 册，第 19 章，第 271 页。

〔40〕《上帝之城》，第 VI 册，第 23 章，载于 *P. N. F.* 第 II 卷，第 217 – 218 页。

〔41〕同上书，第 VII 册，第 26 章，载于 *P. N. F.* 第 II 卷，第 243 页。

〔42〕参见伯纳比：《上帝之爱》，第 69 页。

穿的一切衣物，以及所获得的全部幸福，都依赖于上帝赐予的意愿；而且尽管我们罪孽地背叛了祂，祂仍然自愿地赐予，因为祂是上帝。

## 第三节

1. 我们现在必须要考虑这种观点：肉体或者欲望、或者一般而言的可感世界是恶的起因；这些本身可能不能被称为恶的，但至少它们是邪恶与罪的起因。邪恶的人被视为一个被激情所战胜、不能控制他的欲望并因对可见事物的热爱而被驱使的人。这里我们要再次面对希腊人，而且我们所反对的观点可以从亚里士多德和柏拉图当中得到说明。

（1）在《尼各马可伦理学》第七卷中，亚里士多德思考了一个人违背他的恰当知识而行动的问题。他评论了苏格拉底关于不存在不能自制这类情形的看法，即：没有人会违背他视为最好的东西。但是那个观点，亚里士多德说，"明显与可观察的事实相矛盾"。[43]苏格拉底关于意见与知识的划分则被弃之不理。亚里士多德对这个问题的主要回答包含在他关于实践三段论的讨论中。他首先指出，在实践三段论中存在着两种前提：一个表述事物，另一个表述行动者。例如，"苹果对所有人而言都是有毒的"和"我是一个人"。被苹果所吸引的那个不能自制的人，或者不具有知识或者没有去运用它。[44]当一个人具有知识却未能运用它时，这个人就像一个沉睡的、发疯的或者喝醉酒的人，因为"那些受感情宰制的人正是这样，怒气、性欲和某些其他感情可以使身体变形，甚至使人疯狂，所以，我们必定会说，不能自制者就

---

〔43〕《尼各马可伦理学》，1145b28。
〔44〕《尼各马可伦理学》，1147a7。

如同一个沉睡的、发疯的或者喝醉酒的人那样"。[45]因此，当我们呈现出欲望时，我们被导向违背我们正确观念的目标，因此不能自制地去行动。如果我们习惯了这个做法，我们就度过了不能自制的不稳定阶段，而且养成了一种邪恶的本性，这意味着一个人如此地习惯于这种做法以至于它的邪恶品性不能矫正了。放纵自己的人是邪恶的人，他追逐由自由选择而带来的额外不恰当的快乐；然而不能自制的人则是一个暂时自我失控的人，他没有通过选择来行动，而是被欲望所制服。不自制和自制处于美德与邪恶的中间阶段，他们还没有充分地习惯于去选择他们的行动历程，但必须要与欲望作斗争。[46]

（2）在希腊哲学的更早阶段，柏拉图已经表达了非常类似的观点。柏拉图关于僭主的描述将有助于说明这一点。[47]设想一下那个民主分子的儿子，柏拉图说道，他的父亲已经老去，而且他（儿子）已经遭受同样放荡的影响。那么"当这些可怕的、召唤暴君来控制该青年灵魂的巫师们开始怀疑他们魔法的力量时，便想方设法在他的灵魂里扶植起一个能起主宰作用的激情———一个只能被比作一匹长着翅膀的马一样的激情，来保卫那些瓜分所有可掠夺之物的懒散的欲望。其他的欲望，像蜂群一样围着它营营作声，都献上鲜花美酒、香雾阵阵，让它沉湎于放荡淫乐，用这些享乐喂饱养肥它，直到最后使它深深感到不能满足的痛苦。这时它就因它周围的这些卫士而变得疯狂起来、蛮干起来。这时如果它在这个人身上还看到什么意见和欲望说得上是正派的和知羞耻的，它就会消灭它们，或把它们驱逐出去，直到把这个人身

145

---

〔45〕 同上书，1147a14 – 18。（此处译文适当参照了中译本，详见《尼各马可伦理学》，廖申白译，商务印书馆2003年版，下同。——译者）

〔46〕 同上书，1150a – 1152a。

〔47〕 《理想国》，562 – 576。

上的节制美德扫除干净，让疯狂取而代之"。[48]僭主的诞生因而是从激情的角度来描绘的，例如，"起主宰作用的激情"、"懒散的欲望之流"、"香雾阵阵的欲望"、"鲜花美酒"等短语。伦理学的范围，在柏拉图那里和在亚里士多德那里一样，常常完全从"理性相对欲望"的角度来谈论。关于"好的生活"中灵魂的和谐等等，他们两个可能都已经说过很多深刻的话；但是他们却认为，腐蚀那个"好的生活"的是欲望、激情和欲求。

（3）在某种意义上，柏拉图和亚里士多德都是在重述埃斯库罗斯《乞援女》中的诗句。合唱队*唱道：

> 让死亡，在我被推向强暴者的床第之前降临。
> 哪有什么战士？什么拯救者？我只看到了死亡！
> 否则如何能躲避色欲？[49]

随后，欲望被描绘为掠夺美色：

> 成熟而丰硕之美，是多么可爱啊，
> 但我知道，它却难于防范男人们的贪心。
> 连鸟儿和蠕虫，也都来掠食它。[50]

由此，激情就成了罪之根源；而用理性控制激情就是有德者的标志之一。

146　　2. 我们要怎样来回应这一指责呢？首先，我们必须区分三个

---

〔48〕 同上书，572 – 573。

　*　这里的合唱队指的是"达那伊得斯姐妹合唱队"，详见《埃斯库罗斯悲剧全集》，张炽恒译，吉林出版社集团 2010 年版。——译者

〔49〕《乞援女》，第 806 – 807 行。

〔50〕 同上书，第 1000 – 1003 行。

问题：（a）如果欲望确实引起了罪，那么这样引起的罪有多严重？（b）存在着可能会引起罪的不同于欲望的因素吗？（c）假定对第二个问题的回答是肯定的，在这两个因素即欲望或者我们目前未知的 X 当中，哪一个要为最具魔性的罪负责，而且哪一个又与我们最为相关？第一个和第二个问题将被包含在第三个问题当中。

3.（1）我们必须首先试着去表明，经验中存在着一种完全不同于嗜欲的因素，不论是对于酒、对于美，还是对于真理的嗜欲。不能区分出这一因素会导致一种对所有相关的道德关系的彻底误解。最大的误解就是将饮食之欲连同妒忌、仇恨等一起划归为所谓激情的代表。例如，以下是来自亚里士多德的话："我用激情指的是欲望、怒气、恐惧、信心等……总之，是伴随着愉快或者痛苦的那些感情。"〔51〕

此外，叔本华也陷入了同样的错误。在他最为人知的著作的第二篇当中，他表达了这样一种观点：在自然的所有等级中，人会发现个体和族类之间的持续斗争是生命意志自身的必然体现。在第四篇当中，他在一个更高的层次上即在人自身那里考虑了这个问题。这里发现了同样的现象，只不过表现得更加明显而已。作为一种有知识的个体，人自身拥有学识以至于他包含完整的生命意志或者内在的世界本身。由于这一事实，每一个人，尽管他在无边无际的世界里微不足道，"但仍然要把他（它）自己当做世界的中心，在考虑其他之前首先要考虑自己的福利；的确……（他）准备着为他自己这沧海之一粟保存得更长久一点而毁灭这个世界。这种心理就是利己主义，而这是自然界中每一事物本质

147

---

〔51〕《尼各马可伦理学》，1105b22。

上的东西"。[52]

这里的错误仅在于未能认识到，动物层次上的生命意志，与包含在人类自我中心主义中的更高层次的生命意志具有实质性的区别。对于叔本华而言，较高层次仅仅是较低层次的一种更为发达的状态；人类层次上的苦难仍然是生命意志自身矛盾的结果。他未能认识到自我中心主义是某种不同的东西——是对荣誉和荣耀的一种渴求，为此它将乐于放弃它自己的生命（即：破坏和否弃那"纯粹的"生命意志）。[53]叔本华所未能领会到的这种区别，是自然关系与人格关系之间、作为嗜欲的一方与作为骄傲和爱的另一方之间的实质性的差别。

（2）圣·奥古斯丁则如此清楚地察觉到了这种区别，以至于他在《上帝之城》中的论证的力量依赖于对这种差别的敏锐分析。奥古斯丁参照保罗[54]将"肉体"（即尘世的、有罪的人）的行动列举为：奸淫、淫乱、偶像崇拜、仇恨、妒忌、醉酒等等；但是，他说道："我们不仅发现诸如淫乱、污秽、荒宴、醉酒这类与肉体有关的淫乐，而且还发现那些确实与肉体快乐相区别的心灵之恶。因为谁不知道偶像崇拜、巫术、仇恨、争竞、纷争、忿怒、妒忌、煽动、异端，都是心灵之恶而非身体之恶？"[55]

148 这里奥古斯丁做出了我们一直期待的这种区分。他断言，人性中有某些完全不同于肉体的东西。如果你愿意，可以称之为心灵；但无论它是什么，我们用心灵指的就是进入共同体的能力、回应

---

[52] 《作为意志和表象的世界》，第四篇，第61小节；霍布丹、肯普译本，第一卷，第428页。（此处译文适当参照了中译本，详见《作为意志和表象的世界》，石冲白译，商务印书馆1982年版。——译者）

[53] 参见下面关于利昂的第（4）小段。

[54] 参见《加拉太书》5：18 – 21。

[55] 《上帝之城》第ⅩⅣ卷，第2章，载于 P. N. F. 第Ⅱ卷，第263页。（此处译文适当参照了中译本，详见《上帝之城》，王晓朝译，人民出版社2006年版。——译者）

爱的能力、拒绝爱因而会犯罪的能力。

圣·奥古斯丁早先采用了一个论证来说明心灵之罪与身体的这种差别。他在讨论奥利金将身体视为对罪的一种惩罚的观点；而且他指出，这个断言必定是错误的，因为"魔鬼（更邪恶的说谎者）与最邪恶的人相比更应该被塞进最卑贱的身体，即属土的身体。但我们可能知道，灵魂的功绩不是通过身体的性质来回报的，最邪恶的魔鬼却拥有气构成的身体"。[56]这个论证的优点不在于我们是否相信魔鬼存在（尽管作者碰巧相信），而在于它说明了我们将魔鬼——所有罪人中最邪恶的那个——构想为一种属灵的存在。他不是一种被身体"压制"的存在，他没有同欲望做斗争，他不需要世俗财富这些所谓的善。这些都不是！他是一种强大威猛、智力敏锐而且无疑也具有相当强的审美能力的存在；但是他骄傲而虚荣，充满了恶意与妒忌、仇恨与猜忌。他完全否弃了爱，在荒芜的自我中心主义的"孤独"之中离群索居。他是一种拥有希腊人的全部美德的受造物，但尽管如此，他在上帝创造的所有灵魂中却是最为邪恶的。他永远与上帝相隔绝，生活于最为恐怖的精神分离之渊。

（3）我们可以通过询问"是灵魂败坏了肉体，还是肉体败坏了灵魂"，来触及这个问题的核心。对于这个问题，我们将追随尼布尔所提出的建议，因为他已经相当巧妙地处理了这个问题。尼布尔这样来表达那一点："那贪爱口腹之欲的人，是否因为他力图无限地满足这一肉体欲望而与其他欲望相冲突，就把他的自私发挥到极致并丧失了对自己的控制呢？或者说，是否缺乏自制本身就是一种逃避自我的努力呢？"[57]换句话说，感官欲望——

149

---

〔56〕 同上书，第XI卷，第23章，载于 *P. N. F.* 第 II 卷，第218页。

〔57〕《人的本性与命运》，第 I 卷，第233页。（此处译文适当参照了中译本，详见《人的本性与命运》，成穷、王作虹译，贵州人民出版社2000年版。——译者）

在其极端的形式中变成了罪——到底是欲望本身的结果，还是灵魂极度自负或骄傲的结果？它仅仅是一种嗜欲情形，还是一种灵魂堕落的体现？或者用我们的话来说，它只是包含了自然关系，还是也包含了人格关系？而如果二者都有的话，哪一种是主要的呢？

我们接受哪一种观点，自然都是我们对经验分析的结果。不过，看起来感官欲望总是包含着人格的要素，而魔鬼般的感官欲望总是利用感官途径满足自己的心灵之罪。因此，当尼布尔这样说时他是正确的，他说："正如任何其他的身体冲动一样，人的性冲动隶属于人的心灵自由，并与这种自由交织在一起。它不是一个人可以想当然地任其留在动物冲动之自然和谐中的某物。它的力量可以上达于人的精神性的最高峰，而人在自由高处所感到的不安又可下达于性冲动，以之作为补偿的工具和逃避的途径。"[58]

我们可以通过询问酒鬼们如何行动来检验这个结论的正确性。据我所知，他们分为两大类：或者他们极为高兴、友好而且比往常更加乐于交际，否则他们会更加内敛，常常近于简单粗暴的程度。在容许有各种微妙的变种的同时，我们可以说，第一种酒鬼不是在追求纯粹的喝酒的快乐，毋宁是在追求某种共同体或者友爱。我们日常的生活在某种意义上是冰冷而分离的；醉酒为克服这个缺陷给出了一个由头。第二种酒鬼通常是怀有心事，一旦想起他的烦恼，便立即使他陷入一种异常糟糕的情绪之中。为了显示他的优势，他时常设法找人打上一架，或者他可能纵情于一阵持久的能够缓解他内心紧张的谩骂之声当中。正如尼布尔已经表明的那样，在性欲中我们可以发现同样的背理行为：男人们

[58]　同上书，第236页。

通过复述他们所设想的性生活来获得自我中心主义的满足，每一个被征服的女人，就如同在战争中或者在田径运动会上赢得的奖章一样沿着同样的顺序被呈现给倾听者。

上面的分析诚然是肤浅的。这个问题确实如此地复杂，以至于一个完整的分析将揭示出无数细微之处和变化。但至少我会相信，我们观点的主要要点是正确的。无论感官欲望在何时变成了罪，我们都将发现它完全混合了那些无人能免的精神上的扭曲和渴求。在感官欲望当中，我们追求骄傲的满足、追求逃离自我的封闭性、追求遗忘、[59]共同体和友爱。假如感官欲望仅仅是嗜欲的话，我们的难题就相当简单了。

（4）菲利普·利昂在对人类自我中心主义所做的一种令人钦佩的研究中[60]，已经仔细地区分了他所谓的"利己主义"和"自我中心主义"：他所说的前者的含义同我们所说的"自然关系"的含义极为相似，利己主义对于他而言意味着为了某一具体过程、某一确定的对象或者事态所做的生物学方面的努力；他所说的"自我中心主义"指的是某种完全不同的东西，例如对地位的渴求、对名望和无上权力的渴望等。自我中心主义者不像在纯粹嗜欲的情形中那样追求这些过程本身，他是把它们当做他的优越性的象征来追求，并且是出于他的优越性的缘故。[61]这样，利昂关于自我中心主义的定义，就是我们说的"人格关系中的骄傲"所具有的含义；而且他已经正确地看到，自我中心主义不仅对嗜欲漠不关心，而且时常与它完全相对立。"最终"，他写道，"当自我中心主义者出于骄傲、虚荣、固执、怨恨或者仇恨或者一般而言的欲望而冒着生命危险、或者放弃生命来维护或者至少

151

---

〔59〕　同上书，第236－240页。
〔60〕　《权力伦理学》。
〔61〕　同上书，第87页。

是保存他的至上权威和自尊时，野心凌驾于嗜欲的暴政就会是最为极端和最为明显的"。[62]

利昂宣称，嗜欲并没有引起自我中心主义。后者具有一种完全不同的性质，或者正如他所言，"嗜欲本身没有导致任何表现形式的自我中心主义"。[63]但是，他继续说道，嗜欲能限定并且有时能决定自我中心主义的特定表现途径，因为有时它就是这种表现形式的工具。利昂确信，这种自我中心主义不仅是罪的起因，而且它本身就是罪。正如他所言："恶的根源，大致说来是疯狂……这个原理是这样的：一端是圣洁或健全、或者真正的道德生活；另一端是失常，是骄傲、自负、野心和权力欲等自我中心主义的极度猖獗；在这二者中间则是各种不定状态的有条理的疯狂（methodical madnesses）或者失常的理智（insane sanities），即长期以来所有的文明与野蛮。"[64]

4. 我们现在来回答早先提出的那三个问题。[65]对于第二个问题我们回答说，要对罪负责的、区别于嗜欲并且其本身就是罪的那个因素，是腐蚀了人格关系的灵魂的堕落。[66]对于第三个问题我们说，正是灵魂的堕落使罪成为了有魔性的，并且使罪具备了它的破坏性力量。对于第一个问题我们现在可以回答说，可以设想嗜欲有可能引起罪，但有如下几个条件：（a）这并不是常见的情况，（b）无论如何，嗜欲本身都不是恶的，毋宁说它所导致的结果才是恶的。为了回应我们以之开篇的希腊人的谴责，我们现在可以引用别尔嘉耶夫的话说："隶属于存在序列最高等级的灵魂，通过他自己的自由行动，第一个使它自身从上帝那里分离出

---

〔62〕 同上书，第 89 页。
〔63〕 同上书，第 158 页。
〔64〕 同上书，第 18－19 页。
〔65〕 见这一小节的第 2 小段。
〔66〕 对罪的一个完整的分析，我们必须要等到第四章。

来，而且他的自作主张和属灵上的骄傲，对存在的全部等级秩序施加了一种腐蚀性的影响。正是在属灵世界的最高峰、而非在属物世界的浅滩处，恶首先显示了它自身。"[67] 希腊人从理性和欲望的角度进行的分析完全不足以理解这个真理。鉴于这种前提条件，希腊人从未得出一个充分且令人信服的罪的概念，也就毫不奇怪了。

## 第四节

1. 迄今为止，我们主要是批判了希腊人关于身体的观点，尽管我们也确实试着通过区分利昂所谓的"利己主义"和"自我中心主义"来预先为我们自己关于罪的理论做准备。在这一小节，我们将简要提出一个更为积极的关于我们怎样看待身体的理论，而且我们将发现我们的观念迥异于我们刚刚考虑过的希腊人的态度。

2. 在关于保罗的部分中我们已经提到过，身体将被视为一个圣灵的殿和神的一种恩赐。作为一个整体的自然必须要被这样来看待。这些先前已经论述过了。现在我们要考察关于身体的另一种观念，即把身体看作"共同体中的一个符号"而非看作某种受造物的特殊限制。

（1）我们在总论那一章说过，人格关系必然建立在互相揭示的基础之上。自然事物立即将它们的本质揭示为具有如此这般的颜色、这样那样的形状等等；但人格关系则不同，一个人的感觉不能被视为一种"感觉材料"，而是那个人必须凭借"感觉材料"、即运用那些表现当前感觉和心理状态的约定俗成的材料将

153

---

[67] 《自由与心灵》，第 161 - 162 页。

他的感觉揭示给我们。由于我们认为，身体被包括在交流所必需的众多符号之中。那么，我们就是将身体作为使得共同体得以可能的符号来拥有它的。我的身体是我的一种符号，你的身体是你的一种符号。每当有关你的身体的"感觉材料"出现在我的意识里，我就知道你在附近，并且我可以通过言语、手势或者任何我能使用的其他手段同你接触。身体因而就是交流所必不可少的一种手段。它能使我们知道，某个人何时处在一种可直接进行交往的位置。当一个人死去并且我们把他的身体埋于地下，我们便选择了用另一种方式说：在我们的有生之年，我们将不会再遇见他，而且在未来的一段时间里他不能进行任何交流。没有某种符号（即没有某种身体）的交流对我而言是难以理解的。一个由游魂组成的共同体将会特别令人苦恼：一个人将永远不知道另一个人身在何处、是何模样、想些什么、愤怒还是快乐等。换言之，它根本不再是一个共同体。因此，《圣经》坚持这一点是正确的：我们将带着某种类型的身体被复活，无论它是什么类型，都将适应于属灵的天国领域，并将足以实现交流和自我表达；而且，既然我们现有的身体外形并不丢脸，我们可以期望天国里的身体在可见的外形上将不会有太大的改变。

154　　　（2）符号在共同体中极大的重要性常常被忽略。在个人生活当中，除非我们知道另一个人的名字并且他也知道我们的，否则我们根本不能建立起任何种类的共同体。因此，当两个人初次见面时，进行的第一件事就是相互透露姓名或称号。自然宗教正是在这一点上出了错误。上帝叫什么名字？显然，人类无法得知，因为名字是自我揭示的。人可以将上帝称为太一（the One）、万能者（the All）、道（the Principle）等这类空洞的词汇，但那只是他所能想到的全部。启示告诉我们神名叫基督，所以当我们祷告时，我们不是在念叨某些空洞的形而上学词汇，而是将上帝称呼为基督、上帝之子，即我们的中保。

对于神之名的这种渴求，早已体现在了《圣经》里。当神在熊熊燃烧的荆棘丛中向摩西显现之后，摩西喊道："他们若问我说，'他叫什么名字'，我要说什么呢？"神对摩西说："我是自有永有的……你要对以色列人这样说，那自有的［永有的］派你……这是我的名，直到永远，这是我的称号，直到万代。"[68]这种对于一个名字的渴求是有正当理由的，因为我们怎么能够以其他方式来建立共同体呢？

（3）对符号做出进一步地分析将揭示出各种各样的变种。以面部表情为例，它们代表了可以想到的最细微的符号系统。面部表达最细微的感觉的能力是非常惊人的。因而我们应该拥有表情就显得极为重要。一个面无表情或者表情毫无变化的人将会从共同体当中被隔离出去，因为共同体依赖于感觉、思想等的相互揭示，而它们是通过可见的符号来传递的。手势也表现出同样的复杂性；当然，一种对言语的分析会产生出同样的观点。人类并不是为了孤立地思考而讲话；不如说言语是某种为了共同体而存在的东西。[69]一个谎言是如此地令人讨厌，正因为它妄用了这些符号。[70]

（4）既然如此，身体就是共同体所不可或缺的某种先决条件。它是共同体得以建立的一种符号，而且它具有与名称、言语、面部表情、手势等大致相同的功能。在身体的这个意义上（即：作为一种符号而并非作为受造物的某种象征的身体），我相

155

---

〔68〕《出埃及记》3：13－15。［中括号里的话没有出现在《圣经》里，而是由罗尔斯所加（本无括号）。——英文编者注］（此处译文参照了中文《圣经》和合本，关于"I am who I am"一句的翻译，争论较多，一说应译为"我是我之所是"，但和合本《圣经》译为"我是自有永有的"，今暂从后说。——译者）

〔69〕参见埃米尔·布鲁内尔：《叛逆的人类》，第176－177页。

〔70〕关于这一点，奥古斯丁有一段非常有趣的评论：《论信望爱》，第22章，载于 P. N. F. 第 III 卷，第245页。

信上帝自己必定拥有一个符号。

3. 我们要考虑的另一点是：身体，作为受造性的一种印记，是对罪的某种限制。正是身体的存在使得人类之罪免于沦为纯粹的邪恶。人的叛逆中总是混杂着某种软弱、某种虚弱、某些疑惑，以及一种受造物所特有的可怜的"迷失"。只有强大而威猛的魔鬼，才可能是纯粹的邪恶。魔鬼当然是一种受造物，但他身上的限制比我们身上的少一些，因而他的自我中心主义能够达到已知的最完满的极限。如此说来，人仅仅是一个"小罪人"，他的叛逆中总是有某些可悲与幼稚之处。关于那个浪荡子的比喻[71]将证明我们的观点。据说，那个小儿子离开了家，并在"放纵的生活"中挥霍掉了他的财富。但是不久，一场饥荒蔓延于那片土地，而他"恨不得拿猪所吃的豆荚充饥"；当他意识到他父亲庄园里的雇工也比他有更多的食物时，他回到了家并愿意放弃他作为儿子的权利，希望他的父亲把他当做其中的一个雇工来喂养。他知道他已经得罪了他的父亲，但他身上必然的受造性迫使他醒悟且变得谦卑起来。现在我们的论点就很清楚了：如果他不是一个受制于饥饿和饥荒的受造物，他会醒悟吗？或者换个说法，假设他拥有魔鬼的那般威力，能够免于这种受造性的极端制约，他会悔过吗？这一点至少一定是令人怀疑的。因而身体远不是罪的诱因，在无数情形当中，正是我们身体的因素击败了我们的自大，使我们认清我们的罪过，并引导我们去悔过。这样，自然宇宙就得到了辩护。

---

[71] 《路加福音》15：11－32。

# 第三章　被扩展的自然宇宙

## 第一节

1. 在这一章中我们要探究自然宇宙的涵义，从而理解包括上帝在内的整个宇宙的自然化如何可能。为此，我们将考察柏拉图与奥古斯丁的思想。我们从《普罗泰戈拉篇》中那个有待证明的假定——"美德即知识"开始讨论，然后过渡到《理想国》，最后再来考察奥古斯丁的思想。从中我们将揭示出自然宇宙的诸种假设和原则，并看到它们如何被错误地扩展以至涵盖整个宇宙。

2. 柏拉图在《普罗泰戈拉篇》中提出一个观点：知识使我们获得美德，作恶乃是出于无知。正如泰勒所指出的，这篇对话已经表明这一观点纯属假设。"快乐等同于'善'"仅基于不可靠的理由而进入讨论的范围。在这篇对话的末尾，柏拉图承认"善是什么"只是作为一个问题被提出来而已，并在此结束了对话。同时，这篇对话的大意暗示着，柏拉图试图论证即使一个人接受了一种享乐主义的伦理学，知识仍然是美德。[1] 鉴于上述理由，我们不应将《普罗泰戈拉篇》中的观点视为柏拉图自己的观点。不仅如此，柏拉图的伦理学与此处所呈现的哲学思想还存在着极大的差异。不过，既然我们并不关心柏拉图是否在陈述自己的成熟

---

　〔1〕　A. E. 泰勒：《柏拉图——生平及其著作》，第 258–261 页。

观点，那么我们完全可以利用这篇对话来说明自己的观点。至于柏拉图是不是这篇对话的作者，对话的结论是否只在假定的意义上被接受，这确实无关宏旨。

3. 苏格拉底以询问普罗泰戈拉"美德是否可教"开启了这场论辩，普罗泰戈拉做了肯定的回答，他相信美德是可以传授的。随后很多问题被提出来，不过这些都无关紧要，直到普罗泰戈拉在英勇或勇敢是不是一种知识的问题上表现出犹豫不决的态度。他愿意承认其他美德都是一种知识，但他倾向于相信没有知识的人也可以是勇敢的，反之亦然。苏格拉底期望把所有美德或善等同于知识，通过采纳"快乐等同于善"与"痛苦相当于恶"的假定，他不断说服普罗泰戈拉，使其相信勇敢的人的确具有某种知识且据此行动，而懦弱的人却并非如此。

接近对话尾声的那部分讨论对于我们的主题是至关重要的。[2]苏格拉底首先询问普罗泰戈拉是否接受知识会受到情欲拖累这样一种流行的意见，或者是否认为"知识是一样好东西，能够支配人，只要能够区分善恶，人就不会被迫以知识所指示的以外的方式行事，因为智慧就是他所需要的全部援兵"[3]。身为专职教师的普罗泰戈拉自然同意苏格拉底的说法，但"大多数人"并不认为知识是那样一种好东西。相反他们认为，人们常常为情欲所征服，并在它的影响下，因一时冲动而违背知识所指示的方式行事。因此，苏格拉底必须弄清楚"大多数人"所说的"被情欲征服"是什么意思。

为了回答这个问题，苏格拉底假定快乐是善的，不快乐或痛苦是恶的。不过，行动的后果可能并不会立即呈现出来。也就是说，我们把贪食和淫乱这类事称为恶并不因为这些行动在当下是

---

[2] 《普罗泰戈拉篇》，352–358。
[3] 同上书，352c。

不快乐的，而是因为它们导致了令人痛苦的后果。同样，体能锻炼、军事训练等行动虽然在当下是痛苦的，却终将带来更大的幸福。倘若事实如此，那么我们在判断行动的善恶时，就不能仅仅依据行动当下所带来的快乐或痛苦，同时也要审慎考虑它们所造成的长远后果。只有这样，我们在判断快乐和痛苦时所使用的度量方法才会一致于我们在其他活动中所使用的。对美德的度量理所当然是一种源于经验的知识。所以，苏格拉底才能得出结论说，"我们的生命要想获得拯救取决于正确地选择善恶，或大或小，或多或少，或近或远"[4]——所有这些都因某种精神上的"享乐主义计算"而得以可能。

而且，一旦这种享乐主义的计算方法得到运用，所有人都会选择做最快乐的事情，因为"无人会选择恶或想要成为恶人。想要做那些他相信是恶的事情，而不是去做那些他相信是善的事情，这明显违反人的本性；在面临两种恶的选择时，没有人会在可以选择较小的恶时去选择较大的恶"[5]。如果事实如此，那么知识即美德便是确信无疑的。由于所有人都追求善，并且只要他们知道什么是善就必将选择那善；因此美德必定是一种知识，是计算快乐和痛苦的方法。作恶必定意味着在合理控制快乐和痛苦方面的无知。运用这些结论，苏格拉底成功地说服了普罗泰戈拉，使他相信勇敢与其他美德一样也是一种知识。

4. 对我们而言，以上讨论的重要性何在？如若揭示两个潜在的预设，我们的研究目标便会明朗起来。我们认为，柏拉图在以上论证过程中给出了两个预设：（a）善是一个对象：即，它作为我们所谓自然关系中的"另一方"而存在；（b）所有人事实上都会追求这个善，因为不这么做显然是违反人性的。如果这两个预

160

---

[4] 同上书，357ab。
[5] 同上书，358cd。

设是正确的，如果善存在于自然关系中，所有人都会追求它，那么我想柏拉图主张知识即美德就绝对是正确的。假如事实如此，则不可否认知识就是通往美德的途径。

此外，这个论证的效力并不取决于把善等同于快乐。善也可以等同于痛苦，如果所有人事实上都追求善，知识就将是获得痛苦而非快乐的手段。这种替代性的选择之所以未能得到考虑，是因为"人皆追求痛苦"不符合经验事实。不过，我所急于指明的是，要使"美德即知识"这一论断为真，美德的对象究竟是什么其实无关紧要，只要人们事实上都追求它即可。它可以是上帝，也可以是最庸俗的快乐。既然美德就是追求某一对象，既然人们将这个对象作为他们本性中的一部分来追求，那么我相信，柏拉图把知识称作美德便是正确的。

161　　我之所以认为柏拉图是对的（姑且承认他的预设为真），是因为对我们的行动的审视证实了他的观点。譬如，假如我正在寻找黑莓，并万分渴望能找到它，那么我的行动势必取决于关于何处能找到黑莓的知识。进一步而言，一个人可能会追求一个更加虚无缥缈的对象，如普罗提诺所说的"太一"，假如他确实急切地渴求那个对象，那么知识必将决定为此他即将做出的行动及努力。如果我们追求的对象是上帝（新托马斯主义者声称我们的确如此），如果我们的一切行动都是追寻祂的表征，[6]那么知识就会把我们带到祂身边。新托马斯主义者得以避免这种最极端的裴拉基主义所依靠的是各种预定论的教义以及诸如此类的东西，不过主要还是依靠这一断言：上帝作为一种超自然的对象，不可能经由任何自然的行动来获得。因此，我们拥有了他们关于恩典的教义。恩典教义是帮助人类领悟"主之真谛"的神圣技师和习性

---

〔6〕　吉尔森：《中世纪哲学精神》，第 271－274 页。

塑造者。

接下来我们该说些什么，我们要同意柏拉图的观点吗？当然不是，而是必须坚决地否定前面所有的考虑。那么我们怎样试图来回应柏拉图呢？很简单，我们将否定他的两个预设。（a）我们认为，所谓的"好生活"（一种令人嫌恶的表述）并不在于追求任何对象，毋宁说它是涉及人格关系的一个截然不同的问题；（b）我们否认人们会追求被如此命名的"善"。于是，我们自己的观点就蕴含在对这两个预设的否定中，这种否定最终将使我们进入最后两章的讨论。

不过，现在让我们过渡到只对上述两个预设之一进行了否定的一种观点，即柏拉图（《理想国》中）、亚里士多德、奥古斯丁和阿奎那所共同表述的一种观点。我们要证明的是，这些人都认同善是某个对象，同时又都指出了一个显见的事实：人们实际上并不追求该对象，或者说他们没有能力去追求它。柏拉图和亚里士多德诉诸自然的教育和驯化（habituation），将其视为一种矫正方式；奥古斯丁和阿奎那怀揣着对人性更为悲观的看法和更高的期许，认为人类必须祈求神圣的驯化和启示。但总体而言，他们与亚里士多德和柏拉图之间的区别只不过是程度的差别。由于他们的思想基本上属于古希腊思想的范畴，所以同样应当被抛弃。奥古斯丁和阿奎那只是否认了第二个预设，认为人不会追求善（他们之所以不能追求善则是因其堕落及其他各种缘由）；至于第一个预设，二人没有予以否认。在他们看来，上帝只是使我们获得快乐的一个更大的、更好的对象，这一对象将如此满足我们各种各样的嗜欲，以致我们将会大声地叫出"阿爸，父啊"，并得到安息。

162

## 第二节

1. 柏拉图清楚地看到，他在《普罗泰戈拉篇》中为论证自己的论点而假定的第二个预设是虚假的。人并不追求善。在柏拉图生活的年代，希腊城邦之间爆发的诸多战争促使柏拉图相信，或许人的努力绝大部分都是为了赢得金钱。伯罗奔尼撒战争的恐怖说明了人并非天生就是善的，至少他们所表现出来的本性并不是善的，因此必须提出一种用以矫正此种情形的方案。在《理想国》中，柏拉图为建立理想的国家提出了一个精致的计划，从中我们可以推断出他对下述问题的可能回应："目前已误入歧途、腐化堕落的人性如何才能获得拯救？"柏拉图也许会说，对人的培训和教育必须从他们年幼时开始，而且必须依循真哲学所指示的路线来进行。

2. 现在，我们必须简略地探讨柏拉图有关教育和培训的理论。如若可能，还应揭示它的基本原则。柏拉图大致遵循了当时雅典针对少年男孩所施行的教育方法，因此他的教育方案主要分为两个部分：用以锻炼身体的体育和用以净化灵魂的音乐。"音乐"一词在较之今日更为广泛的意义上得到使用，因它包含了艺术、文学、哲学以及任何被我们称之为文化的或自由的事物。同样，它也包含了神学及其他与宗教有关的事物。为了恰当地塑造年轻人，柏拉图有意对他们的培训施加严密的控制。出于这个原因他对诗人有关神的言论进行审查，因为年轻人将会受到引诱，以那些不敬神的表述为借口来作恶。[7] 如此，柏拉图为一种在我们看来略显苛刻的、严格的教育审查制度提供了辩护。

163

---

〔7〕《理想国》，391。

　　受到严格管制的不仅仅是智识教育，同时还包括音乐（我们所理解的音乐）、体育以及各种诗歌体裁。例如，考虑到恰当的节奏和歌唱形式，柏拉图强烈要求废除吕底亚调（Lydian）这类悲伤曲调，以及伊奥尼亚调（Ionian）这类靡靡之音，因为它们无益于训练护卫者，并将助长醉酒、柔弱和萎靡之风。[8]多利亚调（Dorian）和佛里其亚调（Phrygian）被保留下来则是因为它们适合于代表勇敢的人，在战时使他们更为勇敢和节制，在和平年代则提醒他们要谨慎。于是，这种简单的曲调将为教育所采用。不仅如此，乐器也要受到严格管制。只有七弦琴和七弦竖琴允许被演奏，长笛是被排除在外的，牧人如果愿意可以吹短笛。[9]音乐（广义的）和体育这两个方面的教育必须以最适当的比例相互配合，从而给灵魂带来最完美的和谐。柏拉图如是说："灵魂包含着这两个部分——激情部分和爱智部分。为这两者……神赐给我们人类那两种教育。目的是为了使爱智和激情这两部分张弛得宜配合适当，达到和谐。"[10]柏拉图极力主张精心维护两者之间的平衡，因为一个纯粹沉浸于音乐的人将变得软弱，他的激情会逐渐消失。[11]而另一方面，如果一个人从未接受过音乐训练，而仅只进行体能锻炼，他就会变成一个野蛮人，力图用暴力与蛮干来达到自己的所有目的。[12]在柏拉图眼里，不论是教育的初级阶段还是高级阶段，其目标都在于创造灵魂的和谐，因为这种和谐将使灵魂爱上那些最可爱的事物——美与秩序。这样的灵魂因而是节制的、谨慎的和通情达理的，既不因过度的激情而暴躁易怒，也不至于变得愚钝粗野。

164

---

〔8〕 同上书，398e。
〔9〕 同上书，399d。
〔10〕 同上书，411e。
〔11〕 同上书，411ab。
〔12〕 同上书，411de。

对护卫者的高级教育沿着同样的路线进行。一经确认为具有接受那种培训的自然能力，这些护卫者便被传授最高的学问——哲学。针对他们的教育目标在于使他们能够看见善的型相。通过学习抽象数学和逻辑学，护卫者的智慧逐渐提升，[13]如此便能实现他们的目标。那时，也只有在那时，对护卫者的培训才算完成了。而禀赋较差的那些人则被给定了适合他们的位置，因为人性就是如此，每个人只能干好一种行业。[14]因此，在城邦国家中，每个人都有适合自己的位置，并且必须为此接受相应的培训。而每一个人所接受的培训都能使他胜任恰当的职业（从商人到哲学王）。依靠这种完善的教育方式，城邦中的每个人都得到了有序的安排，并且与自身及他人和谐共处。

3. 上述观点的预设是什么？柏拉图为什么相信他的理论是行得通的？柏拉图实际上并不相信人自然地追求善并且确实会这么做（正如他在《普罗泰戈拉篇》中暗示自己可能相信的那样）。毋宁说，他精心设计的教育方案是促使这个事态发生的一种方式。我们可以问，他的解决方案的预设是什么？大体而言有两个预设：（a）灵魂容易受到周围环境的限定，在年轻时尤其如此。或者我们可以说灵魂是对其所知事物的摹仿。（b）如果灵魂被示以自身的善，并且在不断流变的存在中看到善，那么它将会仿效善，追求善，并试图在世界中臻于善。

（a）柏拉图多次明确陈述第一个预设。在谈到诸神伤风败俗的恶劣行径时，他写道："年轻人分辨不出什么是寓言，什么不是寓言。先入为主，早年接受的见解总是根深蒂固不容易更改的。因此我们要特别注意，为了培养美德，儿童们最初听到的应

---

〔13〕 关于高级教育的概要见《理想国》，521－541。
〔14〕 同上书，394e。

该是最优美高尚的故事。"[15]他还说，如果游戏是违法的，那么孩子们也会成为违法的孩子。[16]随后，当柏拉图试图解释具有较高天赋和哲学才能的那些人为何会堕落时，他给出了许多原因，诸如受到智者的不良影响、被自私自利的朋友利用以及为流行意见所迷惑。不过主要的原因还在于，他们遭遇了不适于自身成长的风气和环境，而随波逐流地追逐较低级的善使得他们所遭受的伤害要多于所沾染的不良习性。当出类拔萃之人暴露在不利环境中时，他们反而变得更坏。

柏拉图说："我们知道，任何种子或胚芽（无论植物的还是动物的）如果得不到合适的养分、气候和土壤，那么，它愈是强壮，离达到应有的发育成长程度就愈远，因为，恶对善比对不善而言是一更大的反对力量。因此，坏的教育对天赋最好的灵魂而言尤其不合适，如果得到的是不适合的培养，那么最好的天赋就会比差的天赋所得到的结果更坏。"[17]柏拉图告诉我们，教育和风气对人类的发展至关重要。实际上，这条法则同样适用于一切动植物。内特尔希普似乎在下段话中对此进行了很好的总结："自然禀赋和教育是塑造人之品性的两件事物。这两者缺一不可；尽管你无法创造必需的天赋，但你可以借助教育来完成除此以外的任何事情；而如果得不到适合的教育，最好的天赋也可能得到坏的结果，就像它本可以得出好的结果一样。"[18]因此，我们可以总结说，"柏拉图提倡的教育方法倚赖于这一理论：人的灵魂从本质上讲就是一种摹仿性的东西，换言之，它自然而然地便被周围环境同化"。[19]

---

〔15〕 同上书，378de。

〔16〕 同上书，425a。

〔17〕 同上书，491d。

〔18〕 内特尔希普：《柏拉图〈理想国〉讲义》，第77页。

〔19〕 同上书，第78页。

（b）然而，上述预设并非唯一的预设，因为柏拉图还假定灵魂一旦看到善就会追求善。他设想灵魂（至少护卫者的灵魂）具有一种自然而然的向善的愿望，并拥有对善的某种"回忆"，[20] 如果灵魂能再次见到善，则必将追求善，就像迷路之人找到回家的路一样。因此，教育不仅创造了将使人变得友善且善于社交的恰当环境，同时也向灵魂呈现出它在功能正常时所追寻的对象。教育必须使灵魂接近它的恰当对象，通过向灵魂呈现这个对象来使它达致和谐。"因此，和神圣的秩序有着亲密交往的哲学家，在人力许可的范围内也会使自己变得有秩序和神圣。"[21] 正如内特尔希普所言，"两种教育的终极目的都是向灵魂展现某些形式的善"[22]。巴克也以另一种方式表述了同样的观点。在回答何种环境是必要的时，他写道，柏拉图的观点是"心灵通过接触心灵的产物而得到发展"[23]。灵魂的发展要视其所认识到的善而定，这善最终与灵魂自身的本质密切相关。教育使自然地渴望光明的灵魂转向光明，而为了完成这一转向，"教师点亮光明之灯以吸引灵魂的目光"。[24]

教育是一个十分微妙的过程。它的目的是在某种意义上向灵魂展示更高的对象，使灵魂从追求低级对象转向对高级对象的追求。既然灵魂自然而然地追求更高的对象，那么一旦看到这些对象，它必将循着一定的路线去获得它们。柏拉图丝毫不会怀疑的一点是，只要灵魂知道什么是善，它必定会追求善。但在《理想国》中[25]，他提醒格劳孔，哲学家将被迫返回世间管理人事，

---

〔20〕 见《斐多篇》。

〔21〕 《理想国》，500c。

〔22〕 内特尔希普：《讲义》，第81页。

〔23〕 巴克：《柏拉图和亚里士多德的政治思想》，第125页。

〔24〕 同上书，第123页。

〔25〕 517cd。

尽管对那些见到了善的型相的哲学家来说，这种回归毫无疑问将是令人厌恶的。现在柏拉图的第二个预设便很清楚了：灵魂在其本性深处具有一种追求至善的自然嗜欲，不论这种根本性的愿望在何种程度上被遮蔽，只要向灵魂展现这种善，它便将追寻它、向往它。至善或善的型相是灵魂所应追寻的最完美的、最荣耀的对象。通过逐步"曝露"（exposures）于善之下，灵魂终能走向所有对象中最完美的这个对象。

除一个重要的区别以外，我们又回到了柏拉图在《普罗泰戈拉篇》中所坚持的立场。美德或善的目的仍然是追求某个对象，但柏拉图不再不切实际地断言人确实会追求善，而是认识到若要使人们能够追求善，就必须对他们进行长期教育。就获得美德的问题而言，柏拉图的确变得更加悲观了。做一个有德性的人并不简单，它首先要求一个人拥有良好的禀赋，其次要求对他进行适当的教育。不过，我们仍然是在同样一些范畴内讨论问题，那就是，善是被追求的一个对象，人（或有适当禀赋的人）具有一种自然而然的向善的愿望。

正因如此，拯救的过程就在于启迪与驯化，让灵魂"品尝"善的滋味从而引导它向善。通过更现实地看待人的恶行并明确使人从善如流之不易，柏拉图在现在的恶与将来的善之间插入了一个决定因素。我们可以把这个插入性的决定因素称作"意志"（在作为人格内部的决定性原则的意义上使用这个词），它必须接受教育的约束，必须被明确示以其所选择和渴望的自然对象，以致凭借自身自发的决定它便将弃恶从善。柏拉图从未明确阐述过"意志"概念。作为现在与将来之间的一个决定因素，意志从未获得公开的表述，但它的存在却是清楚无疑的。

"意志"通常被看做一个基督教的概念而非古希腊的概念。奥古斯丁被誉为意志理论的伟大倡导者。但我们想要说明的是，奥古斯丁的思想依然是希腊化的。他与柏拉图之间从而也是天主教思想与古希腊思想之间唯一的区别就是：基于对人性的一种更悲观的看法，奥古斯丁更加强调对意志的制约。这个基督徒比任何人都更为敏锐地意识到过一种所谓的好生活是很艰难的。因此，如果他以古希腊思想为背景来讨论基督教的问题，并试图调和这两种思想，那么他将仍然停留在古希腊思想的范畴内。不过他会重视对他所谓"意志"的限制，而这正是柏拉图在构建他的教育方案时所设定的目标。所以说，天主教与柏拉图主义的差别只是一种度的差别。前者主张"意志"必须受到神圣的制约，后者断言人只要保持足够的向善的自然愿望，教育和启迪就能达到它的目的。

## 第三节

1. 在前一节中，我们考察了柏拉图如何发现人事实上都追求善这种说法的谬误，以及他如何坚持对人进行长期启迪式教育以使之有能力追求善。启迪的过程可以被界定为"曝露"在善之下的时期，由此意志被制约、被限定或被敦促回到它所欲望的自然对象，回到它所渴望的那个恰当的、完美的对象。我们还考察了，柏拉图如何主张依靠人的努力、知识和理性的教育来达到这个目的，尽管就他是否真正期望由某个"神圣的"哲学王来实现这个目标而言，仍然可能存在着某种疑问。[26] 但不论上述问题的答案是什么，我们似乎都可以合理地认为：柏拉图相信人可以通过自身的努力、通过循循善诱以激发向善的愿望来拯救自己。

2. 奥古斯丁的出现对柏拉图的理论体系产生了何种影响？他

170

---

〔26〕 利昂：《柏拉图》，第133页。

是否彻底颠覆了古希腊的思想观念？他果真忍心放弃自己早期的新柏拉图主义思想吗？如果不是，他又是怎样在天主教思想和古希腊思想之间进行调和的呢？对于这个问题，我们的回答大致如下：（a）我们认为，奥古斯丁的基本思想从本质上看始终是希腊化的，他之所以接受自然主义的伦理学，是因为他深信美德就是自然欲望追求某个具体的对象，并且拥有完美禀赋的人会把这个善当作适于自己的目的来追求。（b）奥古斯丁与柏拉图的不同在于，他极其重视对意志这个决定因素的制约。柏拉图相信人有能力实现自我拯救，奥古斯丁则否认这一点，并指出人如果想要追求其自然欲望的对象以至至善，那么意志就必须接受神圣的制约和限定。以上这些以另种方式说明了，没有上帝的恩典，意志就是罪的奴隶。在后续的讨论中，我们主要来考虑这里提到的第二个因素。

3. 在基督纪年的前四个世纪中，基督教神学主要关注的是客观教义的问题。基督与上帝的关系、上帝三个位格之间的关系、耶稣其人与圣子之间的关系以及类似的一些问题占据了神学讨论的中心位置。然而大约在四世纪末，争论的要点突然转向了主观教义，主要的问题也变成了恩典与自由意志之间的关系。这场突变发生的原因主要在于一位名为裴拉基的英国修道士的出场。他教导人们说，人无需倚靠恩典同样可以行善并获得拯救。人性并不因亚当的堕落而腐化败坏，也不存在所谓的原罪。他坚定地认为，人的堕落这一流行观念纯粹是人为了安于怠惰而编造的借口。而且，他相信基督只是给人树立了一个榜样，祂不是正统意义上的救世主，人天生就完全可以响应神的启示，并为自己赢得所有基督徒都认为他业已丧失的道德生活。

在基督纪年的前几个世纪中，涉及上述问题的疑虑从始至终都非常多，但是所有基督徒都异口同声地宣称恩典是必需的，尽

171

管他们有关恩典的观念有时显得极其混乱。由此可见，裴拉基制造了相当大的骚乱，最终他连同其支持者在内都被证明为有罪的。奥古斯丁在得知裴拉基的观点后，随即便精力旺盛地参与到这场论战之中。他很快发现裴拉基的思想意味着一种肤浅的乐观主义，是对正统"道成肉身"教义的全盘否定。不过，使奥古斯丁看到裴拉基思想之谬误的主要还是他个人的宗教体验。裴拉基之所以是错的，是因为奥古斯丁曾体验过为罪所奴役的滋味，他觉得自己能得到拯救全凭神的仁慈。那样一种皈依的体验促使奥古斯丁相信，确实是神把毫无功绩可言的他从罪的熔炉里拽出来。[27]作为对裴拉基的回应，奥古斯丁写作了大量专题性论文，内容涉及对意志这个决定因素的约束以及恩典的绝对必要性。

4. 通过坚决否认人的意志自由，并阐明当前人性的堕落及其所遭受的束缚，奥古斯丁迅速地回应了裴拉基的观点。他愿意承认上帝创造的亚当是正直和完美的，但亚当的堕落败坏了人性的正直。由于违背神的诫命亚当使全人类都陷入了受束缚的境地，并使我们全都成为罪人，因而必须对这份原罪承担责任。"……但这并不是说，他可以全权控制自己，而是他自己与自己不和了，他的犯罪就是认可了这一点，于是，他没有获得自己欲求的自由，反而要遭受冷酷、悲惨的奴役；他自愿地遭受了灵性之死，却不自愿地要遭受身体之死。他甚至背离了永生，除非得到恩典的解救，否则就要遭受永死的责罚。"[28]在随后的文章中奥古斯丁甚至更清晰地表达了自己对这个问题的看法："可见意志的悖逆，是如何损坏了人的本性呀！人真要祈求医治呀！他怎能靠本性的能力呢？本性已经受了伤害，摧残，败坏……它所需要

---

〔27〕 见《忏悔录》，尤其第八卷。

〔28〕 《上帝之城》，第 XIV 卷，第 15 章，载于 *P. N. F.* 第 II 卷，第 274 页。（此处译文参照了中译本，详见《上帝之城：驳异教徒》，吴飞译，上海三联书店 2008 年版，下同。——译者）

的恩典，并不是创造之恩，而是重造之恩。"[29]

　　堕落的特征表现为存在某种缺陷（*vitium*），即犯了某种过错。奥古斯丁在与朱利安的论辩中把堕落等同于肉欲，[30]而保罗则在《保罗达罗马人书》中将肉欲称为身体各部位之间的斗争。这种肉欲是人的自由意志所无力超越的，它支配并植根于人的肉体使人无从控制。人天生就具有这种堕落性。"在你面前没有一个人是纯洁无罪的，即使是出世一天的婴孩亦然如此……婴儿的纯洁不过是肢体的稚弱，而不是本心的无辜。我见过也体验到还不会说话的孩子的妒忌。"[31]人遭受如此严重的束缚以致他们甚至不能逃离自身，他们也无法逃离自己的良心，因为良心是如影随形的。奥古斯丁只能惊呼："邪恶的束缚！"[32]这整个状况及在某种意义上的登峰造极的悖论性就体现在下段文字中："人用了败坏自己的自由意志，足够使他走到犯罪的地步；他既已失去健康，若要回复公义，就需要一位医生。"[33]因为自由意志，我们在亚当那里丧失了自己的正直，但倚靠我们自己的自由意志却无法使我们回复先前的状态。自由意志对我们未来的行动造成了戏剧性的影响。它并不是在真空中运作的，而是要为过错付出代价。它的行动会对自身产生累积效应。"然而，当我们出于那种自由而犯罪，当罪行所带来的甜头和快乐在心头挥之不去时，心灵便习惯性地遭受严重的牵累，以致后来无法战胜通过犯罪而为

173

---

〔29〕《论自然本性与恩典》，第62章，载于 *P. N. F.* 第 V 卷，第142页。（此处译文基本参照了中译本，详见《奥古斯丁选集》，汤清等译，宗教文化出版社2010年版，下同。——译者）

〔30〕伯纳比：《上帝之爱》，第191页。

〔31〕《忏悔录》，第 I 卷，第7章，载于 *P. N. F.* 第 I 卷，第48页。（此处译文基本参照了中译本，详见《忏悔录》，周士良译，商务印书馆2009年版，下同。——译者）

〔32〕《〈约翰福音〉评注》，第 XLI 章，第4节，载于 *P. N. F.* 第 VII 卷，第231页。

〔33〕《论自然本性与恩典》，第25章，载于 *P. N. F.* 第 V 卷，第129页。

自己量身定做的东西。"[34] 这种束缚是完全的、彻底的："一个人自杀，自然必须是当他活着的时候，到他已经自杀了，他就死了，自然不能自己恢复生命。同样，一个人既已用自由意志犯了罪，为罪所胜，他就丧失了意志的自由。"[35] 这就是属人的束缚。人不可能实现自我拯救。他既已把自己出卖给罪，也就只有上帝的恩典才能将他从沉沦堆中（the mass of perdition）解救出来。

这就是我们所遭受的束缚。知识尚不足以使我们面对这场危机。[36] 甚至关于真的知识都必须由上帝赐予我们。罪不仅遮蔽了我们的情感，也遮蔽了我们的心灵。显而易见的是，我们已经远离了柏拉图的思想。仅凭教育和启迪不再能医治病患。因为所有的人都病了，谁能医治他们呢？谁能将善呈现给他们看呢？他们又如何把善带到人的眼前，将其从罪的泥淖中解救出来呢？

5. 在这一点上，奥古斯丁展现了他不可思议的天赋才能。他通过诠释"道成肉身"教义来应对上述问题。上帝自身会接近我们进而限定我们。上帝就是至善，那个善使灵魂感知到祂的存在从而把灵魂从罪孽之中解救出来。整个过程类似于柏拉图的教育理论，只不过这里的主导因素是神的行动。在柏拉图那儿，通过恰当的启迪以吸引灵魂的注视，灵魂被引导着走向善——把恰当的"善物"置于灵魂的视野中以使其渴望向善。在奥古斯丁这儿，正是上帝降临世间，通过祂的行动或者接近我们进而限定我们，或者把祂知道我们会接受的善物呈现在我们面前，从而使我们接近祂，并接近我们都应当向往的、将彻底满足我们全部欲望与憧憬的那个善。

---

〔34〕《与摩尼教徒福图纳图斯辩》，第 22 章，载于 *P. N. F.* 第 IV 卷，第 121 页。

〔35〕《教义手册》，第 30 章，载于 *P. N. F.* 第 III 卷，第 247 页。（此处译文基本参照了中译本，详见《奥古斯丁选集》，汤清等译，宗教文化出版社 2010 年版，下同。——译者）

〔36〕 沃菲尔德：《德尔图良与奥古斯丁研究》，第 135－225 页。

可见，奥古斯丁的恩典观恰好吻合了他从柏拉图那里继承而来的自然关系的伦理学体系。[37]奥古斯丁与柏拉图一样，认为所有的爱都是获取性的爱。正是对某个对象的追寻满足了爱的需求。人因为罪而背弃了至善，转向他自身以及一些低级的事物。由于背叛了善，人无法返归善。他既不知善为何物，亦不能凭借其意志抵制世俗对象的诱惑。如果至善存在于遥远的彼岸世界，它就不可能限定我们的意志去追求它。因此那个善必须走近我们身边，对我们做出限定。诚如尼格伦所言："恩典是一种动力，它能独力发动我们的天国之爱。"[38]

奥古斯丁的问题（也是柏拉图的问题）就在于，如何使我们的欲望（爱）转向它们恰当的对象。恶（*cupiditas*）是误入歧途的爱，即在存在的等级序列中爱追求低于自身而非高于自身的对象。奥古斯丁如此写道："但倘若爱与造物主相连，它就再不会是贪欲，而只会是博爱了。倘若受造物由于它自身的缘故而被爱，那就只是贪欲了。这时你若使用它，它就不是帮助你，而是在你对它的享受中腐化你了……正如你应该享受你自己，但不是在自身之内而是在造你者之内，对你如爱己一般所爱的邻人也该如此。就让我们在主之内享受我们自己和我们的弟兄吧。"[39]（换言之，只有把上帝而非低级事物作为爱的对象，我们才会快乐；也只有在欲求上帝时，我们的欲望才是恰当的。）

由此奥古斯丁便能合理地宣称："我们走向的，是上帝……"，[40]通过对上帝的顺服，我们变成有福之人，并得以分享

175

---

〔37〕 尼格伦：《圣爱与欲爱》，第 II 卷，第 312 – 313 页。［一卷本第 530 – 531 页］。（我的很多思想都得益于此书。）

〔38〕 同上。

〔39〕 《论三位一体》，第 IX 卷，第 8 章，载于 *P. N. F.* 第 III 卷，第 131 页。（此处译文基本参照了中译本，详见《奥古斯丁选集》，汤清等译，宗教文化出版社 2010 年版，下同。——译者）

〔40〕 《上帝之城》，第 XI 卷，第 2 章，载于 *P. N. F.* 第 II 卷，第 206 页。

祂的至福。抑或如下文所言："因此，倘若上帝赐予你恩典，那是因为祂自由地给予，自由地爱。不要为了报偿去爱上帝，就让祂成为你的报偿。让你的灵魂说出：'有一事，我曾恳求主，并一直苦苦追求。那就是，但愿我终生住在主的殿宇中，瞻仰主的圣美。'[41]不要害怕你会因为厌腻而不再享受，因为呈现在你面前的将会是那圣美的享受。"[42]总而言之，经过一番长途跋涉，我们在柏拉图所憧憬的地方结束了全部的行程：即，沉思最高的善，享受它的美与真并获得永恒的福祉。我们确实需要诉诸恩典，但若非预定要朝向别处，也许我们最终都会成为虔诚的柏拉图主义者。

6. 奥古斯丁在其早期著述中（尤其是在反摩尼教的作品中）宣称，意志是自由的，罪经由人的自由意志行为进入了这个世界。后来他又证实了恩典教义以及意志受缚的观点，这似乎是与他早前的观点相矛盾的。但奥古斯丁极力声称它们并不矛盾。"难道我们要用恩典废除自由意志吗？上帝不允许这么做！不仅如此，我们还要确立自由意志。正如信仰并未废除而是建立了律法，恩典也并未废除而是确立了自由意志。"[43]此外，"我们现在所论及的这些并没有剥夺意志的自由，但我们（确实）在宣扬上帝的恩典。"[44]人也被描述为在通向拯救的路途中与恩典相配合的一个共同行动者。[45]在奥古斯丁看来，恩典决不会与自由意志相冲突，这两者是彼此相容的。人们通常认为，奥古斯丁在这里陷入了矛盾之中，但下面的阐释会证明他并非如此。

对奥古斯丁来说，意志在缺乏动机、缺乏某个对象呈现在它

---

[41] 《诗篇》27：46

[42] 《〈约翰福音〉评注》，第 III 章，第 21 节，载于 *P. N. F.* 第 VII 卷，第 25 页。

[43] 《论圣灵与文字》，第 52 章，载于 *P. N. F.* 第 V 卷，第 106 页。

[44] 《论自然本性与恩典》，第 36 章，载于 *P. N. F.* 第 V 卷，第 134 页。

[45] 《论人之义德的成全》，第 20 章，载于 *P. N. F.* 第 V 卷，第 175 页。

面前时不会做出任何决定。可以说意志是自由选择对象的，因为它是自我决定的，而且并不受迫于外在的物理强制。恩典就是把某些对象呈现给意志，这些对象是上帝凭借祂的先知先觉而确定意志将会接受的对象。上帝（像一位演说家）把动机呈现给意志，不过却是用意志必定会接受的一种方式方法来呈现它们。因此，"对应于每一个被创造的意志……在神的知识宝库中都存在着一系列未定的向善的动机观念，在给定的某个时刻，它事实上将会遭到意志（拥有自由）的拒绝；同样也存在着另一系列的动机观念，它将会为意志（通常拥有完满的自由）所接受"[46]。那些上帝知道我们不会接受的对象被称作"充分的恩典"，另一类对象则被称作"有效的恩典"。这里使用"充分"一词似乎有些用词不当，不过它在理论中的含义是：意志若不受束缚，恩典就是充分的。人若是清白无罪的，那么他所接受的对象就是充分的恩典。

因此，如果我们把恩典想象成降临在意志之上、主宰着意志、促使或强迫意志转向善的东西，那么我们决不会理解奥古斯丁对恩典与自由意志的调和。毋宁说，恩典是上帝限定被拣选者的意志把他们引向祂的行动。上帝并不是通过强力，而是通过呈现出祂确信人们将会选择并将引人向善的那些对象来赐予恩典。恰如威廉姆斯所言："通过把隐藏在最美丽诱人的外表之下的美德观念呈现给被拣选者，并通过在一定程度上（尽管不完全）彰显祂自身永恒的美好与荣耀，上帝对被拣选者加以悉心引导以使其欲求并追寻善。"[47]恩典或可被称作一种"拉力"（*vis a fronte*），这种源自前方的动力激励着意志全然自发地追随它。

7. 现在，我们必须简要回顾我们已涉足的一些领域。我们首

---

〔46〕 N. P. 威廉姆斯：《上帝的恩典》，第 32 页。（我获益于威廉姆斯的观点。）
〔47〕 同上书，第 33 页。

先揭示了呈现在《普罗泰戈拉篇》中的观点之预设：即，美德就是追求某个对象，以及人确实追求那个对象，尽管他们常常误入歧途。我们同意，倘若这两个预设为真，那么知识就是美德。然而，柏拉图和奥古斯丁均否定了第二个预设。两人一致认为，人并不追求**善**（the Good），而只是追求一些次要的善物。为使意志能够追求恰当的对象，柏拉图诉诸教育和启迪，奥古斯丁则求助于神圣的驯化。两种过程都是对意志这个决定因素所施加的必要限制。要想成为有德性的人，不仅需要知道什么是善，还需要意志做出正确的行动。

178　　　对柏拉图和奥古斯丁的阐释是为了说明所谓自然宇宙论的含义，对亚里士多德和阿奎那的考察也可以说明这一点。我们已经表明了，自然宇宙论可以存在于不同的观念背景中（异教徒和基督教）。它具有如下几个特征：（a）一切关系都是与对象的关系，甚至连上帝也可以被看做一个对象；（b）嗜欲性的欲望是一切关系的能源，所有的爱都是获取性的，因而并非基督教意义上的爱；（c）（在基督教体系中）就恩典被视为呈现给意志的一个对象而言，它同样是欲望的一个对象；（d）全部自然主义的理论体系都忽略了共存性、人格以及上帝的真实本性，因而都不是真正意义上的基督教理论，而是个人主义的理论。

# 第四章 罪的涵义

## 第一节

1. 迄今为止，我们尽力干成了三件事：（a）我们为自然宇宙提供了辩护，试图表明自然宇宙是善的而非恶的，世间的恶并非源于自然界本身。（b）我们看到了柏拉图和奥古斯丁怎样依据自然关系来谈论整个宇宙，从而那么轻易地就犯下这样的错误。（c）第一点暗示我们必须得去探寻非自然的经验领域中罪的涵义，第二点使我们接触到自然宇宙并向我们展示了它的含义，从而为我们自己的观点提供了一个对照性的背景。

2. 在起引导作用的第一章中，我们给出了区分人格关系与自然关系的一系列标准。人格关系被描述为两个人之间的关系，自然关系则被描述为一个人与一个对象之间的关系。读者若已淡忘了第一章列出的两种关系的部分特征，那么回顾这些内容并刷新记忆就是明智而可取的。我们的观点将依赖于对两者之区别的一种清晰的理解。

必须再次确认的是，自然关系完全不同于人格关系。两者决 不能相互混淆。在后面几节中我们会使用如下定义：（a）用"自然关系"来标识这一种经验领域：在其中，一个人欲望、争取、想往或需求某一对象或某一具体过程。"活动"可被描述为欲望、想往或争取。（b）用"人格关系"来标识另一种经验领域：在其中，一个人力图在另一人与自身之间建立一种确定的、和谐的关系。这里的"活动"不能被描述为嗜欲意义上的欲望、想往或需求。它不是一种强烈愿望或冲动，而是某种不同的东西。它是对友爱、情感交融和共同存在的分享；要么是给予、爱和分享，要么则可能是（如最常见的那样）憎恨、妒忌、蔑视、自傲，如此等等。本章余下的部分将尽力澄清上述区分，并将尝试着说明罪与人格关系相关。

3. 通常意义上的"嗜欲"一词并不具有我们即将赋予它的广泛含义。人们最常用"嗜欲"来指示身体的冲动和需求，并把它看做一种纯粹的生理属性。对我们来说，嗜欲意味着对任一对象的冲动或争取。嗜欲的标准是追求某个对象，即某个无人格的、客观的、本性上是自我揭示的事物。一种嗜欲的对象可以仅凭对感性材料的考察便得到充分的考虑或显示。嗜欲可分为四个主要类别：

（a）隶属于生理属性的身体的嗜欲。这类嗜欲可被称为"具体的"嗜欲。任一类似饥渴这样的生理性欲望当然是这种嗜欲的一个例子。另外，我们也可以把运动的欲望、呼吸新鲜空气的渴望、性需求等等都归为这一类。简言之，任何追求某一对象的欲望或冲动，或者任何关系到身体当前的生理状况之改善的欲望都可被称作"具体的"嗜欲。

（b）第二类是"理性的"嗜欲：对真理、融贯性或经验解释中之必然性的欲望和渴求。理性的嗜欲的对象是大写的**"真"**。不过，这种嗜欲的存在与否是无关紧要的。如果实用主义者所言属实，那么纯粹"理性的"嗜欲就并不存在。就我的理解，实用主义者把思想过程看做行动的一种手段或者满足某种欲望的一种手段，而思想则常被他们视为欲望的一种工具。如果他们是对的，那么"理性的"嗜欲本身就并不存在。然而，我并不认为他们是对的。我的观点是，存在着一种出于真理自身的缘故而去认识真理的需求，一种出于认识自身的缘故而去认识的欲望。因此，思想除了作为其他嗜欲的一种理智工具以外，也可能拥有它自身的对象。[1]当思想追求它自身的对象时，就存在着一种纯粹"理性的"嗜欲。

（c）同样也存在着"审美的"嗜欲或享受一个美的对象的欲望。我相信，当看到一个美丽的对象时，我们的确出于它自身的缘故而欣赏它。这种对美的对象的渴望尤其体现在对美具有敏锐感受力的那些人当中。康德的名言——艺术作品具有"无目的的合目的性"就很好地说明了这一真理。我们乃是出于美自身而去欣赏美、欲求美。不过继续这个讨论是无甚益处的，因为它会使我们进入有关审美主体的讨论，对此我却一无所知。而且，即便有人要否认"审美的"嗜欲的存在，他也无法推翻我们的观点。这种否认只不过削减了嗜欲的一个类别而已。

（d）最后还存在着这样一类嗜欲，我们可以把它称之为"宗教的"嗜欲。在柏拉图、亚里士多德、奥古斯丁和阿奎那的作品中都能发现这样一类嗜欲的存在。正是宗教的嗜欲成为了自然宇宙的压顶石。简言之，正是这种类型的嗜欲把上帝、善的型相、太一等当做它的对象来追求。它是指向最高的对象，指向一切真善美之源头的嗜欲。它的存在得到了许多神秘主义者、大哲学家以及上述两位伟大教父的证实。

我不知道这样一类嗜欲是否存在，但倘若确实存在，它也是不应当被允许存在的。具有那种嗜欲就是在犯罪。对笔者而言，把上帝当做一个对象来欲求纯属不敬，这是在以一种巧妙的甚至于更危险的形式返归到异端崇拜。把上帝说成所有对象中最美

182

---

[1] 见布兰夏德对实用主义的批评，《思想的本性》，第 I 卷，第 10 章。

的、最令人满足的、最让人欲求的对象就等于在犯罪，因为如我们所见，罪的一种形式是把人格关系转变成自然关系，做这种和上帝相关的错事当然就是犯罪。如果一个人信上帝并非出于以下原因，即上帝是我们的天父，祂出于无以言表的仁慈来世间拯救我们，祂的宽容与慈善完全超出我们的预料——简言之，如果一个人不能仅仅因为上帝是自有永有的就去信上帝，反而必须得补充说，祂的圣美使祂成为最令人满足的那样一个对象[2]以致我们绝不会去渴求其他事物——那么，这个人干脆不做一个基督徒或许会更好。

183　　　如前所述，自然关系存在于一个善的而非恶的领域里。然而，它们是被限制在该领域中的，如果我们把自然关系之外的领域都想象成一个自然的领域，那么我们就错了。一个人应当追求真、享受美并善待自己的身体。但他也应当意识到，在上帝面前，他所面对的并不是一个对象，也不是一个普通人，而是上帝，因此他有义务以一种唯有上帝方能指示给他看的方式来行为，而这种行为方式绝不类似于对待对象的恰当态度。在这一点上的争论是我们向否弃自然宇宙迈出的又一步。

　　　我们已经完成了对嗜欲的分类，就此仅有两点意见：（a）我们认同前三类是合法的、适于人的嗜欲，它们在我们经验的自然领域内构成了自然活动的基质。第四类嗜欲遭到拒斥的原因在于，把自然关系扩展至它们并不适用的领域构成一种罪。这种嗜欲损害了人与上帝之间的关系。（b）嗜欲是人类的自然本性与作为上帝的受造物或恩赐的自然界之间的关系。我们需求与身体相关的自然善物是恰当的和必要的，我们追求大自然的真理、领受大自然的美以及人造艺术的美是恰当的和正当的。理性的和审美

---

〔2〕　克尔凯郭尔的观点与此大致相同，详见《非科学的最后附言》，第 221 – 222 页。

的嗜欲使自然人的发展得以圆满。

4. 现在，我们不得不说明两件事：（a）任何嗜欲都不具有产生自我中心主义以至罪的因素；（b）同样，任何嗜欲都不具有产生共同体的因素，因此自然宇宙中不可能存在共同体，从而不可能存在罪的问题。

（a）在先前的章节[3]中我们援引了利昂的观点：嗜欲自身 **184**
并不具有任何导致自我中心主义的因素。这一陈述是无法完全用经验事实来证明的，因为所有经验都涉及我们人自身。即便四下无人时我们所做的事情通常也是在为人际交往做准备。我们学习是因为我们知道，终有一天我们能展现自己的学识，出于同样的原因我们才坚持不懈地练习弹奏钢琴。我们吃饭则是为强身健体，这样我们才可能因为自己的运动天赋而让同伴们惊叹不已。简言之，即便是我们的自然活动也与我们的人格关系如此紧密地联系在一起，以至于我们从未在经验中找到一种纯粹的嗜欲。尼布尔指出，人的受造性总是混合于并包含在他的灵性当中。因此，我们很难看到纯粹的嗜欲。我们应当尽力去做的是，挑选出我们最接近纯粹嗜欲的状态的那些情形，然后扪心自问："这种意识状态导致了自我中心主义吗？它究竟能否导致自我中心主义呢？"

（1）纯粹嗜欲的特征是，意识的活动聚焦于欲望的对象以及对象一经获得便可期望达到的解脱状态。因此，纯粹嗜欲的全部焦点都将围绕对象以及所期望达到的满足状态。让我们首先以身体的嗜欲为例。试想，一个人驾船航行了一整夜，夜里阴冷潮湿、狂风怒号，掌舵行船的他已经开始疲惫不堪。再过一会儿便轮到他去下方温暖的船舱里喝一杯咖啡再美美地睡上一觉了。让

---

〔3〕　第二章，第三节 3 小节（iv）。

我们设想他将自己全部的意识都聚焦于这一幸福的未来状态。现在的他感到既寒冷又疲惫，渴望温暖、需要休息。他已经接近一种纯粹嗜欲的状态，浑身充斥着对温暖和睡眠的欲望。这个可怜虫，这粒尘中之尘，此刻已感到寒意阵阵、精疲力竭。假设一个人已经达到了这种状态，他还会想到骄傲吗？还会炫耀、会妒忌吗？难道他不宁可一换岗就冲进船舱，赶紧将他的咖啡加热，接着二话不说就钻进被子里吗？除了裹着暖和的被毯，喝着热腾腾的咖啡，他还有什么可向往的呢？难道这个人眼下还不会停止炫耀和夸夸其谈吗？他所处的纯粹嗜欲的状态会容许他做这些事情吗？我认为，不会。

也许到了早上，这个欲望得到满足的人会继续自我炫耀，这种炫耀无疑填充了他的生命，正如它填充了我们所有人的生命一样。他会指责同伴的懦弱，夸耀自己不畏严寒。他会自豪地宣称自己是多么坚韧不拔。可是当他处于纯粹嗜欲的状态时，他是不会这么做的。因此，我们得出这样的结论：我们愈是接近纯粹嗜欲的临界点，罪孽的人格活动就愈是隐居幕后。意识则转变成动态的纯粹嗜欲性的利己主义。我们还可以举出无数其他的例子，它们都将倾向于证明我们的结论。

（2）相同的情形也适用于审美的嗜欲或理性的嗜欲。当一个人专心致志地欣赏一处令人叹为观止的自然美景时，此时的他不是一个自我中心主义者。同样，一个浸润在形而上的思辨中的人此时此刻并非沉溺于自命不凡之中。只要他专注于自己的问题，他就不是一个自我中心主义者。他越是专注，与此同时他将感到骄傲自满的可能性就越小。

由此我们总结得出，只要我们出于对象自身去追求对象，换言之，只要我们进入纯粹嗜欲的状态，我们就不是自我中心主义者。由于人的本性如此，我们很难（即便有可能也不多）处于纯粹嗜欲的状态。但是，当我们审视自身的这种嗜欲活动时，我们找不到任何可能产生骄傲的因素。在嗜欲中与我们打交道的是对象、是事物、是无人格的"他者"。因此，全部活动都是利己主义的而非自我中心主义的。整个过程是客观的，并且只关乎需求和欲望方面的期望和满足。在纯粹嗜欲性的世界里，不存在自我中心主义这回事。

（3）我们对一些词的使用也证实了嗜欲本身在任何方面都与罪无关。我们不会把一个具有强烈的嗜欲的人称为罪人。当一个人无比饥渴时，他并不是在犯罪。我们不会对艺术家或形而上学家冠以这样的名号，也不会把一个无法欣赏美的人或一个弱智的人叫做罪人。我们几乎在直觉的意义上使用"罪"这个词专指恣意损害或破坏人格关系的堕落行径。〔4〕

（b）我们现在来看第二点：嗜欲不可能导致自我中心主义（前已详细说明），因此也不可能导致共同体的产生。共同体是建立在友爱、分享和"给予"之上的一种人格关系。既然嗜欲不会引发使共同体崩溃瓦解的自我中心主义，那么它们也不可能产生共同体的基础——友爱。这句话中的第二个陈述并不是由第一个陈述推出的一个必然的逻辑结论。我们完全可以设想那样一个世界，在其中嗜欲虽未导致自我中心主义，却的确产生了友爱和共同体。然而，事实并非如此。这两个前提都是真的，尽管它们无法相互推导出来。共同体不能以嗜欲为基础，把共同体建立在嗜欲之上相当于缘木求鱼。正如嗜欲本身不具有任何反社会的因素，同样它们也不具有任何亲社会的因素。事物向善的能力通常可以通过它趋恶的能力来进行判断。如果嗜欲并不导致恶，那么我们可以推测它们也不会通向善。以下论述将试图对此提供支

186

187

---

〔4〕 第二节将从这些方面对罪作出界定。

持。

（1）让我们回到驾船航行一整夜的那个人的例子，并提出这样的疑问："通过何种方式另一个人会进入到他的意识当中？"或者说，"另一个人的存在对他而言意味着什么，在何种程度上他会对其他人有所关切？"当处于其所处的状态中时，这个人可能会恳请他的同伴施与一些恩惠。他可能会请求其中一位在他进船舱之前将咖啡加热，或者要求他们之中的一个借给他一件毛衣，抑或恳求一个同伴马上来接替他的工作。在每种情形中，他提出的要求均关系到自身嗜欲的某个方面。他把其他人的行动看作诸多系列的感性材料，他知道它们将使嗜欲获得满足并获得所期望的目的。同伴们的行动将依据它们满足其欲望的程度而被判断成"善的"或"恶的"。简言之，其他人只能作为实现被欲求的目的之手段进入他的意识。他们根本不是作为人而纯粹是作为手段进入他的意识当中。不论让谁去履行他所要求的行动，他都将表示乐意。做出这个行动的人是谁其实并不重要，重要的是结果，是此人的行动在实现目的方面的效率。因此，在这种嗜欲状态下，一个人绝不会是亲社会的。他对其他人本身并无关切，他只是把他们当做手段来利用。所以说，没有任何共同体可以建立在利己主义之上，因为利己主义对共同体是冷淡的，既不支持也不反对。

（2）嗜欲对于人格和共同体的冷淡无论在何种经验领域中都比不上在性关系中更能得到清楚的体现。为理解这一点，我们必须认识到性欲是一种独特的嗜欲。它之所以完全是独特的，原因在于嗜欲的对象与另一个人格有着密切的关联。其他嗜欲都不具有这种特征，它们把物当成实现目的的对象。正因为性欲与人格以及身体都有着非常紧密的联系，所以它会受制于总是伴随它而出现的各种滥用（abuses）和烦恼（disturbances）。性欲的独特性就在于，它容易使人变得孩子气十足或者傻乎乎，或者过于严肃和盲目忠诚。性绝然是独一无二的，因为包含在它之内的是有关自我中心主义、骄傲、妒忌、猜忌等共同体的关系和人格关系的全部。只有理解了性的这种复杂性，我们才能真正地理解性。[5]

我们的观点包含在下述经验观察中：任何经验领域都比不上性更清晰地展现出嗜欲与人格的对立。因为性关系的混乱，这种对立便立刻得以体现。如果人格在世界之中并不存在，我们可以预期性欲的满足会像饮食欲的满足一样容易。然则事实并非如此，这就立刻促使我们预计到另一种因素已经进入到这种情境当中。通过人们在性关系中对待彼此的方式，我们便可看出嗜欲对于人格的冷淡。经久不衰的卖淫现象说明了，一个女人可以和另一个女人一样好地满足男人纯粹的性欲，而人格对于嗜欲来说是无关紧要的东西。我们稍后将会处理人格对纯粹利己主义情形的回应，[6]不过我们可以在此预测，这种回应是对孤独、封闭以及被利用的一种感受。自我是被切断、被孤立的，它无法在那个世界中找到共同体，因此它是孤独的。这种孤独是罪的结果，也是所有罪人的生存状态。

（3）在结束这一节的讨论时，我们可以简要表明我们的结论所蕴含的意义：（a）首先，共同体不能建立在普遍利己主义或互惠互利的基础上。霍布斯和洛克政治理论中的正义观念，以及亚当·斯密认为理性的自利是我们对待他人最好的方式的观点都是对共同体的误解。任何一个依据普遍利己主义解释自身的社会都会走向某种毁灭。所有的社会"契约"理论都遭受到这一根本性缺陷的影响。（b）其次，我们可以表明，利用共同体来追逐自我

189

---

〔5〕　弗洛伊德主义虽然看到了性所具有的令人惊异的复杂性，却给出了错误的解释。这种理论未能将"人格的"和"嗜欲的"区分开来。

〔6〕　第三节。

利益是罪的一种主要形式。（c）最后，我们可以向奥古斯丁和阿奎那提出这种质疑：在什么基础上共同体可以建立在他们所称的恰当行为的自然宇宙中。尼格伦已经指出，奥古斯丁和阿奎那都没能理解共同体并提出一个关于它的满意的解释。[7]爱我们的邻人这一戒律给两人造成了很大的麻烦。在自然宇宙中，我们还能怀有其他的期望吗？

# 第二节

1. 我们已然考察了嗜欲的性质，并发现它们并不包含任何支持或反对共同体本身的因素。我们的观点所要表明的是，共同体的腐化与毁灭（我们即将把它定义为"罪"）并非由任何本质上无关乎共同体的因素所引起。简言之，败坏人趋向共同体之潜能的并非任何外在的因素，而是这些潜能自身。若干世纪以来，人已经在将罪归咎于外物这一点上显示了自己的足智多谋。他似乎不愿意承认对罪负有责任的正是他自己，而不是某种外在的因素。

190　　　简单列举四种这样的观点将有助于澄清我们的意思：（a）有一种观点认为，嗜欲是邪恶的，人因为拥有一具躯体而成为罪人。（b）与上述观点紧密联系的一种观念是：可感世界是邪恶的。既然我们先对自然宇宙进行了辩护，然后将我们努力的重心放在了具有人格性的共同体之上，那么这些陈述我们便已经讨论过了。（c）历史上还出现过很多认为天体支配着人的命运的例子。人的行为不可能具有其他的可能性，他们的恶行也绝不能归因于有意作恶。奥古斯丁不得不在他漫长的研究生涯中对这些及

---

〔7〕《圣爱与欲爱》，第Ⅱ部分，第Ⅱ卷，第331－337、423－427页［一卷本第549－555、641－645页］。

其他多种观念予以拒斥。[8]（d）同样，也存在着将世间的恶归咎于客观制度的一种倾向。18 世纪的一种观点就认为，坏的制度是阻止人类臻于完善的巨大障碍之一。可是，个人无法与制度相分离。制度只是人为了处理社会问题而建立起来的客观规则和方法。坏的制度确实可靠地象征着罪孽的人。假如不存在人之贪婪与恶念的驱使，就不会存在任何压迫人的制度，就连卢梭也承认这一事实。[9]奥古斯丁用另外一种方式反驳了这项控告。在他看来，制度是上帝控制罪的手段，人的罪使制度的建立成为必要，律法是用来维护自然秩序以及控制人类叛逆的限度。[10]

　　以上诸例足以指明人类力图将罪归咎于外在因素的方式。让人如此行为的人性中常在的叛逆就展现在我们称为摩尼教的异端邪说当中。摩尼教学说是在基督纪年的前几个世纪渗入基督教世界的一种东方二元论。他们把恶归于世间黑暗的力量，正是这黑暗力量俘虏并囚禁了善的灵魂。正因如此，只要是把恶的原因归咎于外物的有关罪的理论，我们都把它称之为摩尼教，甚至黑格尔有关罪的理论也归属于这种类型。对他而言，罪是绝对精神逻辑发展的一个必然阶段，[11]而只要当罪被看做一个必然阶段并被认为必然通向美德时，它就成为了某种外在于或者超越于人格自身限制的东西。

191

　　我们甚至可以把任何由人在宇宙中的位置衍生出罪的企图称为摩尼教。例如尼布尔就想要论证人处在一种焦虑的状态之中，他既是受缚的也是自由的，既是有限的也是无限的。尽管焦虑并不是罪，但它是罪的先决条件。当人因为骄傲而试图否定自己的

---

　　〔8〕《忏悔录》第 VII 卷第 6 章，又见《〈约翰福音〉评注》第 VIII 章 10－11，分别载于 P. N. F. 第 I 卷，第 105－106 页；第 VII 卷，第 61－62 页。

　　〔9〕《论人与人之间不平等的起因和基础》，第 222－223 页。

　　〔10〕《上帝之城》，第 XIV 卷，第 15 章，载于 P. N. F. 第 II 卷，第 274 页。

　　〔11〕麦金托什：《现代神学的类别》，第 115－116 页。

偶然性时，当他由于感官欲望而试图逃离他自身的自由时，他就犯了罪。[12]此种关于罪的观点不仅极其复杂而且与事实不符，对小孩未经思考而表现出来的自我中心主义就不能如此解释。此外，正如我们在后文中所要表明的，[13]焦虑是罪的结果，它是罪人置身于自己所造就的孤独世界中的状态。我们不得不承认，灵魂是自我败坏的，人格的堕落并非出于自身以外的原因。在自然宇宙和人性本身之中我们找不到任何能够对诸如自我中心主义、妒忌、自大、骄傲等等做出解释的东西。不论这看上去是多么神秘，我们都必须说灵魂的自我堕落纯粹是出于自身的原因，它并非由于外来的建议而选择闭关自守地独爱自身。如果乐意的话，我们可以把那种明显无可避免的堕落倾向称为"原罪"。罪必须被设想成是以这种高深莫测的、"无缘无故的"方式发生的，只有明白了这一点，我们才能做好充分的准备去面对隐匿性的人格堕落（如我们所见）。因此，我们必须认同奥古斯丁的观点，"意志使可变的精神开始出现坏，减弱或缺失自然之好"。[14]同样地，莎士比亚也表达了与我们相同的意见：

> 但是多疑的人是不接受这种解释的；
>
> 他们不是因了什么原由而疑嫉，
>
> 只是因为自己多疑而生疑；
>
> 所以疑妒是无父无母自生自灭的一个怪物。[15]

---

〔12〕《人的本性与命运》，第 182 – 186 页。

〔13〕第三节。

〔14〕《上帝之城》，第 XII 卷，第 9 章，载于 *P. N. F.* 第 II 卷，第 231 页。

〔15〕《奥赛罗》，第 III 幕，第 iv 景，第 158—161 行。（此处译文参照了中译本，见《莎士比亚全集》，梁实秋译，第 34 集，中国广播电视出版社，2001 年版。——译者）

如果这种人格观看似是古怪的，那么人格确实就是一个古怪的东西。

因此，我们拒斥任何将恶或罪归咎于灵魂以外因素的摩尼教倾向。按照我的理解，基督教早已声明了我们所声明的内容，它指出了灵魂是自甘堕落的。"从外面进去的，不能污秽人；惟有从里面出来的，乃能污秽人。"〔16〕

2. 在表明了灵魂是自甘堕落的之后，我们有必要来思考灵魂是怎样堕落的。换言之，罪是什么，它意味着什么，又蕴含着什么？"罪是什么"可通过与"人是什么"关联起来而得到界定。我们在第一章总论中说过，人的独特之处并不在于人是有理性的，也不在于他具有审美的能力，而在于他是一个负有责任的存在者，是为了与其同伴、与天国的人、最终与上帝自身建立共同体和友爱关系而创造的一个存在者。人获得的一切优越于动物的恩赐都用于实现这个目的。诚如布鲁内尔所言："人所特有的东西不是自由，不是创造性智能，也不是理性。毋宁说，这些是人的真实属人的存在——爱得以实现的条件。它们虽然不具有它们自身的意义，但其意义却在于爱，在于实现真实的共同体。"〔17〕所以说，人是生存于共同体之中并为它而生存的一种存在者，他所获得的恩赐都是实现这一目的的手段。

人类生存于共同体之中并为它而生存的这种能力体现了上帝的形象。人性的那种样式是上帝祂自身在人身上的反映，上帝祂自身就是那完善的共同体。正如"三位一体教义"所说的，上帝的三个位格是同一的，圣子对圣父绝对的顺服以及圣父对圣子完全的爱将一切共同体的模型赐予了我们。

既然人是为共同体而造的一种生物，既然人之存在的完美体

193

---

〔16〕　《马可福音》7：15；亦可参见阿尔弗雷德·爱德华·泰勒：《恶的问题》。

〔17〕　布鲁内尔：《叛逆的人类》，第74页。

现就在于回应上帝的恩赐，在神恩中浸润滋养，那么罪似乎就必定是对人之真实目的的否弃。因此，罪必定是对共同体的损害、离弃与破坏，是切断一个人与其他人的一切责任关系。罪破坏了共同体建立的基础，把一个人抛入使他不再成其为人的孤立和分离的深渊之中。罪破坏了属人的一切，它虽未使人变成十足的野兽，却使人变成了极其邪恶的东西——换言之，它使人转变成一种精神恶魔（仅受制于被赐予的受造性）。人类向善的潜能植根于上帝的形象之中，而作恶的潜能则植根于破坏上帝形象的可能性之中。由于人是具有灵性的，因此他的邪恶在一定程度上会远远超出自然的纯粹嗜欲的利己主义。

罪表现为两种形式：（a）自我中心主义和（b）利己主义。一切严重的罪都归为第一类。自我中心主义者是最卓越超群的罪人。自我中心主义指的是，异常地追逐至高无上并罪恶地渴望自我崇拜。它以最显明的方式同时也以最隐匿的方式展现自身，公开的自我中心主义者是自负的、傲慢的和虚荣的人，他自尊自大、浮夸吹嘘、不怀好意、虚伪狡诈，如此等等；隐匿的自我中心主义者是那种自我敏感、故作谦虚、胆怯多疑、骄傲自满的人。后者就是利昂所说的"乌拉尼亚的"（Uranian）自我中心主义者，他满足于自我崇拜而不追求他者的崇拜，前者则是盛气凌人的自我中心主义者，他横行霸道，明目张胆地对人颐指气使以彰显他的权力。毫无限制的自我中心主义是一种严重的罪。它不仅本身即是罪，同时也构成罪的原因。自我中心主义本身就是对共同体的破坏，正是那明显根深蒂固的堕落性侵害了人与人的关系。它始终存在，无人能够逃脱它的魔掌。它有罪的原因在于，它是对人应当具有且必须具有的一切属性的否弃，它毁坏责任从而毁坏共同体，它藐视给予因此否定爱。它意味着恩典的绝灭。

伴随自我中心主义的复苏而来的是其他各种各样的罪。在一个罪人的心里，试图利用他人的利己主义通过在先的自我崇拜——试图贬损他人——而得到了辩护。利己主义只是利用他者，即"你"，自我中心主义则贬损"你"，设法将"你"置于它自身之下，并把"你"转变成一个仰慕者或仰慕的对象。而一旦遭受到贬损，他者便可以为我所用了。

例如：资本家看似只是在利用他的雇佣工人，把他们当成是替自己聚敛财富的机器上为数众多的齿轮。如此看来，他似乎只是一个利己主义者，除了获取有形的财富和身体的安逸之外他别无所求，而雇佣工人只是实现这一目的的手段。然而，对人的这种利用始终是通过隐含的贬损而得到辩护的。在资本家的心里，雇佣工人是下等人，而他则是上等人。不仅如此，工人们不是被当作具体的利己主义的手段来利用，换言之，他们不是被用来帮助资本家积累巨额财富和资产的。绝对不是！资本家的目的不是单纯嗜欲性的，而是精神性的。他为自己拥有的万贯家财而感到无比自豪，他热衷于四处炫耀。他喜欢徜徉于他的财产世界并在内心中赞颂自己的成就，他喜欢把财产想象成一个王国，而自己就是这王国里的首脑。雇佣一批佣人不是为了满足他的基本需求，而是为了壮大服从者的队伍。他所做的一切都用来建造这个卑鄙小器的王国，由此他强烈的虚荣心也得到了满足。他毕生的所有活动——狂热不已地涌进城市又一拥而出，永无止境地忧心自己的买卖——所有这些令他殚精竭虑、心力交瘁的努力都旨在这一暧昧不明的目的：秘而不宣的、自鸣得意的自我崇拜。在所有这些罪孽的努力之下就潜伏着一个自我中心主义者，也就是说，他是一个自命不凡并自认高人一等的人。[18]通过所有罪中最深重的罪——自我中心主义者的谎言，纯粹利己主义把他人当作

195

---

[18]　尼布尔：《人的本性与命运》，第203—207页。

手段来利用以及把人格关系转变成自然关系的罪孽得到了辩护。

需要指明的是，以上关于资本家的描述不代表我们对资本主义怀有特殊的敌意，我们也不是在宣扬马克思主义。康德可能会说，这种仅仅把人当做手段的罪存在于一切经验领域中，它不仅侵害那些生存境况较好的人，也侵害那些生存境况最糟糕的人。罪并不是专属于某一群人，而是普遍的。

3. 自我中心主义是一种罪，因为它否弃了共同体。在谨记这一点的同时我们还要考察自我中心主义的一些特征，以此说明罪是怎样否定共同体的。

（1）首先需要注意的是，自我中心主义者拒绝分享任何东西。他想把一切据为己有，这样做不是因为他需要一切，也不是因为他的嗜欲要求他这么自私，而是因为他想把独占一切当成优越性的一个标志。如果其他人也拥有他所有的东西，那么他便丧失了自己的独特性，其优越于众人的标志也就不复存在了。奥古斯丁对分享所带来的后果具有一种敏锐的洞察力，他这样解释罗慕洛对雷姆斯的谋杀："但是两个不能共享这光荣，只能一个拥有。如果有人和他分享权力，想要霸业的光荣的人的霸业就削弱了。一个人要想拥有完全的霸业，那就要除掉同伴。"[19]

拒绝分享的表现无处不在。意大利文艺复兴时期的文化在经历了19世纪维多利亚时期天真狂热的追捧之后，如今却获得了人们更为冷静的对待，它现在很大程度上被看成是阶级的一种象征。一旦经典的印刷出版在整个意大利变得廉价和便利，对经典的需求便会显著下降。[20] 如果每个人都将成为一个人文主义者，那么做一个人文主义者还有什么意义呢？那些追随波吉奥及瓦拉传统的人将不得不在经典以外去寻找某些能标示其独特性的东

〔19〕《上帝之城》，第 XV 卷，第 5 章，载于 *P. N. F.* 第 II 卷，第 286 页。
〔20〕 斯特雷耶、孟罗：《中世纪》，第 531 页。

西。

（2）拒绝分享的一个直接后果就是促成封闭性群体现象的发展。愈是封闭的群体就愈能取悦于我们的骄傲和虚荣心。一个任何人都能加入的群体无法给人以满足感，因此才要添加相应的约束和限制，比如这个人必须是一位学者、一名绅士、一个优秀的运动员或者是一个酒量好的人。一旦身处于某个群体，这个人就会对群体以外的所有人表示不满，并倾向于表现出不屑一顾的态度。那些圈子以外的人被他称为愚人、笨蛋、木头人和不中用的人。简单来说，凡是群体以外的都是下等人，群体以内的都是上等人。这种现象无处不在。在大学社团、男性俱乐部、竞技组织、民族群体与种族群体中，其成员的基本动机无非是在一个优越的群体中获得自我中心主义的满足感。

当然，理想的封闭性群体是只包含一个成员即自我中心主义者他自己的群体。所有群体都趋向这种理想的封闭性群体，因为群体中的每个人都为之而奋斗。一个群体越是"精良"，它所建立的规章制度就越发繁多、越发严苛，以此为驱逐某些成员找到了借口，从而更小化群体的规模并保持它的纯正与荣耀。所以，除了让每一个人都加入一个群体，没有什么更好的方法能挫伤一个人归属于该群体的骄傲感了。而通过断言上帝的父爱是普遍的，基督教恰好利用了这种策略。一个人一旦认识到这种普遍的父爱，他便会认识到自己没有理由骄傲了。"因为上帝不偏待人"[21]，所以并不存在特殊的选民。

封闭性群体的发展向来是西方文明中一个独特的因素，而今它却彻底摧毁了这种文明。封闭性群体的发展可分为好几个阶段：（a）宗教的封闭性群体，例如罗马教会就把在它之外的所有

---

[21]　《罗马书》2：11。

人称之为异教徒；（b）文化的封闭性群体，如前文提到的意大利的人文主义者，或者十八世纪的文化区隔现象；（c）在马克思主义那里，决定因素落实到经济层面，一个人所归属的群体由他的经济地位所决定；（d）最后，决定因素乃是生物学上的因素。在纳粹主义中我们发现，使我们受到谴责或颂扬的是我们血管中流淌的血液的种类。[22]

198

最后这一种封闭性群体是骄傲最具魔性的形式。它持有一种任意排他的标准，并将一种超出我们控制的限制条件强加于我们。如果一个人不是天主教徒，他可以变成一个天主教徒。如果一个人不是一个有教养的法国人，他也有可能成为这样一个人。但是，一个人不可能凭意愿就成为一个"雅利安人"，他是不是"雅利安人"这一点在他出生时就已经被决定好了。因此，在纳粹主义中我们看到的是封闭性群体观念充分发展的形式。这种群体的封闭具有铜墙铁壁般的确定性，故此其成员的自我中心主义就变得漫无边际。那些不具此种坚固的限制性的群体则不会导致如此全面的自我中心主义，因为你不知道那些在今天遭到鄙视的人明天会不会成为该群体的一员。当一个群体被预先给定了某种绝对必然性并显示出这种绝对必然性，[23]那么自我中心主义便会无限制地膨胀。我相信，正是标准的绝对性纵容了纳粹分子的骄傲自满。当一个群体的成员并不对其成员资格负有任何责任，一切都在他们出生时就决定好了，我们还能怎样来解释以成员资格为核心的自我中心主义呢？

从生物学意义上的封闭性群体中发展出一种精致的自我中心主义的神学，这种神学在纳粹官方"哲学家"阿尔弗雷德·罗森

---

〔22〕 我吸取了哈比森教授的意见〔据说，E. 哈里斯·哈比森（1907—1964）是一位宗教改革史学家，同时也是普林斯顿大学历史系的一名教员，1933—1964〕。

〔23〕 这可以用来解释加尔文主义所包含的骄傲的倾向。

堡的著作中得到了清楚的体现，他的著作《20世纪的神话》就是对纳粹无稽之谈的辩护。在罗森堡看来，全部历史都是种族灵魂（race souls）的战争史，每一种族都有它自己的灵魂，其中的每个成员都是那种灵魂的一个表达。种族灵魂是对德国唯心主义"绝对自我"的具体化，以使得每个种族都拥有那样一个自我。然而，雅利安的种族灵魂优越于其他一切种族灵魂，它是一切文化的缔造者。近来，它沉睡不醒，并听任自己屈从于犹太人、民主、资本主义、共产主义，如此等等，而所有这些对德国人来说就是一回事。正如该书的封面简介所言："'20世纪的神话'是血的神话，在万字旗的标志下它打开了种族的世界革命的大门。正是种族灵魂在长眠之后的苏醒成功地终止了种族混乱。"[24]来自被遗落的亚特兰提斯岛的荣耀的雅利安人将再一次证明他们的价值。

199

　　所有这些听上去都是那么荒诞不经，可正因为它是荒诞的，自我中心主义才会相信并接受它。种族灵魂的独特性容许全面性的骄傲，也容许优越性的主张。在这里，我们看到了德国浪漫主义所重视的"独特性"（Eigentümlichkeit）概念的扭曲形态。[25]德国人倾向于设想世界充满着本体自我、绝对自我、纯自我、非我以及世界精神等等，这种倾向为人类的自我中心主义提供了最非比寻常的神学，此种神学试图从理智上为人类的头等大罪进行辩护。每个平凡的德国人无疑都会想象，种族灵魂在他的身体里发挥着作用，他从属于这种优越的灵魂，并以某种方式与它保持同一。[26]这样他便向自己证明了封闭性群体的合理性，并（可能

---

　　〔24〕　援引自维利克：《抽象政治学》，229页；罗森堡的观点见其书最后100页内容。

　　〔25〕　亚瑟·O. 洛夫乔伊：《浪漫主义对观念史学家的意义》。

　　〔26〕　关于唯心主义将自我等同于绝对自我的思想倾向，见费希特：《人的使命》，第III卷末尾。

无意识地）把群体当作获得他自己的自我中心主义之满足的手段来利用。群体作为他自身荣耀的一种手段，其所能赋予他的力量远远大于他自己独力所能获得的。通过使自身密切融入到群体当中，他得以分享群体的荣耀。由此，封闭性群体被当作自我中心主义的工具这一点便得到了清晰的展现。[27]

（3）除了促成无处不在的封闭性群体现象的发展，骄傲还拒不承认自身的错误，并总是力图将错误归咎于另一个人。通过否认自身罪过以及错怪他人，骄傲由此导致了共同体的瓦解。如果骄傲者的计划失误，他往往会从某种外在事件中寻找原因。自命不凡的将军们就总是把战败的原因归结为恶劣的天气或某些下属的迁缓误事。德国人的"暗算论"就是一个典型的例子（纳粹德国国防军力图以此来解释自己在一战中战败的原因）。德国人的勇猛无敌已经传遍了世界的各个角落，所以战败只能被解释为犹太人、资本家和共产主义者的暗算，他们不可能心甘情愿地承认自己打了败仗。纳粹的鼓吹者正是利用这种理论煽动仇恨的情绪以反对那些方便对付的内部敌人，并利用它使德国民众陷入愤怒的状态之中。被如此激发的所有情绪都建立在拒不承认自身错误的自我中心主义的基础上。

奥古斯丁对骄傲的分析总是一针见血，在议论亚当如何试图将堕落归咎于夏娃时，他说道："……高傲使他们把自己犯的错归罪给别人：女人因高傲指责蛇，男人因高傲指责女人。这与其说是借口，不如说是指责，因为神的命令被公开僭越了。""而高傲是更坏、更该谴责的，哪怕在罪恶昭彰的时候，还寻找逃遁的借口。"[28]拒不承认自身错误及罪行是骄傲最具破坏性的特征之一。为了保护和维持其封闭的自义（self-righteousness），骄傲必

---

〔27〕　利昂：《权力伦理学》，第 144–145 页。
〔28〕　《上帝之城》，第 XIV 卷，第 14 章，载于 *P. N. F.* 第 II 卷，第 274 页。

须对另一个人大加诅咒及责备，因此无论何种共同体都会遭到它的破坏。

（4）我们应该进一步观察值得注意的自我中心主义的隐匿性，它指的是自我中心主义以隐伏的方式悄悄混进人格关系中，暗地里破坏了我们全力以赴的结果。除非认识到骄傲的这种隐匿性，否则我们就无法清楚地看到它的无处不在及其对社会造成的持久伤害。威廉·坦普尔就写道："有一点可以证明我们的自我中心主义发展到了多么致命的地步：就生活的许多方面而言，甚至我们从自我中心主义当中解脱也可能成为自负乘虚而入的一个时机。这就是灵魂的骄傲那个恶魔，我们大部分人甚至连与它照面的资格几乎都没有，可圣徒们却向我们保证，它就在通向完善的阶梯的最后一个台阶那儿等着擒住我们、打倒我们。"[29] 骄傲将自身延伸至灵魂的制高点，并延伸到人格倾尽全力的努力当中，甚至于矫治一个人的骄傲也给骄傲创造了机会。确实无疑的是，我们正面对着一个恶魔。因此，我们绝不容许有丝毫的骄傲，骄傲必须成为我们全部攻击的对象。允许适当骄傲的存在，或像有些人那样为骄傲进行辩护就等于承认自己不战而败，对付像骄傲这样狡猾的敌人就不应当存在半点妥协。我们不论何时表现出骄傲，都无异于在与魔鬼及其使徒进行交谈。

骄傲的这个特征将警告我们最危险的自我中心主义会在哪里出现：即，它会出现在我们倾尽全力的努力当中以及我们之中最出色的人身上。通常存在着这样一种倾向，即把社会下层民众称为最邪恶的罪人。于是街头拉客的妓女、乞讨者、流浪者、小偷和酒鬼常常成为替罪羊。然而，真正的罪人是为自己有别于此而感到自豪的那些人，是沉醉在自身成就当中并藐视不正直的社会

201

----

〔29〕《自然、人与上帝》，第389－390页。

成员的那些人。《圣经》清楚地揭示了这一真理，所有人都知道
《路加福音》[30]中有一段话谈到了法利赛人，那段话说法利赛人
因为自己不像其他人那般贪婪、不诚或淫乱而走进神殿感谢上
帝。然而基督却告诉我们，得到上帝的认可而返回家中的不是这
个法利赛人，而是那个害怕抬眼看上帝而一味祈求宽恕的税吏。
因为公义很容易掩盖自义之罪，而法利赛人就犯了这项严重的
罪。这种形式的自我中心主义在一切善的面前就是罪，是最危
险、最有害的罪。诚如惠尔（Whale）所言："没有什么罪和道德
上虔诚的人的自足感一样具有隐匿的危险性。"[31]罪的这种隐匿
性致使罪不仅败坏了我们之中最逊色的人，同样也败坏了我们之
中最出色的人。罪不是某个持续拖累我们的包袱，它并非源于不
完善。事实上，罪是纯粹灵魂的自我败坏，是最出色完善之人的
自我毁灭。

（5）"罪"在基督教历史中的标准定义与我们对它的解释有
所不同。我们把罪称作对共同体的离弃、伤害与破坏。关于它的
经典表述是：罪实乃对上帝的反叛，它是对上帝的背叛和否定。
根本上说，我们完全认同这个定义，在本节后面的部分中我们也
将表明这一点。[32]但是在这里我们想要指出的是，对我们以及传
统的观点而言，罪均具有反叛的特征。不过，"罪即反叛"这一
通常的定义容易忽视罪的隐匿性。罪有可能、并常常表现为公然
的违抗以至公然的反叛，可是如果我们使用通常意义上的"反
叛"一词，那么所有的罪就都不构成反叛。罪可以是一种更具隐
伏性的行动，如欺骗、虚伪、秘而不宣的自我崇拜以及对上帝和
其他人的漠不关心。简而言之，自我中心主义可能是公开的、暴

---

[30]　《路加福音》18：10 – 14。

[31]　惠尔：《基督教教义》，第39页。

[32]　第5小节。

力的，也可能是秘密的、温和的。因此，我们认为明智的做法是，既全面留意罪表现为反叛的各种情形，同时也指明灵魂完全可以利用它的智巧找到更具隐匿性和狡猾性的犯罪方式。不过归根结底，自我中心主义无疑在下述意义上构成一种反叛：它是对共同体的否定，是对上帝的形象的拒绝和否弃，以及对上帝之召唤的回绝。

4. 我们现在必须对有关自我中心主义的讨论进行总结。对我们来说，自我中心主义是主要的罪，它构成其他所有次要的恶由以发源的恶的根基。我们简要列举并讨论了它的下述几种特征：（a）自我中心主义拒绝与人分享。（b）自我中心主义力图促成封闭性群体的发展，即成为理想的封闭性群体（一个人自己的自我）。因此为实现它自身的目的，自我中心主义不惜损害共同体。（c）自我中心主义无法容忍对自身的批评，因而总是设法怪罪于他人。（d）自我中心主义具有一种非同一般的狡猾的隐匿性，这种隐匿性使得灵魂败坏了自身中最好的部分。（e）归根结底，自我中心主义仍然是某种反叛和否定，尽管它采取的策略常常是秘而不宣且谨小慎微的。我们对自我中心主义的分析还远远说不上完备，我们只不过是触及了问题的表面。奥古斯丁曾经说过，"人是一个无底的深渊"〔33〕，而我们的能力尚不足以探测它的深度。尽管如此，这五个特征仍然为我们弄清罪之为罪的原因提供了一条线索。一切自我中心主义的外在行为及一切罪的内在状态都指向同一件事，即为了自我而否弃、破坏和损害共同体。对共同体造成破坏的并非具体的嗜欲或利己主义的满足，而是自我中心主义的满足。共同体乃是为全然扭曲的自爱所毁，自我中心主义者只是爱他自己，除此以外别无所求。在洋洋自得的自我崇拜

203

---

〔33〕《忏悔录》，第 IV 卷，第 14 章，载于 *P. N. F.* 第 I 卷，第 75 页。

中，自我中心主义者彻底围绕自身旋转。结果，共同体与友爱都遭到了否弃。其他人都是外在的；他们要么变成纯粹的手段，要么变成可能的仰慕者或者被仰慕的人。

由此我们可以说，自我中心主义之所以构成一种罪，是因为它否认并破坏了那个人类为之而造的属灵的共同体。人是根据上帝的形象被创造的，这意味着人是一个负有责任的、共同体的存在者，是必须回应他的造物主的一个存在者。这种回应的能力是上帝施与人的恩赐，而不是强加于他的法则。[34] 人应当在先服务于地上的共同体之后分享天国的共同体，这也是上帝创世时的恩赐之一。如此看来，对共同体的否弃即是对人之目的以及造物主的否弃。因此，自我中心主义就是一种罪。

5. 我们已经将罪定义为对共同体的否弃。有人可能会提出质疑，为什么我们将那种否弃称之为"罪"？为什么不能仅仅称之为"恶"呢？使用"罪"这个词的理由何在？"罪"是一个唯有与上帝相关时才为我们所用的词。倘若基督教意义上的上帝不存在，我们对这个词的使用就得不到辩护。自然主义者和人文主义者都厌恶这个词，并认为它一无是处，但我们似乎又只在人文主义的语境下使用它，我们已经暗示了我们所得罪的是人。现在，如果我们只是得罪了人，在什么意义上又可以说我们得罪了上帝呢？一言以蔽之，就我们对罪做出的人格性定义而言，我们究竟具有何种合法的理由使用"罪"这个词呢？

要回答这个问题就必须回顾人格关系的特征之一，即人格关系会形成一种关联。我们曾经说过，在同一组自然对象中我们可以偏爱其中的一个而非另外一个，与此同时却并不扰乱该群体与其自身以及与我们的关系。然而，经验事实却告诉我们，在人格

---

〔34〕 布鲁内尔：《叛逆的人类》，第 98 页。

关系中情况并非如此。我们在喜欢或伤害某个家庭当中的一个成员时，无法使我们自己与这个家庭的其他成员的关系保持不变。而且，由于家庭当中的一个成员与外界所发生的那种联系，整个家庭成员之间的关系本身也会发生变化。

所有这些观察似乎都是微不足道的，在任何一个人看来，它们都极为明显。然而它们所表明的是，当我们彼此伤害时我们就是在犯罪，因为这种行动立即被置于我们与上帝的某种关系中。一个人在伤害某人的妻子时无法做到不伤害到她的丈夫。同样地，当我们把他人当做手段来利用和欺凌时，我们不得不立即把我们自己与上帝联系起来。人格关系并不是在真空中运作，与某一个人的关系会影响到与其他人的关系。由于我们都是带有上帝形象的人，因而我们全都与上帝相连这一点是事实，那么似乎可以说，对另一个人作恶就变成了在我们与上帝的关系中犯罪。因而对另一个人的否弃，即对共同体的拒斥，也就是对上帝的否弃，对邻人的伤害就意味着得罪上帝。如果我们与上帝的关系是恰当的，我们就不会得罪我们的邻人。赋予我们一切向善之潜能的上帝的形象使得所有人格性的恶在顷刻间变成了罪。

人格关系的这种关联式特征在《福音书》中得到清楚的表述："所以你在祭坛上献礼物的时候，若想起弟兄向你怀怨，就把礼物留在坛前，先去同弟兄和好，然后来献礼物。"[35] "你们不饶恕人的过犯，你们的天父也必不饶恕你们的过犯。"[36] "就是把磨石拴在这人的颈项上，丢在海里，还强如他把这小子里的一个绊倒了。"[37]

所有的人格关系都会形成这样一种关联，这个事实使宗教与

205

[35]　《马太福音》5：23－24。
[36]　《马太福音》6：15。
[37]　《路加福音》17：2。

206 伦理两者不可分离。一种表面看来完全在伦理领域之内的行动之所以具有了宗教意义，是因为上帝是共同体的主宰，没有任何行动可以脱离与祂的关系，任何人都不可能逃脱这种关联。由于拥有上帝的形象，人被确认是从属于共同体的；又因为上帝是共同体终极的参照，所有的罪都是与上帝有关的罪。由此，我们证明了我们使用"罪"这个词的合法性，并表明了尽管针对邻人的行动看似只在人文主义的语境中发挥效用，但事实上它们都被绑定在与上帝的关系之中。因此，关于罪的经典定义是正确的。所有的罪都是对上帝的反叛和否弃，从而也是对理应存在于所有人和祂之间的真正的共同体的反叛和否弃。

## 第三节

1. 我们已经尝试着解释了罪的涵义，并把它称之为对共同体的否弃和拒斥。现在，我们阐明罪之后果的时间到了。我们应当问自己："罪导致了怎样的后果?"这个问题的答案会从我们先前的分析当中得出。如果人是被造于共同体之中并为它而造的一种受造物，如果罪是对共同体的破坏，那么罪的后果就是孤独。孤独是人类有可能陷入其中的最可怕的、灵魂痛苦不堪的状态。这种孤独（封闭性）把个体的人禁闭在自身之中，使他与同伴隔离，并将他遗弃在共同体狂乱的废墟中，它是罪的直接结果和不可避免的下场。如果罪意味着毁灭，那么毁灭的结果就是孤独。

孤独意味着人格的死亡。"犯罪的，他必死亡"[38]。封闭是灵魂的死亡，因为灵魂在本质上是共同体的。灵魂之所以是共同

---

〔38〕《以西结书》18：4。

体的，是因为上帝的形象是共有的，上帝的形象的共有性则源于
上帝的共有性。上帝作为三位一体的神，其三个位格之间之所以
相互平等，是因为那个完善的共同体是由完全的爱和信来维系
的，而爱追求与它的给予所指向的人之间的平等。[39]毁坏人之赖
以生存的共同体就是毁坏滋养他的生命的根基。其结果是，上帝
的形象在被隔离的孤独与彻底的绝望中窒息而亡。

　　嘲讽基督教的那些人[40]指责说：基督教仅仅把人看做是弱
不禁风的、惹人怜悯的，并因而认为人在必要时是依赖于外力援
助的。不过，那些人的指责完全不着要领。人并不因为他是人所
以才软弱。作为人、同时作为一种动物，人是聪明睿智、诡计多
端的；他是万物之灵。有一种观点认为，人受制于自然的原因在
于，他是必死的并且需要食物和住所。这纯属毫无意义的老生常
谈，我们都知道事实就是如此。关于人的依赖性的基督教教义之
要点根本无关乎人的生理性弱点，与之相关的只是这样一个事
实：人依赖于共同体，这并不因为他是那尘中之尘，而是因为他
天生就是一种共同体的存在。由于人是依据上帝的形象被创造出
来的，因此他依赖于上帝，而动物却并非如此。人之所以要倚靠
他的兄弟，是因为他的共存性要求他友爱兄弟。鱼儿脱离了水便
无法生存，人脱离了共同体也必将死亡。孤独（罪的结果）是灵
魂的死亡，我们这些罪人都生存在灵魂死亡的边缘。我们往往置
身于悬崖边，有些人掉下去了，还有些人沿悬崖边坐着，双脚正
悬垂在下方的空中。

　　艾略特有一段关于孤独的叙述，我想将全文引述如下：


　　……

---

〔39〕　克尔凯郭尔：《哲学片段》，第 19 页〔修订本，第 31 页〕。
〔40〕　我指的是像尼采那样的思想家。

> 此地只有死亡的灰白平板的脸，上帝沉默的仆人，
>
> 而在死亡的脸之后是审判，审判之后是空虚，
>
> 比地狱的活跃的影子更可怕；
>
> 空虚、缺乏、与上帝隔离；
>
> 走向空虚之地，恐怖的无力旅程。
>
> 那不是土地，只是空虚、缺乏、虚无，
>
> 在那里
>
> 曾经是人的不再能将精神转向纷扰、幻觉，逃向梦境、
>
> 　　借口，
>
> 在那里
>
> 灵魂不再受到欺骗，因为没有对象，没有音调，没有颜
>
> 　　色，
>
> 没有分心的形式，没有灵魂的娱乐，
>
> 不要解救它自己，虚无与虚无，污秽的永恒结合，
>
> 不是我们所谓的死，但是死之外不是死，
>
> 我们恐惧，我们恐惧。
>
> ……[41]

我们所说的孤独是灵魂的孤独而非自然意义上的孤独。自然人从未感受到孤独。[42]我们被囚禁在自身中，"虚无与虚无，污秽的永恒结合"。我们注定要走向"虚无"，因为自我中心主义的目的就是追求自我，唯独只爱自我。这个目的是不确定的、暧昧不明的，因此用诗人的话来说它就是"虚无"。希腊人认为我们被束缚在牢狱中的这一说法是正确的。不过，这牢狱不是我们的

---

[41]　《大教堂内的谋杀案》，第 II 幕，第 I 景（第 210 页）。（此处译文参照了中译本，见瑞典学院编：《诺贝尔文学奖全集》第 27 集，赵雅博等译，环华百科出版社1993 年版。——译者）

[42]　克尔凯郭尔：《致死的疾病》（导言），第 14 页。

肉体，而是我们的灵魂，灵魂正是被自己那固执扭曲的自我中心主义的自爱囚禁在自身中。

孤独是对罪的惩罚，是对灵魂的封闭自食其果的绝望。伴随这种灵魂的惩罚而来的常常是以战争、疾病、暴乱、谋杀等形式表现出来的痛苦，这一切均源自共同体的毁灭。

孤独之为孤独是因为上帝的形象依然存在。上帝的相貌从未遭到破坏，而只是被遮蔽、被丑化、被否弃而已。但即便遭到否弃，祂的形象依然存在，人依然具有共存性。若非如此，孤独也不会是一种惩罚。如果上帝的形象被破坏了，人就会变成动物，变成纯粹自然意义上的受造物，从而不再孤独。人试图逃离共同体，他使自身沉溺于玩世不恭当中，然而这一切都无济于事。人终归是人，上帝的形象仍然存在。上帝依旧居高临下对他发号施令，并将在某一天闯入他的孤独之中，打碎他的封闭，使他重返共同体。[43]

2. 在结束本章的讨论之前，我们应当留意孤独的两种不同类型：（a）利己主义的孤独与（b）自我中心主义的孤独。

（a）所谓利己主义的孤独，我们指的是人格在这样一个世界中的孤独：这个世界不包含任何人格关系，而且其中所有的人格关系都被转变成了自然关系。许多个性及思想迥异的哲学家们都设想过这样一个世界。柏拉图、亚里士多德、伊壁鸠鲁、奥古斯丁、阿奎那、霍布斯、洛克、现代进化论以及心理决定论所设想的世界都是利己主义的孤独世界。这些都属于前文已考察过的恰当行为的（proper-act）自然宇宙论的类型，只不过每种体系所包含的对象有所差异。有些把上帝、太一、善的型相当作对象；另一些则把对象限定在更世俗化的事物上，如自然、美、饮食、需

209

---

[43] 向共同体的回归是最后一章的主题。

求，如此等等。但对我们而言，它们全都隶属于"自然宇宙"，因而无法为共同体、人格和灵魂提供安顿之所。所以，在那样一个世界中人是孤独的，共同体被遗落了，生命也丧失了自身的"意义"，因为生存就意味着在共同体之中。

我们都应该做足准备去承认，这个世界如我们所知的那样，实际上是一个利己主义的孤独世界。承认这个事实就意味着直视世间的罪孽。然而，我们绝不能进一步断言，这就是世界"自然"的和真实的状态，并且世界将会永远是这个样子。没错，我们的世界是一个罪的世界；它会永远如此吗？绝不会！承认这种利己主义的万物秩序是正常的秩序无异于实施灵魂的自杀。人格绝不可能在一个利己主义的、自然的、恰当行为的世界里生存。让它生存于这样的世界就等于任它孤立、窒息乃至死亡。

托马斯·赫胥黎就这个论题发表了大量言论。他虽然算不上一个伟大的思想家，但有一件事他却看得很清楚，那就是进化论者以及达尔文主义的伦理学都走错了路子，对"最适者生存"的强调使得斯宾塞和达尔文完全忽视了人类社会的问题。赫胥黎认识到，单纯的争斗只是自然界的法则，人只有通过与自然抗争、组建人类社会才能获得他所拥有的一切。"法律和道德规则旨在遏制宇宙过程，提醒个体履行他对社会的责任，让他去保护和影响他有所亏欠的社会，即便不是为了生存本身，至少也是为了过一种比野蛮人更好的生活。由于忽略了这些明显需要考虑的因素，我们时代的那些狂热的个人主义者，试图将宇宙之自然本性类推适用于人类社会"[44]。

尽管赫胥黎很难得出我们的结论，但他已经清楚地认识到，自然界与共同体无关，人注定是生存在与自然关系截然不同的关

---

[44] 《进化论与伦理学》，第82页。（此处译文参照了中译本，见《进化论与伦理学》，宋启林等译，北京大学出版社，2010年版。——译者）

系体系当中。他还认识到，把纯自然的世界扩展至人类社会意味着一切具有人格性的事物的死亡，因而也意味着人的死亡。把人格关系转变成自然关系是一种罪；在一个完全自然化的宇宙面前，人是孤独的、彼此隔离的、绝望的。人自身的罪造就了这样一个世界：在这个世界中，他的人格遗失了共同体，因此他的存在也丧失了自身的意义。[45]

211

在利己主义的孤独世界中，罪把一切关系都转变成了自然关系。人所面对的绝不是人而只是对象。在这个世界中，他是迷失的、孤独的、不得其所的、多余的。这样一个宇宙充斥着形形色色的原子、冲动、欲望、非人格性的目的和无意识的本能需求，身处其中的他感到混乱不清。他就像一株得不到雨露滋润的植物，倘若不奋起反抗则必定枯萎而死。[46]

（b）第二种类型的孤独是自我中心主义的孤独，来源于骄傲、虚荣、邪恶的否弃、妒忌和猜忌等等。既然自我中心主义构成所有罪的基础，而人格关系转变为自然关系也获得了来自某种骄傲的辩护，那么利己主义的孤独与自我中心主义的孤独便是相伴而行的。前者是后者客观的、外在的面具。

自我中心主义的孤独是另外一种宇宙当中的孤独。由于骄傲在不具人格性的世界中是毫无意义的，因此自我中心主义依然维护人的存在，它会把世界中的人格当做获得它自身荣耀的手段来维护。为"对象"所仰慕毕竟毫无荣耀可言，因此自我中心主义者所设想的孤独世界将会不同于单纯利己主义者所设想的。自我中心主义者的世界将是具有人格性的世界而非自然的世界。这个世界将会是魔性的、强力的甚或暴力的，但绝不会是僵死原子无

---

〔45〕　纳粹主义可被看做是对资本主义和社会主义所蕴含的利己主义孤独的一种反叛。见德鲁克：《经济人的末日》。

〔46〕　参见脚注〔45〕。

意识的行动或恰当行为的自然抗争。自我中心主义者的世界将是一个封闭的灵魂决断的世界，一个内在封锁的世界。他会将魔性传达到宇宙之中，从而构建一个盲目而狂乱的孤独世界。如果这些话听起来有些夸大其词，那么尼采的下段文字或将佐证我们的观点：

　　　　你们也知道我头脑中的"世界"是什么吗？要叫我把它映在镜子里给你们看看吗？这个世界是：一个力的怪物，无始无终……一个坚实固定的力，它不变大，也不变小，它不消耗自身，而只是改变面目；作为总体，它的大小不变，是没有支出和消费的家计；但也无增长，无收入，它被"虚无"所缠绕，就像被自己的界限所缠绕一样；不是任何含糊的东西，不是任何浪费型的东西，不是无限扩张的东西，而是置入有限空间的力；不是任何地方都有的那种"空虚"的空间，毋宁说，作为无处不在的力乃是忽而为一、忽而为众的力和力浪的嬉戏，此处聚积而彼此消减，像自身吞吐翻腾的大海，变幻不息，永恒的复归，以千万年为期的轮回；其形有潮有汐，由最简单到最复杂，由静止不动、僵死一团、冷漠异常，一变而为炽热灼人、野性难驯、自相矛盾；然而又从充盈状态返回简单状态，从矛盾嬉戏回归到和谐的快乐，在其轨道和年月的吻合中自我肯定、自我祝福；作为必然永恒轮回的东西，作为变易，它不知更替、不知厌烦、不知疲倦……这就是我所说的永恒的自我创造、自我毁灭的狄俄尼索斯的世界，这个双料淫欲的神秘世界，它就是我的"善与恶的彼岸"。它没有目的，假如在圆周运动的幸福中没有目的，没有意志，假如一个圆圈没有对自身的善良意志的话——你们想给这个世界起个名字吗？你们想为它的一切谜

212

团寻找答案吗？这不也是对你们这些最隐秘的、最强壮的、无所畏惧的子夜游魂投射的一束灵光吗？——这是权力意志的世界——此外一切皆无！你们自身也是权力意志——此外一切皆无！[47]

　　首先要注意，这个世界不是根据自然因果原则进行原子运动的世界。不，我们在这里看到的是一个恶魔的世界，怪物的世界，精神野兽的世界。自我中心主义者明目张胆地胡言乱语就是这个世界的图景。在其中，你会发现对权力、强力、意志、狂暴、创造性狂热这类东西的强调。这是一个孤独的世界，因为它完全以自我为中心。它围绕着自身做圆周运动，它没有目的，没有意图，也没有目标，除非如尼采所言，圆周运动就是一种目的。灵魂决断的锁链是封闭的，它从自身发展而来，并疯狂地围绕自身旋转。这个世界就是权力意志这个庞然大物。

　　尼采向我们呈现了在孤独中胡言乱语的自我中心主义者的内在活动。自我中心主义者所生活的世界就是上述世界——怪物的世界。共同体被毁坏了，世界变成了恶魔的世界，强力发疯似地自我旋转，灵魂在自造的孤独中疯狂地耗尽自身精力。这就是罪的结果，也即本真意义上的罪。这样一种灵魂状态拉开了死亡和精神虚无主义的序幕。结局已然可见，冲撞渊底之后的毁灭正迅速袭来。孤独以死亡而告终。

213

----

　　〔47〕　尼采：《权力意志》，1067 节。（此处译文参照了中译本，见张念东等人译《权力意志——重估一切价值的尝试》，商务印书馆，1991 年版。——译者）

# 第五章　信的涵义

## 第一节

1. 在第五章中，我们要来探讨信仰的涵义以及信仰结出的人格这种果子。本章是对"罪的涵义"一章的补充。因为罪是脱离及毁坏共同体以至人格，所以信就是融入及重建共同体。在罪与信之间形成了真正的对照。罪是封闭性，它结出恶行的果子；信是开放性，它开出完满的共同生活之花。

2. 于是出现了这样的问题：罪人将如何转变成基督徒呢？这便是有关拯救的问题。当我们询问"人将怎样获得拯救"时，我们的意思仅仅是人将怎样回归共同体，他将怎样赢得从封闭性转变成开放性的胜利，以及可见的人类共同体将怎样作为部分被归入涵括所有人的共同体之中，最终走向宇宙的主宰——上帝。简而言之，关于拯救的问题是一个关乎共同体和人格性的问题，因此，究其核心，拯救就是一种精神性的过程。

拯救成为这样的问题是与我们之前对"人"的论述相关的。人是一个具有人格和共同体的存在者，这种共存性和人格性构成了人真正的独特性，使人截然相反于他在自然界中见到的其他动物。此外，虽然人性从表面上看并不是人格性的和共同体的，但共存性却构成了人之存在的核心。人的社会性并不是人类进化过程中的某种权宜之计，或附着在业已成熟的人性上的另一种属性。因此，共存性不是自然力或互惠协议的一种副产品，而是构成人之存在的内在本质以及所有与人紧密相连的那些存在者的内在本质的东西。

所以，拯救所要处理的问题是人格与共同体，而非人的自然本性本身。只要人具有一种嗜欲性，那种本性就必须融入到他充足完满的人格存在中。但是，拯救的过程不能从人的这种嗜欲性和自然本性开始，而必须从人之存在的根基和核心开始。一旦赢得了人的这种内在本质，其余的本性便能拨乱反正了。拯救是要赢得内在的人格，然后"将它展现出来"。

既然拯救是一个关乎人格和共同体的问题，那么拯救的能动力（agency）也必须是人格性的和共同体的。这个推理虽然并不属于严格的逻辑推理，但我们越是观察经验，便越会发现它是合符经验的。概言之，如果我们审视自己的经验就会发现，唯一能够解决人格问题的行动就是人格性的行动，即与我们在一起的另一个人的行动。我们无法通过自然的方法、通过控制我们的非人格属性来解决我们的人格问题。人格只能通过人格得到复原，共同体也只能通过共同体得到复原。正是这个真理谴责了绝大多数现代拯救方法的肤浅性，因为现代的拯救方式是要在经济改革和智识教育中来寻找拯救的能动力。这些方法可能并非一无是处，但光凭它们是远远不够的。它们没有意识到，拯救的能动力必须是人格性的和共同体的。我们有责任说明，为什么具有人格性的能动力必须来自于另一个人，即来自于"他者"，并因此证明基督教的这一真理——人无法独力解救他自己。[1]

总之我们认为，拯救是一个关乎人格与共同体的问题，因为人天生就是具有人格的和共同体的，而且拯救的能动力也必须是

216

---

[1]　第二节的论证将说明这一真理。

具有人格性的和共同体的。始终牢记着这三点，我们就能理解拯救与皈依的过程究竟是什么，同时理解其目标的性质是什么。

3. 在展开详细的论述之前，我们会简要讨论其他的一些救世观，由此我们将澄清拯救的涵义。

（1）首先，存在着这样一种业经详细讨论的观点，即自然主义思想家的观点：如我们所见，对他们而言拯救是自然的嗜欲性愿望转向其恰当对象的那样一种过程，好生活就在于引导欲望进入刺激与行动的正确通道。由是观之，拯救问题便是一个自然问题，一个有关净化嗜欲、追寻并引导欲望以及实现并完善全体自然本性的问题。这种救世观是肤浅的，因为它没有给人之存在的内在本质——他的人格与共存性保留任何空间，所以我们要拒斥它。对我们来说，我们正在谈论的哲学家是基督徒还是异教徒实是无关紧要的。在这个问题上，奥古斯丁和柏拉图一样犯下严重的错误，阿奎那所犯错误也与亚里士多德如出一辙。

（2）现代社会还流行一种把拯救等同于经济改革的救世观。此种观点由来已久，却由洛克最早明确提出。洛克认为，社会契约的主要目的是保护私有财产。因此，社会的主要目的是某种经济目的。这种观点经由亚当·斯密、马尔萨斯、李嘉图和科布登而不断发展，直至马克思认为一切事物都取决于经济。我们要拒斥这种理论，但我们并不想否认它所提供的诸多颇具价值的见解。无人意欲否定这一事实：人确实出于经济目的而行动。然而，人并不主要是一个经济人，人身上的非经济性因素无所不在以致它时常奋起反抗，不仅推翻了经济学家的预言，还渗入整个经济结构，利用自我中心主义之罪来败坏它。

（3）在其他一些肤浅的现代救世观中，还存在这样一种观点：人从生物学上讲是一种动物，因此对他的拯救就在于使他更加具有动物性。"最适者生存"的科学理论给这种观点提供了相

217

当有力的支撑，尽管它早已通过经济斗争而为当时的人们所知。毫不夸张地说，商业也变成了最适者生存的游戏。这种生物学理论的倡导者具有各种实现乌托邦的方法，优生学就是其中最肤浅的一种。优生学的方案是要根据每个人可能的生育质量来实施绝育、阻止和鼓励生育。纳粹主义就是优生学与德国人糅合了自我中心主义及绝望的思想和情感的蒙昧主义相结合的产物。另一种使人恢复健康的方法就是弗洛伊德的精神分析学。它的目的是要使我们的全部嗜欲得到自由的释放。它告诉我们，拥有正常性生活的人不可能患有神经官能症。我们拒绝这种生物学意义上的人的观念，理由与我们拒绝上述两种理论的理由相同。事实是，人不是生物学意义上的人，而是共同体的人。他不是一种动物而是一个人。

218

（4）相比于其他各种现代救世论，纳粹主义的确是一种关于人的深刻理论。在对人性的理解上它远远超出了经济人理论和生物人理论。纳粹主义与法西斯主义都明白，人不同于动物，也不同于纯粹的生意人。它们取代了其他关于人的观点，继而提出人是英雄式的，是圣人、得胜者、勇士和斗士。[2]对任何这类迎合罪的理论，我们都一概否决。纳粹主义基于世上存在着罪的事实而得以滋生蔓延，自我中心主义是它的诉求。这个事实解释了纳粹运动展现出巨大能量的原因。它认识到人是有灵的存在，而不是一种纯粹嗜欲性的动物。纳粹主义是深刻的，但它之深刻乃是从魔鬼是深刻的意义上来说的。它意识到了人的灵性，但它只是看到招致毁灭的自我中心主义之灵。所以，纳粹的拯救方式最终是自我毁灭的，因为它将自身建立在了招致孤独和绝灭的罪之基础上。

---

〔2〕　墨索里尼对此有一番经典论述，见《法西斯主义的政治与社会学说》。

如果乐意的话，我们也可以谈谈其他一些现代救世理论，比如卢梭主张回归自然，杜威则提倡理智的引导，如此等等。这么做将会不必要地拓展我们讨论的范围，而我们想要指明的是，现代的救世理论极少富有理论深度，因为它们忽视了真正具有根本性和关键性的问题，而只是看到客观显现于社会之中的难题。诚然，类似共产主义的经济理论都清楚地看到了剥削在我们的社会体系当中的猖獗；杜威则敏锐地发现了理智协作与理智教育的缺失。然而，所有这些理论都未能触及问题的核心，而这个问题如我们所言，就是建立共同体的问题。

4. 这些现代的拯救方法之所以看不到真正的问题所在，是因为它们都建立在肤浅的人类学基础上。除非我们懂得了人是什么，否则对人的拯救的讨论就毫无意义可言。因此，伦理学理论首先要去研究的问题就是人自身的本性。如果道德哲学家在做其他研究之前先从事人类学的分析，他们可能会做得更好。如果我们不了解自己，那么对于善和正当的所有讨论都会是悬而未决的，并将漫无目的地游离于现实之外。正因如此，我们始终在强调人的人格和共存性，并几乎费劲地再三表明这就是人的本性。我们强调这一点的原因是，它乍看简单却易于被人遗忘。尽管所有人都说基督教是一种非常简单的宗教，但令人惊讶的是，理解它的人并不多。

5. 现在我们可以着手清理一些残留的废弃物，正是它们导致关于拯救主题的讨论凌乱不堪。我们拒斥如下两种概念。

（1）如我们已经表明的，第一个要拒斥的概念就是作为一种欲望对象的善的概念。我们主张欲望的对象不论如何都与拯救无关，除非在它们作为人的自然本性的一部分这个范围内而言，而人的自然本性唯有在人格与共同体业已获得有序安排之后才能得偿所愿。完满意义上的共同体——天国共同体其自身就是目的，它是上帝造物的目标。虽然人的自然性的存在在其中得以实现这一点可能为真，但这种实现相对于共同体本身来说是次要的。所以，一切与自然宇宙相关的术语都将从我们的讨论中被剔除。这些术语有：嗜欲、欲望、对象、需求、想往、冲动、本能等等。

（2）第二个被抛弃的概念就是意志概念。对意志概念的拒斥需要我们迈出艰难的一步，因为长期以来它都受到众多神学家的青睐，不过我们将因为以下几点原因而拒斥这个概念：（a）意志是一个与自然宇宙有着密切关联的概念。这种关联或许是偶然的，但阿奎那明确将它定义为选择"善"的东西仍是不争的事实。在奥古斯丁那里，意志也具有相同的含义。于是，这个概念成为了自然主义观点尤其钟爱的一个术语。出于这点理由，"意志"对我们来说是一个危险的概念。（b）第二点也是最严肃的一个反对理由，即意志概念具有误导性，因为它是对人格经验的一种错误表述。人格并不是一种会产生意愿的事物，更确切地说，产生意愿的是我们的自然本性。

这个观点可能看上去会有些含糊不清，因此，让我们通过设计以下对照来予以说明。我们的自然本性会受挫（frustrated），而作为人，我们会失望（disappointed）；嗜欲得到的是满足，而作为人，我们感到的是快乐和愉悦；冲动和本能在某种意义上驱使我们往前走，人格则只是去渴望；自然本性一味猎取，人格则只是去追求。倘若上述表达捕捉到了精神本性相对于自然本性的独特性，那么"意志"就更适用于我们的自然本性而非精神本性。

认识到了"意志"这个概念的不充分，我们就能认识到这一事实：属灵的存在是人格意识所具有的无法言喻的独特性。相对于自然而言，灵魂在某种意义上是微妙的、不可捉摸的。它以一种抽象得近乎不确定的方式去希望、享受、悲伤和渴望。即使当灵魂在犯罪，甚至对自身都表现得极其魔性时，它也能意识到自身的脆弱性。以上论述确是含糊而晦涩的，因此我们不必过分重视它。然而，传统的意志概念（意志被视为择善的事物）就不太幸运了。而且，奥古斯丁和阿奎那对意志问题的传统论述对我们来说毫无价值可言。他们并没有抓住我们今天所熟知的"自由意志"的问题，而且倘若在自然主义的意义上使用意志概念，那只会使得论证暧昧不明。因此，最好的办法似乎是全然抛弃这个概念，或者以某种适应于人格领域的方式来重新定义它。我们选择了前一种方案。

6. 在结束这一节的论述之前，我们要坦承我们所获得的成果都是消极性的。我们只是完成了对"拯救"这个问题的说明（与错误的说明相反）。此外，我们否认某些概念是切合于当前讨论的。现在摆在我们面前的任务是，详细而不失简洁地阐述皈依和信仰的涵义，被暂且搁置在第四章末尾的思路将重新被拾起。我们发现罪导致孤独，孤独等于死亡。不论死亡对多数人意味着什么，对我们来说它就意味着与共同体的分离。我们若是对死亡问题稍加思考便会发现，我们赋予它的真正涵义就是分离。因为当我们想象自己已经死亡，与此同时我们不再把自己描述为共同体的一员。于是乎问题便是，这个"死去的"人——罪人怎样才能回归共同体？一群"死去的"人怎样能够获得重生以组建一个共同体？被自我中心主义的自我崇拜这个封闭的光环包围着的人类如何才能被"撕开"，并重新融入共同体之中？解答这些问题是我们当前的任务，而且我们必须使用那些用以陈述问题的术语来作答，也就是说必须从人格和共同体的方面来解答问题。

## 第二节

1. 在这一节中，我们要来描述罪人的内心状态，以及阻止他通过自己的努力进入共同体的心理障碍。我们想把这种状态称之为"阻滞"期。当罪人力图倚靠自身的努力来回归共同体时，他发现前路已为诸种绊脚石和障碍物所堵塞。他猛然意识到自己已经丧失人格自发行动的能力（勿与"自由意志"相混淆）。他的生命被禁锢在他自身之中，一切与另一个人建立共同体的企图都以失望和失败而告终。结果，他无法独力解救他自己。拯救是一个关乎共同体的过程，不可能单凭一方的努力便得以实现。由于人疏远了上帝，也疏远了他自身，因此建立共同体这一具有人格性的问题便以极其严重的形式凸现出来。

因此，假设罪人的内心状态是一种自我中心主义的孤独状态，并假设他被囚禁在自身之中，那么阻挡他回归共同体的努力的障碍物将会是什么呢？那些导致人与上帝疏离加剧的隔阂又将是怎样的呢？

2. 使人与上帝疏离的第一个障碍就是紧张不安的内心状态，这种状态源自对自身罪过的认识。不论人的罪孽何其深重，也不论他与共同体何其疏远，一旦试图回归他就会感到不安。他可能觉察到自己早已良心泯灭，也可能深信自己是强大的、独立的、淡漠的，但只要他试图回归，试图与另一个人重新建立真正的友爱关系，他便会发现自己处于我们所说的那种不安的状态当中。这种人在行动中是忐忑不安的，要么过于鲁莽，要么过于畏缩。他的内心是一种混乱和不确定的状态，他知道自己犯了罪，却不知道自己的罪孽有多深。或者说，连其他人都知道他犯了罪吗？他在担忧自身罪孽这方面是否过于敏感？他可能会觉得"他者"并未注意到他的罪，但又对此毫无把握。最终，当孤立的人格企图依靠自身努力回归共同体时，对罪过的认识便立刻向它呈现自身——这种认识将自我抛入混乱、不确定和不安的状态当中。

这种不安是横亘在人与上帝之间以及人与人之间的直接障

223

碍，是解释我们诸多不稳定的、犹疑不决的行动的理由，也是解释多种困窘不安的处境的原因。在人与上帝的关系中，它成为了一个主要的障碍。上帝有何想法？祂是否知晓世间的罪孽，如果知晓，祂会怎么想？所有这些疑问连同内心的不安一起构成了各种复杂的情绪，致使行动的自发与完满不再可能。如此看来，第一种障碍存在于罪人自己的内心当中。他根源性的存在是心神不宁和焦虑不已的。在灵魂深处他感到忐忑和不确定。他渴望回归共同体，可是对罪过的认识却在他的心中建造了一座充斥着疑惧和焦虑的监狱，致使他的努力化为了泡影。他依然被囚禁在自身之中，纵然使出浑身解数，却仍旧孤独无依。

由此可见，当人试图回归共同体时，引人走向孤独的罪也会如影随形地跟着他。他的罪行将他抛入一种焦虑和不安的状态当中。这种焦虑是罪导致的进一步的结果。罪正是通过这种方式将自身植根于人格之中并推翻一切重建共同体的努力。

224　　　3. 第二大障碍是无知。请想象一个力图回归共同体却得不到"他者"回应的人。假设我们付出了一切努力，"他者"却始终保持沉默、不予答复，我们还能做些什么呢？倘若其他人并不显露自身，我们的努力必定会失败，这恰恰是人类置身于其中的情境，除非上帝显示祂自身。人用错误的方式力图使自身重归上帝，他不仅焦虑而且无知。面对他的诉求，上帝毫无回应。四季更迭、阳光普照、雨露滋润，自然法则亘古不变。上帝依然保持沉默。

在上帝的沉默面前人是多么无知啊！人还能做什么，还能知道些什么呢？无知是附加在他的孤独之上的重负。他在绝望中叩响宇宙的大门，祈求上帝却得不到任何回应。他非但孤独，而且一无所知。

在此种情形中，人的理智不可能使他得救，自然神学在上帝的位格面前毫无用武之地。为什么？因为我们对他人的所有认识都得自于他人的给予。与人格相关的知识乃是被揭示的知识，它经由共同体内部的交流而产生。自然对象会即刻呈现出它们的性质，而人必须在相互认可之后才交换关于他们自身的知识。因此，人凭借理性是无法认识上帝的，即使假定关于上帝存在的一些传统论证是有效的，这些论证也并未告诉我们任何与祂的位格相关的东西。它们或许能告诉我们上帝是全知全能、永恒不朽的，除此之外再无其他。上帝依旧是个巨大的未知者，而在祂面前的人类则处于盲目和无知之中。

所以，人必须等候上帝前来与他说话，他必须等待祂的圣言。人无法凭借一己之力去窥探上帝自身那无穷无尽的秘密，因此，人的自然知识终止于对有关上帝自身的知识的渴盼。如果人只是被告知上帝存在以及祂的威严统治着天国，他长期性的孤独就得不到治愈。人想要了解关于上帝自身的知识，祂如何思考、如何行动？是否愤怒、会否施罚？既然人是具有人格的，他就必须了解关于上帝自身位格的知识。他并不试图去打探上帝的秘密（起码他不应当这么做），但他确实力图通晓与祂的位格相关的某些事。人必先掌握关于上帝的这种知识，而后方能重归共同体。如果"他者"尚未揭示自身，那么建立共同体的工作必定以失败告终，这种关于上帝的知识只能来自上帝。"除了在人里头的灵，谁知道人的事。像这样，除了神的灵，也没有人知道神的事。"[3]

总之，附加在人的焦虑之上的是他的无知。在上帝面前他不仅焦虑不安而且一无所知。当他大声呼唤上帝时，即便是最虔诚的努力也得不到上帝的垂青。自然依旧展示着它那张一向沉默的

225

---

[3]　《哥林多前书》2：11。

可怖面孔，这种无知进一步把人拘禁在他的孤独之中。上帝的秘密依旧不为人知，人依旧是孤立的、被疏离的。孤独的痛苦而今就是上帝的沉默，人被切断与圣言的联系，沉默的空虚只能由圣言来填补，而唯有上帝才能将它赐予我们。

4. 由于以上两种障碍的缘故，人又为自己构造了第三种障碍，也就是错误观念的障碍。人根据自身的感受及罪孽来揣测上帝的神秘生活。他把上帝想象成愤怒的，在祂的忿怒之下他过着一种战战兢兢、担惊受怕的生活。世间不幸本该是罪的结果，却被他设想成上帝对人实施惩罚的结果。于是，罪人想象自己是受罚的，并想象上帝是愤怒的。正因如此，他背负着对上帝的恐惧而活着。

上帝会发怒这一信念既是人类无知的结果，也是人类根据自身的堕落性来理解神之本性的结果。因此，我们绝不应当把上帝错误地设想成是愤怒的。保罗在这个问题上的看法极富思想见地。对他而言，把上帝说成是慈爱的、仁慈的、公义的、公正的等等都是恰当无误的，但他从未在自己的著述中把上帝当做动词"将要发怒"的主语。他虽然频繁地使用"忿怒"这一神学概念，但都是在神秘的、非人格性的意义上来使用它。忿怒对保罗来说意味着罪在世界中得到报应的客观过程，它是人类犯罪的后果和影响，是罪的自我惩罚。[4]因此，遭受神之忿怒并不是落入祂手中并主动接受祂的施罚，反倒是从祂手中掉落并滞留在走向荒芜的罪的孤独之中。因此，按照保罗对"忿怒"一词的使用，这个词指的是罪借以进行自我惩罚并得到报应的过程。当保罗说"原来神的忿怒，从天上显明在一切不虔不义的人身上，就是那些行

---

〔4〕 C. H. 多德：《保罗达罗马人书》，第21—23页。

不义阻挡真理的人"〔5〕时，他的意思是"上帝弃他们而去"〔6〕，并任凭罪孽自食其果。忿怒不是上帝待人的态度，而是世间的罪所带来的不可避免的后果。

然而，罪人并不具有保罗那样的智慧，于是他想象在其位格之中的上帝是会动怒的。就这样，他在自己与上帝之间构造了一个不可逾越的障碍。除却之前提到的诸种困难，这第三种障碍还造就了一种绝望之境。

人还有另一种根据自身本性来理解上帝的方式，那就是把上帝想象成冷漠淡然的。他并不认为上帝会发怒，而是把祂描绘成淡漠不已的。这样的上帝就是"乌拉尼亚的"或隐匿自满的自我中心主义者心目的上帝。亚里士多德就是持有这种观念的一个绝好的例子，他把神描绘成一个全心沉思祂自身的完善，对世间其他事物不屑一顾的存在者。〔7〕这种观念也在人与上帝之间突然插入了一道不可征服的障碍，如果把上帝设想成一个无限荣耀的自我中心主义者，人必定是无法建立共同体的。

由此可见，第三种障碍包含着对上帝的一种错误观念，即忿怒的观念或冷漠的观念。现在，在无知和不安的障碍之外又增加了一种错误观念的障碍，这种障碍植根于人的堕落性之中。人是依据他自身来想象上帝的，即从罪的方面来想象上帝。

5. 错误观念的障碍（尤其是忿怒的观念）产生了"协议式基础"的障碍。这体现在宗教上的律法主义障碍以及政治上的契约理论中。它们都源自信任与信仰的缺失，因此协议计划实是罪人用来约束"他者"并保护自我的方法。协议来源于恐惧，而恐惧是所有情感之中最以自我为中心的情感。所以，律法主义的路

〔5〕《罗马书》1：18。

〔6〕《罗马书》1：24。

〔7〕《形而上学》，第 XII 卷。

径将使我们进一步陷入孤独和分离之中。

为澄清我们的观点，我们将简要地研究霍布斯的政治理论，因为相比于其他政治思想，它更好地揭示了契约理论的基础——恐惧。霍布斯的基本假设带有一种激进的个人主义色彩。社会对他来说是原子式的，是个人的集合体。不过他超越了单纯的原子论，并对这些"原子"的内在本性进行了描述。他告诉我们，人并非天生就是适合于社会的动物，他本身并不具有社会性。因此，人追求社会并非出于社会自身的缘故，而是为了从社会之中获取所需，即获得荣誉和利益。社会或因益处或因荣耀而存在。这个社会之中的"原子"并不是"漫不经心的"，而全是一些贪婪和虚荣之徒。为了自我吹嘘或一己私利，所有人天生就希图彼此猎杀、互相伤害。所以，人并非出于友善而是出于相互恐惧才组建社会。霍布斯写道："因此我们必须说，所有强大而持久的社会的起源并不在于人们之间相互的友善，而在于相互的恐惧。"[8]

即便置身于良序社会，人同样活在猜疑之中。"因为害怕强盗，人们上床睡觉时会锁上屋门，外出旅行时会带上武器。因为恐惧邻国，国家用要塞和城堡来保卫它们的海岸线和疆界。因为畏惧邻城，城市用城墙来自我防卫。"[9]因此，人的自然状态是一切人对一切人的战争，所有人都过着"卑污、残忍"[10]的生活。为了结束这种悲惨的状况，人创建一个公共权力来威慑彼此，而这个过程将会符合所有人的共同利益。于是社会契约就建立在讨价还价的协议基础上。"我们看见天生爱好自由和统治他人的人类生活在国家之中，使自己受到束缚，他们的终极动机、

---

〔8〕 托马斯·霍布斯：《论公民》，第1章，第2节。
〔9〕 同上。
〔10〕 托马斯·霍布斯：《利维坦》，第 XIII 章。

目的或企图是预想要通过这样的方式保全自己并因此而得到更为满意的生活……［这种使人畏服的力量是要］以刑法之威约束他们履行信约和遵守……［这种］自然法。"[11]

就这样，我们建立了协议式契约社会。但我们应当注意到，出于以下几点原因这种社会根本就不是一个共同体：（a）第一个最显而易见的理由是：社会契约是一个把社会仅仅当做手段来利用的互利计划；（b）第二个至关重要的理由是：这个社会当中的成员生活在对彼此的恐惧和猜疑之中。然而正如威廉·坦普尔所言，恐惧是所有情感中最以自我为中心的情感，[12]所以共同体根本没有被建立起来。因为相互的恐惧或许比任何东西都更能迅速地造成社会的分崩离析。倘若人们做不到彼此信任，那么共同体就会立即瓦解。利用恐惧来建立共同体的企图因而是自我挫败的。

同样的协议过程也可以被运用到宗教当中。人试图安抚由他那黑暗的心灵所构想的那个忿怒的上帝，他们希望通过努力行善积德来逃脱祂的惩罚，他们设法约束上帝，企图与祂订立协议。可见，在任何倚赖于"功绩"的拯救方案中，信仰是明显缺失的。这一点极少被我们注意到。裴拉基主义与"半"裴拉基主义通常被诠释成人的这样一种企图：即，宣称他是自由的并声称具有合乎道德地行动之能力。尽管这种诠释包含着某些不容否认的真实性，但裴拉基派谬误的真正核心却在于信仰与信任的缺失。出于对拣选者的不信任，人想要在神做出拣选的决定之前标榜自己的功绩，并希望通过功绩来控制拣选的进程。听见别人谈论拣选会令他惊颤不已，而之所以如此害怕则是因为他缺乏信仰。他不知道拣选者是最公正、最仁慈的，反而向自己描述一个忿怒的

─────────────

〔11〕同上书，第 XVII 章。（此处译文参照了中译本，见《利维坦》，黎思复等译，商务印书馆 1985 年版。——译者）

〔12〕《自然、人与上帝》，第 460 页。

上帝。他试图决定自己的命运，试图凭借某种功绩或免罪来追求恩赐。当这种免罪情结被加以考察时，我们将会看到人之信仰的缺失及其内心中的一种恐惧。

因此，基督徒不应当试图凭借功绩来约束拣选。为什么？因为功绩与共同体的建立是不相干的，这一点我们稍后就会看到。虽然信仰能结出善行与友爱的果实，但你绝不能事先通过宣扬善行来确立信仰。我们必须接受上帝拣选的绝对先在性。我们能够毫无畏惧地接受祂的拣选，是因为我们听到了祂的圣言，并且知道祂的拣选会是公正的。我们不再恐惧，因为祂的爱已经驱逐了一切恐惧。

由此可见，"恩赐—功绩"方案正是人在自身与上帝、自身与他人之间构造出来的另一道障碍。即便在彰显于十字架上的上帝的圣言面前，人也执意坚持他那些无效的观念。他犯了如此巨大的过错，以致他甚至可以把十字架构想成使人遵循并获得恩赐的一种新的律法和规则。人因其孤独和被疏离才铸成这些过错，他还未能理解共同体的真实性质。稍后我们会看到，从个人主义立场来处理问题的方式引发了对传统拣选教义造成侵染的诸种错误。所以说，对拣选的误解出自罪所构造的诸种障碍。

6. 在所有这些障碍之下，依然存在着自我中心主义之罪。人并没有逃脱他的封闭性，因此骄傲依旧如影随形。他尚未开放自我而仍然被封闭在自身之中。因此罪继续侵染他所有的努力，并注定了他的努力要归于失败。

那些认为他们在订立救赎的协议方案上取得了成功的人，他们的骄傲最好地体现了罪如何侵染了人进行自我拯救的努力。在《保罗达罗马人书》中，保罗颇为严肃地谈到了因支持律法而感到自豪的人。他攻击了那些以自身善举为傲的人，而且犹太人和非犹太人都遭到了他的严厉批评。犹太人借"犹太"之名而获得自我安慰，他以律法为倚靠，认为自己是"给瞎子领路的"，是

"黑暗中人的一道光"。[13]在皈依基督教之前保罗自己也曾像犹太人一样骄傲，他告诉我们他怎样争取做到"就律法上的义而言，我是无可指摘的"。[14]皈依基督教之后，保罗开始认识到，他为之努力的宗教理想实际上已经体现出一种自夸自恃的罪孽心态。[15]耶稣的这个使徒明白，律法的公义极易受到骄傲的侵染，犹太教倾尽全力获得的成果就这样被败坏了——被败坏的并非糟粕而是精华。因此，即便在最虔诚的宗教努力中，我们同样会发现骄傲之罪再一次把我们投进孤独之中。不论骄傲藏于何处，对律法的公义来说情况都是一样的，而不幸的是这种罪依旧跟随着我们。人是不能自认拥有任何功绩的。如果信仰的缺失是裴拉基主义的特征，那么裴拉基主义也会因为它的骄傲而遭受谴责。

所以说，骄傲和隐匿的自满这种罪天生就存在于人解救自我的一切努力之中。罪人不仅要与横亘在自己和"他者"之间的障碍作斗争，而且要时刻警惕自我中心主义对他的努力的侵入和破坏。罪构造了这些障碍，并败坏了一切想要克服这些障碍的企图。罪从外面把人囚禁起来，又在里面对他加以束缚。

7. 我们因此得出结论，人无法独力解救他自己，因为一切拯救都蕴含着共同体，而在人类犯罪之后，共同体的重建只能倚靠上帝。正如我们已试图表明的那样，罪人自己是无能为力的。所以，拯救取决于上帝，如果祂一言不发，那么人必定继续处于盲目和孤独之中。人是受上帝支配的，尽管在自我中心主义的封闭性中他看不到这一点。他的骄傲告诉他，他拥有自己的权柄，那儿正是他骄傲的来源和失败的原因所在。然而，这种罪的虚构是脆弱不堪的，面对圣言的穿透它会彻底消解。

---

〔13〕《罗马书》2：19。

〔14〕《腓立比书》3：16。

〔15〕多德：《保罗达罗马人书》，第62页。

在结束本节讨论之前，我们应当谈一谈我们的分析所具有的基本特征。我们是从共同体和人格的方面来考察问题，而不是从意志被绑定在错误的对象上或者从不恰当的欲望这些方面来考察问题。人的自然本性是不受约束的，就意志选择其对象而言，它的自由也毫无损失。自然宇宙论的进路是错误的，它错过了问题的核心。自由是在人格关系的领域中丧失的。在向上帝敞开自我的意义上，人在上帝面前不再是自由的。但是这种自由的丧失并非源于某种特殊的生理缺陷，比如肉欲，而是来自人格关系本身的特性。自然的自由依然是存在的，但灵魂的自由却被毁坏了，人不再拥有属于共同体的自发的开放性。没错，人是受缚的——但束缚他的不是自然而是其灵魂的封闭性。

## 第三节

1. 基督教已经断言，一些非常奇特的事有时会发生在罪人身上，而且这种经历已经被神学家们称为"皈依"。在这一小节，我们要考察皈依的涵义，并试图揭示出它的基本原理。对于大多数人而言，"皈依"一词意味着某种奇怪类型的体验，而且他们倾向于将"皈依者"说成是神秘主义者。我们认为，将皈依鉴定为神秘主义是不恰当的，而且皈依也毫无神秘之处。尽管它是一种强烈的体验，但是它并不违背理性。相反，它可以从共同体的角度得到解释；它服从于分析，而且事实上它赋予经验以完全可理解的含义。它并不违背理智，反而会阐明它。

233　　2. 皈依的体验是怎样的？皈依是一种曝露于（lying in exposure）圣言之前的强烈体验。启示是上帝说给我们的圣言，[16] 皈

---

〔16〕　参见布鲁内尔：《危机神学》，第 32 页。

依则是这样的体验：在其中，圣言打破了罪的封闭性并推翻了它的壁垒。启示是上帝的行动，是祂来到我们身边并对我们讲话，正是祂的出现打破了罪的孤独。皈依体验就是罪为上帝所打破时的体验。因而皈依就具有一种辩证性：在某种意义上它代表了一种双重行动——一个是打破和推翻，一个是被打破和被推翻。神在天上，人在地上；神显示了祂的权柄，人显露了他的软弱；神表现了祂的慈爱，人暴露了他的罪过；神行使了祂的公允，人公开了他的背叛。因此，皈依体验是一种对比鲜明的强烈体验。神的开放性与人的封闭性被并列地放置在一起，在这种对比之下，罪归于彻底的袒露（dissolves into flatness）。

在更为详细地分析被曝露的体验、或者皈依体验之前，我们应该简要评论一下这个步骤在基督教体验中的重要性和性质。

（1）毋庸置疑，充分理解皈依对于理解基督教而言绝对是必不可少的。这一体验曾经是拣选教义的真正来源，而且所有不直接来源于它的这类教义都是纯理论性的。因此皈依是至关重要的，因为它的性质构成了基督教神学的发源地。正是在这一体验中，启示、罪以及信才实现了它们完整的涵义和它们之间的对比。

（2）皈依因而构成了基督教体验的综合。《新约圣经》的真正统一不在于《福音书》，也不在于《保罗书信》，而在于《使徒行传》。《福音书》记载了圣言，基督是圣言的启示，十字架则是圣言的象征。保罗和其他使徒的《使徒书信》代表了对圣言的回应、对圣言的接受，以及在新的共同体的中心圣言的生命力。然而，在《使徒行传》当中，我们被赐以圣言之达致极限的双重行动——一方面它使人皈依，另一方面它打破世间罪的孤独并重建世界。归纳保罗去往大马士革途中的故事可知，《新约圣经》的关键要点就存于其中。在去往大马士革的途中，那种双重行动

234

得以统一。十字架消没了罪并恢复了信仰。传教团、新教会的成立，以及使徒们对"好消息"的传递，都象征着圣言完成了它的重建任务并实现了它的意图，即重建那最终与神同在直至万代的共同体。

（3）此外，我们应该注意到，对皈依体验的考察存在着某种困难。尽管它具有某种辩证性，即对比的辩证性，但皈依同时是一种无定形的、不确定的体验。可以说，皈依使一切均已消散，并造成了一种袒露性或者我们所谓的"曝露"。这种体验难以从外表上来描述，它的涵义常常可以通过那些已经逝去的和即将发生的得到最好地解释。但凡有这个必要，我们都将从它之后和它之前的方面来谈论皈依。

（4）皈依并不必然是一种突然的体验。它无需像保罗的情形那样如此快速地发生。我们必须谨记，保罗的被拣选是最为奇妙的一种，因为保罗被给予了特殊的权威并被要求承担一项重要的任务。因而他的皈依具有突然性和即时性的特征。但我们其余的这些人则要经过一段更长的时间才能被皈依。我们隐约"曝露"于圣言的微光之下，圣言处在我们行动的边缘意识上。因而这个过程可能是渐进性的，正如它通常所是的那样；或者它可能是突然性的。无论在哪种情况下，皈依体验都具有相同的性质。对保罗而言那种对比是即刻的和强制性的，对我们而言它却是迟缓的和摸索性的。使徒们一下子"被消没"，我们却要经年累月地忍受"将被消没"的不安感。既然如此，原生者（once-born）和再生者（twice-born）之间应该不存在尖锐的对比，如果后者指的是像使徒们一样被神奇地拣选的那些人。如果我们任何人考察我们的体验，如果这种体验是真正基督教的体验，那么我们应该都会同意这一点。尽管我们可能从未经历过像保罗那样的突然性的皈依，但我们仍然能够理解保罗并认同他。

3. 皈依体验要被关注的第一个特征是它的祖露性。皈依是被展露、被公开的体验。它的特征是完全暴露在"无法对其隐藏秘密"的他者面前。皈依具有这种被消没、被打碎和被削弱的特征。它是灵魂无助地站在他者面前的时刻，它是哭泣的时刻、低头的时刻，是手臂自然垂放在身体两侧的时刻，是内心悔过和良知极度痛苦的时刻。在上帝面前，灵魂完全开放、跪倒在地、曝露无遗。灵魂无话可说、无可抱怨，没有大声痛哭，没有叫嚷也没有哭喊。这个人完全被撕开；他曝露无遗、毫无遮掩，再也无话可说。

《圣经》在这一点上是极为清楚的。以彼得不认主为例，主已经告诉彼得他将三次不认祂，彼得则否认他会在任何时候不认他的主，但是预言应验而彼得是错误的。在审讯之后，大祭司的一个使女看见彼得，说他是耶稣门徒中的一个，但彼得否认了这一指控。她又说了两次同样的话，而彼得仍然否认这一指控，"就在这时候，鸡第二次叫了；彼得这才记起耶稣对他说过的话：'鸡叫两次以前，你会三次不认我'。彼得就忍不住痛哭起来"。[17] 彼得没有抱怨，因为他知道他无话可说。基督已经把所有的话都透露给了他，而相比他自己更使他说不出话来。

保罗的皈依就是"被打击得哑口无言"的典型案例。"扫罗行路，将到大马士革，忽然从天上发光，四面照着他。他就扑倒在地，听见有声音对他说，'扫罗，扫罗，你为什么逼迫我？'他说，'你是谁？''我就是你所逼迫的耶稣'，那个声音说道，'起来，进城去，你当做的事，必有人告诉你。'同行的人，站在那里，说不出话来，听见声音，却看不见人。扫罗从地上起来，睁开眼睛，竟不能看见什么。有人拉他的手，领他进了大马士革。

236

---

〔17〕《马可福音》14：72。

三日不能看见，也不吃，也不喝。"[18]

注意这段话中最后一句的措辞，它清楚地表达了保罗的整个感觉过程。保罗一言不发；他无言以对。没有叫嚷也没有痛哭。保罗在大马士革呆了三天，不吃也不喝。他的眼睛失明了，不能见物。这样描述"曝露"的感觉是最恰当的，它传达了保罗的所有感受——他的极度自卑、极度悔恨、他的悲痛、他的忏悔，以及他在神的宽恕面前的曝露无遗。这些天是保罗一生中至关重要的三天，而对于它们，除了保罗不吃不喝、双目失明以外，我们一无所知。描述的贫乏体现了这种体验的深邃和完满。没有合适的描述来形容保罗的状态，但是，"你可以通过他们的成果来了解他们"，而且没有任何体验比使徒保罗在大马士革的三天取得的成果更加丰硕。

因而"袒露性"就是皈依体验第一个要被关注的特征。它以某种"俯就"（bending-backness）为标志，如同一种被曝露的深切感受、一种被置于"他者"面前跪地忏悔的敏锐感觉。

4. 皈依体验以自我的邪恶与上帝的慷慨仁慈之间极为强烈的对比为标志。上帝的慈爱自动进入到罪的自我中心主义的自爱当中。可以说，绝对的善和绝对的恶被放在一起，而且善致力于救赎并召回恶。仁慈遭遇并战胜了罪；而且在罪人的心中，上帝的善和自我的邪恶之间的反差是压倒性的。上帝的慷慨仁慈阻挠着保罗的极端不义，因为保罗"仍然向主的门徒，口吐威吓凶杀的话"，[19]而且他仍然是骄傲的法利赛人，以他守法的自义而洋洋自得，因而他本不值得神的宽恕，但神仍然在他反叛祂的时候拣选了他。基督是言而有信的："你们若单爱那爱你们的人，有什么赏赐呢？就是税吏不也是这样行吗？你们若单请你弟兄的安，

---

[18] 《使徒行传》9：3－9。
[19] 《使徒行传》9：1。

比人有什么长处呢？就是外邦人不也是这样行吗？"[20]因此，《登山宝训》的准则——其核心是根据对上帝慷慨而充裕的恩典的类推去行动的准则——就具体体现在对保罗的拣选之中。上帝寻找那些不爱祂的人，而且祂拣选那些对祂发火、恼怒的人。保罗自己也完全清楚地察觉到了这种对比——上帝的仁慈和他自己的邪恶之间的相比；而且从这种察觉中产生了对他自身罪过的消没。罪的阻碍与障碍，以及自我中心主义的一切虚妄都化为"曝露的摊开"（flatness of exposure）。在上帝的仁慈面前，在与他的罪的尖刻对比之下，保罗感觉到沮丧而无助，甚至面对自己都无话可说。

5. 尽管保罗被"消没"了，但他仍然活着。纵然被打击得哑口无言、匍匐于上帝面前，但保罗依旧还是保罗。尽管已是心灰意懒，但他的人格依旧完整；而且他属灵的存在似乎已被外在于他的依靠所带走。毫无疑问，在忏悔的时候，保罗希望自己死去、不复存在，他希望摆脱掉他的耻辱，即使这要通过死亡才有可能。但是他仍然活着，仍然顺路前行。或许，正是自我在消没过程中的这种存续，才使罪人意识到他对于共同体、对于上帝的依赖。各种罪过已经第一次被摆脱，自我也察觉到天堂和尘世的一切都是上帝的恩赐，而且他自己生命中的每一分钟也是被赐予的。因此，自我就准备着去所有可能的地方领会恩赐。这个凡人认识到他已获得的一切都是一种恩赐，而且没有任何东西不是被赐予他的。他的父母养育了他，他的朋友帮助过他，大地为他提供食物，自然则救助了他的生活。在所有这些尘世的恩赐背后，他现在可以看出，他所拥有和享有的一切都是上帝的恩赐。他现在理解了他的共存性，而且他察觉到骄傲之罪将会破坏共同体。

[20] 《马太福音》5：46－47。

因此，从这种被消没的感觉当中就产生了这种对恩赐、对上帝的慷慨仁慈与慈爱（即使面对拒绝也会赐予）的认识，以及对自己依赖于上帝的理解。

239　　正是以这种方式，圣言在打破罪的虚妄时揭示了自身。它通过对比于它所消没的罪来彰显自身，进而以其所有充溢的自发性和所有充足的恩赐将上帝的慷慨仁慈呈现在沮丧的自我面前。罪不禁在上帝的恩典面前被毁灭，自恃的谎言和否弃的灵魂都化为粉碎。圣言的到来就这样使自我的罪曝露无遗，以至于它们不再拥有藏身之所。种种阻碍都已消失，上帝的恩赐则无处不在。

　　6. 因此，整个皈依体验已经充分导致了对自我的定罪。圣言的启示审判了自我。灵魂透彻而清晰地察觉到它自己的罪过，也察觉到了上帝的永善。正是上帝的慈爱与仁慈通过与自我的堕落形成对照来进行审判。上帝并没有主动以惩罚的方式进行定罪，祂只是告诉我们，是我们自己的罪在审判我们。正是我们自己的罪的出现，通过与上帝的仁慈相对比来定罪。通过向我们显示祂的全善，上帝驱使我们自己的罪在心底审判我们。正是慈爱与仁慈的显现构成了一切审判中最激烈的审判。因此，审判与仁慈紧密地交织在一起。最具威力的定罪是仁慈而非忿怒，因而上帝通过祂自己慈爱与仁慈的审判来迫使我们自我审判。以十字架为象征的圣言既是最严厉的审判，也是祂的仁慈的最完美的体现。正义和仁慈并不是迥然不同的，而是结合在一起的。上帝慈爱的恩赐既要审判又要救赎，而且二者是结合在一起的。

　　人一旦察觉到圣言的启示乃是一种自我审判，就会抛弃所有关于他自身功绩的想法。他明白：上帝的恩赐在任何地方都是先240　在于人的（prevenient），而且他没有任何东西不是被赐予的。他知道他已获得的东西都是被某个"他者"赐予的，而且一切善的事物最终都是上帝的恩赐。因此，在上帝的这种恩赐面前，在祂的完美和公正仁慈面前，他知道他没有任何功绩。他永远不再希望去吹嘘他的善举、他的技能、他的英勇，因为他知道它们都是恩赐。

他越检视他的一生，就越会完全诚恳地看待自己，越会清楚地意识到他所拥有的都是一种恩赐。假如以社会的眼光看来他是一个正直的人，那么此刻他将会对自己说："不错，你确是一个有教养的人，但谁支付你的教育费用？不错，你确是一个善良正直的人，但谁教导你彬彬有礼并且提供令你无需偷盗的好运气？不错，你确是一个有爱心的人，而不像是那种铁石心肠的人，但谁在一个好的家庭中养育了你，谁在你年幼时关心疼爱你以致你长大后将会感激友善——难道你拒不承认你已获得和拥有的这些东西吗？那么心存感激并停止你的自我吹嘘吧！"因此，没有人能够如此正直，以至于和他的善相比上帝的圣言将不再论罪。相比于上帝的善，所有的善都会变成一块"肮脏的破布"。在上帝面前，没有人能够逃避祂仁慈的审判。在祂的恩赐面前，人越是感激就越好。

因此，"我们爱，因为神先爱我们"。[21]一切善、一切友好、一切正直都是由神所赐。因为祂行动在先，我们才能行动；因为祂赐予我们，我们才能给予他人；因为祂关爱我们，我们才能关爱他人。因此，共同体必须通过这个"他者"来到我们身边并赐予我们才能建立，而且只有那时，我们才能逃出封闭走向开放。所以没有人能够将善行据为己有，因为正是他行善的那种可能性要以某人赐予他为前提。

灵魂现在意识到，上帝不是出于任何功绩而爱他。"基督在我们还作罪人的时候为我们死"。[22]这样我们就触及了问题的核

241

---

〔21〕《约翰一书》4∶19。

〔22〕《罗马书》5∶8。

心——上帝在我们本不应得的时候恩赐。即使在我们拥有功绩时，也是因为祂首先将它赐予我们，但进而言之，如果那种功绩已经失去，祂依然会降临到我们身边。如果不是这样的话，仁慈就不再成其为仁慈了。所以，上帝不是出于功绩而去奖赏。祂并不想要我们争行善事或者广集善举以指望他日的赐福，祂想要建立一个将会万代长存的共同体，一个不因人们吹嘘他们的善行而解体的共同体。祂想要一个因信仰而凝聚、为感恩而欢喜的共同体。将善行作为功绩而完成，仅仅适用于属灵上骄傲的魔鬼。善必须产生于信仰和感恩，它必须像上帝赐予的那样被给予他人。它必须首先被给予那些"迷途者"以使他们回归，正如上帝首先将它赐予我们的那样。在共同体当中就意味着过这样的生活，而且基督是为了建立这样一个共同体才降生。以此方式，罪被消融、被丢弃，而且随之一起的还有灵魂骄傲的源头——功绩。在上帝面前不存在任何功绩，在祂面前也不应该存在功绩。真正的共同体不会计算其成员的功绩。功绩是一个植根于罪并应彻底舍弃的概念。

因而在上帝面前，功绩连同骄傲的其他过错一同被丢弃。坚持功绩这一概念，将使得基督教本末倒置。神在人最需要祂的时候降临。基督降临不是要将荣耀授予功绩，而是要来毁灭罪过。蒙获圣言不是被奖赏而是被定罪。上帝的召唤不是对赞扬的一种召唤，而是对悔罪的一种召唤。

7. 灵魂因此就认识到了上帝真正的威严与仁慈。所有的恐惧，所有关于上帝的虚假观念都被一扫而空。上帝已经说话，尽管祂的圣言的显现对我们构成了一种可怕的审判，但它也召唤我们去悔罪。圣言在召唤，而不仅仅是定罪；它显明了神的宽恕以及祂的秉持公义。这样从圣言的显现中就产生了新生之源，被击溃的灵魂现在能够带着信心和信任站立起来。罪的虚妄已被消解，神的宽恕再次将我们召回到共同体。自我现在是开放的，它认识了上帝，并且带着信仰和感恩而前行。

从皈依体验中还产生了关于上帝的真实观念。以创世教义为例，它主要意味着两件事：第一，人依赖于上帝；第二，一切都是上帝的一种恩赐。人们蒙受祂的圣言时就能知晓这两个真理。创世并非必然来自于上帝的流溢，祂并非一定要创造这个世界，创造这个世界只是源自祂自己慷慨的爱。创世是一种恩典行为；上帝的恩赐如同祂的圣言一样，是本不应得且毫无原因的。它的根源在于上帝自由自发的恩赐。我们通过祂的圣言的出现而知晓了上帝的永恒恩赐。同时，我们还知晓了我们将不可分离地依赖着祂。

因此，"理性神学"不能使它自己脱离于圣言的启示。理性无法告诉我们上帝是否就是造物主、是否永恒不朽、是否无所不能等等。但是祂自己则可以告诉我们。通过了解祂所呈现于我们的圣言，我们意识到祂的恩赐隐藏在一切事物的背后，维系着这个世界，探寻着这个世界；而且我们从中了解到，祂在这个世界之外，祂的存在独立于这个世界因而祂是永恒不朽的。上帝的本质，在我们可理解的范围内，不是通过玩弄形而上学术语就能发觉的，毋宁说是在蒙受祂的圣言当中被准确无误地呈现给我们。如果上帝向天国之外的某个人讲话，如同祂向保罗讲话时那样，那么与理性能够透露的相比，他就会知道更多关于上帝的知识。我们并不想要贬低理性，只是理性如果不以信仰为指导，就将是一位差劲的领导者。

8. 这样皈依体验就可以通过对上帝的威严与荣耀、对祂的慷慨仁慈和绝对公正的认识而得到归纳。那些虚假的观念已经消失，骄傲连同自称功绩的虚妄已经一起被毁灭。不过，尽管灵魂遭受了巨大的审判，尽管这一审判令人刺痛，而且过去那个有罪

243

的自我也已被消没，但是一个新的生命已经开始。圣言不仅要毁灭，而且要重建。上帝也在召唤，因为祂的诉说就是一种召唤。这样，意识到这种召唤且知道神的宽恕的灵魂，就能带着信仰重新振作起来。一股新的生命已经流进它的体内，它再次获得了新生，并且向上帝、向人开放自己。在重新振作的过程中，灵魂带着信仰重回到共同体之中。

## 第四节

1. 灵魂带着信仰重回到共同体之中——因此我们结束对皈依体验的讨论。但我们所说的信仰是什么意思呢？我们现在必须来研究"因信回归"（the return by faith）和"信的果实"的全部意义。如果读者记得我们关于罪的讨论，他将会意识到封闭性的罪与开放性的信仰之间的对比：罪是脱离于共同体，信仰则是融入于共同体；自我中心主义结出了使人脱离于上帝、脱离于人类的果子，信仰则是产生基督教之爱的开放性，这种爱在上帝之下将共同体结为一体。

244　　　2. 当被赐以圣言并被圣言所审判时，自我被击溃了，正如我们已经论述过的那样。但是，那又不仅仅是纯粹的审判，因为上帝的圣言还是一种对回归的召唤。皈依体验是消极的，因为它消解了罪的结构；它也是积极的，因为它是对进入共同体的一种拣选。上帝降临到我们中来，通过祂的圣言使我们回归共同体并将我们召回到共同体之中。自我再次植根于维系它的那种力量，[23]而脱离这种力量它就是朽灭的和孤独的。这样皈依就导致了重新成为神的孩子的结果。所有人都将上帝视为父，但并非所有人都

---

〔23〕　参见克尔凯郭尔在《致死的疾病》一书中关于信仰的定义。

是祂的孩子。他们不是祂的孩子，因为他们已经背叛，而且，直到圣言穿透他们的封闭性，他们才能重新成为神的孩子。因而皈依使人恢复了他在上帝面前作为儿子的身份。人因信而称义，他在上帝面前重新开放自己。这样，拣选的第一方面就是向上帝开放并与祂建立起恰当的关系。种种障碍已被消除，人的罪过已被审判。人格关系已经凭借圣言而被重新建立，自我也满怀着信仰开放自身。因此，回归上帝就是拣选的第一方面。

拣选的第二方面是回到他的同伴那里，并为他们的回归而努力工作。我们必须永远牢记，拣选具有这个辩证性的特征：它同时改变了人与神的垂直关系和人与人的水平关系。那个被拣选并被恢复了作为上帝的儿子身份的人，没有因此就脱离尘世的共同体，他没有从他的同伴中被抽离出来并被接纳进入天国之中。确切地说，他更加坚定地扎根于尘世的共同体。他并不是出于他自己而是出于其他人的缘故才被拣选。他是被拣选来传播"好消息"并向其他人讲述神的仁慈。这个拣选不是上帝为了显明祂的仁慈而做出的任意选择。确切地说，他们是被选择来承担重建共同体这个任务的那些人，他们是在为耶和华而工作、而承受。

让我们看一看神在亚拿尼亚（Ananias）面前如何谈论保罗："他是我所拣选的器皿，要在外邦人和君王并以色列人面前，宣扬我的名。我也要指示他，为我的名必须受许多的苦难。"[24] 保罗自己也知道拣选的这个辩证性特征："因为我活着就是基督，我死了就有益处。但如果我仍在世上活着，能够使我的工作有成果，我就不知道应该怎样选择了！我处于两难之间，情愿离世与基督同在，因为那是好得无比的。可是为了你们，我更需要活在世上。我既然这样深信，就知道还要活下去，并且要继续和你们

---

[24] 《使徒行传》9：15 – 16。

245

大家在一起，使你们在所信的道上，又长进又喜乐。以致你们因为我要再到你们那里去，就在基督耶稣里更加以我为荣。"[25]

这样保罗就知道他的被拣选并不意味着他能逃离和脱离尘世的共同体。它的意思恰恰相反，即他必须为了建立神的国度而在共同体当中工作。他是被选择来宣扬圣言；上帝要用他作为进一步拣选的器皿。"他又对他们说，你们往普天下去，传福音给万民听。"[26]因此，拣选就具有这种双重内涵。如果我们忽略了拣选的这种双重性质以及二者的辩证统一，那么上帝的圣言就会沦为一种纯粹的空谈和个人主义的学说，否则就会沦为一种世俗的社会福音。

我们应该进一步来谈论拣选的基本理由。拣选背后的意图、圣言降临所期望的目的，是要重建共同体并最终建立万代长存的天国共同体。简言之，拣选这一过程被造物所朝向的目标即天国所引导。因此，圣言的穿透不是使一些人知晓而向其他人隐藏的某种任意的现象。确切地说，圣言致力于重建共同体并带领人团结在上帝之下。因此，拣选的导向性动机就上帝而言不是要追求祂自身的荣耀。将上帝的动机描绘成祂自己的荣耀，就使祂变成了一个自我中心主义者。上帝毋宁是要致力于建立祂的共同体，即天国。祂的共同体当然会显明祂的荣耀，但目睹祂自己的荣耀并不是祂的动机。因此，拣选的基本理由、目的和意图就是那个天国共同体，它将会在万代的尽头突然出现来完成和实现我们所熟知的那个世界。这样，拣选就是一个关乎共同体的并趋向共同体式的目的的过程。它试图恢复开放性、毁灭罪过，并通过信仰将人们结合在一起。

3. 我们现在应该提到三种虚假的观念，它们已经搅乱和混淆

---

[25]《腓立比书》1：21－26。
[26]《马可福音》16：15。

了很多关于拣选的传统意义上的讨论。

（1）如果一个人将我们已经完全接受的《新约圣经》中的拣选观念，同希腊人把上帝视为一种完全静止的存在者的观念相结合，那么他将很难避免许多粗糙的预定论式的结论。这两种观念在奥古斯丁那里第一次被结合在一起，并产生了人尽皆知的后果。要避免这一难题，一个人只需去掉这种与基督教无关的希腊观念。如果柏拉图哲学关于变化和不变的对比被容许进入基督教神学，那将导致一种同裴拉基主义一样虚假的拣选观，如果裴拉基使得基督的十字架变得毫无意义，那么奥古斯丁也是如此。

（2）此外，传统的预定论都被一种激进的个人主义所感染。我们已经看到，奥古斯丁和阿奎那的自然宇宙论是如何不可避免地走向个人主义，尽管他们口头上都避免这个结论。由于这种个人主义，救世就被设想为，在这里选择一个人，在那里选择另外一个；社会仅仅是某些分立单元所组成的一个集合体，上帝从中任意地选择一些来显示祂的正义，再任意地选择另一些来显示祂的仁慈。而只有一种感染了个人主义的神学，才能将拣选设想为以这样的方式来运作。

（3）第三种错误则是误解了拣选的意图。它或者被设想为一种拯救某一些人的企图，或者被设想为上帝是在致力于追求祂自身的荣耀。但是《圣经》中的观点，如果按照我的理解，则是上帝在致力于建立一个共同体。造物正朝向着天国，而且由于那个原因上帝才降临世间。这样，祂拣选的目的和意图，就不是要去各处拯救某个孤立的人，而是要重建和聚集一个包含着祂的创造物的共同体，这个共同体并不仅仅是一个集合体，而是一个在完整的意义上因信和爱而结为一体的共同体。

因此，我们并不认为，拣选教义会导致奥古斯丁和阿奎那那样的决定论式的预定论（deterministic predestinarianism）。他们的

247

观点都混合了古希腊的静止论（staticism）和个人主义，因而它们都是不正确的。避免这种类型的神学并不是一种半裴拉基主义，而是一种对《圣经》中恩典教义的恰当理解。如果一个人理解了拣选的这种与共同体相关的辩证性，那么他就能避免这些传统的困难。

4. 被拣选的人是被选择来重建共同体。重建共同体是或者应该是他们的首要目的。他们要到"野蛮人"那里去并告知他们那个"好消息"。于是就立即开始了对共同体的重建。上帝的圣言并不主要是关于某些永恒真理的启示（那是一种古希腊的观念）。上帝的圣言是某种主动性的东西：它进入到一些人那里，拯救他们，拣选他们，然后通过他们的活动进入到共同体的其余部分。圣言在本质上是一个讯息，一个将被传播给所有人的"令人非常喜悦的讯息"。圣言是对回归共同体的召唤。因此，务必使圣言传布到所有人都能听到的四面八方，就是被拣选者的职责；与圣灵一同工作来重建和修复那已被罪所毁坏的共同体，就是被拣选者的任务。

圣言不是一条伦理戒律。如我们已经看到的那样，正是上帝自己说给我们的圣言毁灭了罪，使内在的灵魂皈依，并立即使它向共同体开放且进入共同体之中。这样，基督教"伦理学"的基本原则就是：人不能通过教导而获拯救；共同体不能通过言谈而被重建。为了重建共同体，人必须首先被带进共同体并被恢复信仰。这一表述可能听起来像是一种矛盾，但这恰是发生在被神所选的人身上的情况：他们是那些立即皈依进而被置于共同体之中的人，而且通过他们的努力，连同圣灵的帮助，其他人才能被带入到共同体之中。人不能通过伦理戒律而被引诱进入共同体，他必须首先被"他者"打开并被置于共同体之中。耶稣的教诲原则正是这个观点。祂的教诲并非开始于伦理戒律，而是开始于将人带领到神的国度中去。从神的家园生活当中产生了正确的关系。戒律存在于耶稣和保罗的教诲当中，但它们都出自于一个更深的源泉，即：我们体内的神的生命，或者说降临到我们这里的祂的圣言。

既然皈依体验已经将罪人带到神的家园生活当中，其结果就是，他现在生活于和他人的正确关系当中，他知道他对于人以及上帝负有完全共同体式的义务。因此，从皈依这一体验当中，就产生了恢复和重建共同体的那些活动。这样，义务此刻就被履行了。上帝的恩赐已经延续到涉及其他人的行动当中，行为的原则变成了对恩典的类推。正如路德所言：

> 因此，假如我们像保罗所说的那样，认明了我们所得到的巨大宝物，圣灵就会将爱浇灌在我们心中。这爱使我们成为自由、快乐的万能者，一切苦难的战胜者，邻人之仆，又是万有之主。但是，对那些没有认明藉基督所赐之恩惠者，基督就徒然降生了。他们一意孤行，永远也体会和感觉不到这些甘美。正如邻人欠缺的正是我们富足的一样，我们在上帝眼里是贫穷的，缺欠祂的恩惠。因此，如天父藉基督白白地救助我们那样，我们也要藉自己的身子及其事工，白白地帮助邻人，每个人在别人面前都仿佛是基督，这样，我们就可以彼此为基督了，以使基督同样存在于大家之中，这样我们就是真正的基督徒了。[27]

所以，正是上帝恩赐和仁慈的榜样会在我们的共同生活中引

---

[27] 《论基督徒的自由》，载于《路德文集》第Ⅱ卷，第338页。（此处译文参照了中译本，详见路德文集中文版编辑委员会编：《路德文集》第一卷，上海三联书店2005年版。——译者）

249

导我们；正是因为我们事实上已经蒙受圣言，并且已经被上帝接纳进入与祂之间恰当的神子关系当中，我们才能履行我们的义务。此外，蒙受祂的圣言还导致了与他人一起来重建共同体，而且我们根据对祂的恩典的类推来行动或试图这样来行动。因此，一名基督徒不仅仅是开放的因而就是自由的，而且他是万有之仆。共同体包含着责任和义务，而此刻，通过回归共同体，他就是负有责任的。上帝赐予他，他也这样给予别人；上帝将他召回到共同体，他也这样召回别人。以这种方式，圣言试图聚集的那个共同体就在信徒的心中形成了，也在他们试图凭借神的佑助而将其赢回到上帝那里的那些人的心中形成了。

250　　　5. 我们已称之为信仰的那种开放性，是共同体中的那些人的基本态度。为了向一些人开放自己，一个人要以信仰即开放性为前提。因此，共同体中的人是彼此开放的。但信仰变成了更强的纽带：它结出的果子有仁慈、友善、奉献和爱。如保罗所言，这些当中最伟大的就是爱。因为关于基督教之爱这个问题已经存在诸多含混不清之处，所以我们应该简要地讨论一下它。

（1）首先，不能将它同处理对象和追求具体的非人格性过程的嗜欲及欲望相混淆。正如我们已经看到的那样，欲望既不是反社会的，也不是亲社会的。但是，基督教之爱则首先就是共同体的，它涉及另外一个人。因此，基督教之爱是一种纯粹的精神之物。

（2）欲望是利己主义的，它为了自我而追求某个对象。它被一种去追求、去获得的态度所支配。欲望引导我们去获取某些东西。另一方面，基督教之爱则不求一己之所好，它显示了某种奉献精神。虽然爱之中确实存在着情感因素，但爱是在给予。它的目的是将某物给予作为人的其他人。就像恩典那样，它是对其他人充溢着恩赐的馈赠。

（3）基督教之爱在给予的时候涵括了整个人。欲望只包括了这个人的某一"部分"，可以说，它并不处理人格，除非后者与它相关。但爱在给予的时候包括了这个人的全部，它也以其他人的完整人格为目的。简言之，爱是一种强烈的、完满的人格联系。它并非仅仅触及当事人的边缘，就像它由之而产生的信仰一样，它是对灵魂正中心处的表达。因此，尽管爱是给予，但它并没有忽视给予者的人格。当它在给予时，自我没有被破坏而是被完善。但是，它并不是在嗜欲的意义上被完善，当然也不是在自我本位即被赞美的意义上被完善。灵魂是在信和爱之中完善它自己，因为它天生就是共同体的，而且所有强度的信和爱都为它所特有。

（4）不过，理解基督教之爱的最好方式，就是对照它的背景 251 即皈依体验来看待它。区分爱和欲望，就是区分一种简单的感觉和另一种简单的感觉。但是，基督教之爱又是一件极其复杂的事情。它是复杂的，因为它产生于一种复杂的体验，即皈依那个体验：在其中审判和仁慈形成对比而又密切相连；而且在其中上帝的慷慨仁慈揭露了自我的罪过（iniquity），等等。简言之，基督教之爱不能撇开圣言而得到理解。正是知晓了圣言并被圣言所审判，才赋予爱以它的特征。因为基督教之爱是信仰的一种果实，而这种信仰是由圣言突然降临到我们这里来赐予我们的。因此，撇开它之前的全部体验，这种爱就不能被理解。它了解灵魂经受的所有考验——罪、孤独、封闭性、种种障碍、被曝露、被审判，最后是信仰。一旦基督教之爱从它的背景中分离出来，它就变成某种纯粹的情感之物了。它就根本不再是同一回事，而是未成熟、无定形的情感了。

但是，充裕丰富、且被它的源出背景所冶炼的基督教之爱，在给予的时候则是坚定、成熟、稳重而又真诚、完整的。这样，如果一个人在基督教之爱的真正经验的、理性的以及神学的背景中来看待它，那么这个人就会明白，它并不是许多人所认为的那个样子。它具有一种基督教所独有的特征，因为它产生于基督教的体验。撇开它的背景来讨论它，将会完全失去它的意义。根据它的整个背景来考察基督教之爱，则是我们所知的抵御将其指斥为情感的最好方式。保罗身上就没有任何情感用事的方面，而且谁会说恩典之中存在着任何情感之物呢？

因此，正是这种独特的源自信仰的基督教之爱，将基督教共同体在上帝之下结为一体。正是这种爱，带着忠实的感恩之心仰望着上帝，知晓它的义务和职责的完整构成，承担它的共有性本质所赋予的全部责任，并以上帝之子在十字架上受难那样奉献自我的方式将自己奉献给其他人——正是这种爱从基督教的全部体验中获得了它的丰富性，并且带着忠实感恩之心将被重建的共同体在上帝之下结为一体。

6. 我们现在到达了我们阐释的结论部分。抛开自然宇宙等范畴，采用诸如开放性、封闭性、孤独和同在等词汇，我们已经从共同体的角度阐释了罪与信。罪就是使一个人从共同体当中分离出来，信和爱则是将共同体结为一体。只是仍需说明的是，信和爱并非仅仅具有一种暂时的意义，而是具有一种万代长存的意义。拥有信仰就意味着在上帝面前被拣选、被恢复，进而意味着被拣选者是在去往上帝之途中的朝圣者。但是在这条道路上，他们会在神的佑助下将所有那些仍然留在原地的人聚集起来，并且帮着将全体受造物都带领到祂的面前。造物正迈向那个伟大的日子，诚然，它背负着人类顽固不化的罪，但另一方面，一切事物都有可能与上帝同在。

那一天可能并不像我们想象得那么遥远。谁知道上帝多快会将祂所拣选的人召集在祂之下呢？《圣经》中不是写着"主的日子来到，好像夜间的贼一样"[28]吗？因此，我们可以翘首以盼那个可能并不遥远的日子，那时基督将会在祂的荣光里显现，天国将被建立在上帝之下。那时候，罪已被摧毁，人们将彼此开放，并都带着欣喜和感恩之心仰望着上帝。整个世界将被结为一体，神的全体受造物都将跪倒在祂的脚下。这个将一切都联合在上帝之下的共同体，就是上帝将祂的创造所推向的终点。这个共同体是祂又一次的慷慨恩赐，而且是祂所有恩赐中最完美最仁慈的。

---

[28] 《帖撒罗尼迦前书》5：2。

# 参考文献

罗尔斯将他的参考书目分为三个部分："自然主义"，"我们自己的观点"和"其他文献"。第一类和第二类列表如下，之后是有关它们和涉及的其他著作的更加完整的文献信息。

**第一部分：自然主义的主要原典**

1. 柏拉图：

   *Phaedrus*（《斐德罗篇》）

   *Symposium*（《会饮篇》）

   *Republic*（《国家篇》）

   *Protagoras*（《普罗泰戈拉篇》）

2. 亚里士多德：

   *Nicomachean Ethics*（《尼各马可伦理学》）

   *Politics*（《政治学》）

   *Metaphysics*（《形而上学》）

3. 奥古斯丁：（所列著作均引自《尼西亚与后尼西亚基督教教父文库》）

   *Confessions*（《忏悔录》）

   *The City of God*（《上帝之城》）

   *Homilies on the Gospel of John*（《〈约翰福音〉评注》）

   *Enchiridion*（《教义手册》）

   *On the Trinity*（《论三位一体》）

   *Morals of the Catholic Church*（《论天主教的德行》）

   *The Spirit and the Letter*（《论圣灵与文字》）

   *Nature and Grace*（《论自然本性与恩典》）

*On Grace and Free – Will*（《论恩典与自由意愿》）

*Man's Perfection in Righteousness*（《论人之义德的成全》）

*Disputation Against Fortunatus the Manichean*（《与摩尼教徒福图纳图斯辩》）

*Reply to Faustus the Manichean*（《驳摩尼教徒福斯图斯》）

*On the Good of Marriage*（《论婚姻之善》）

*Marriage and Concupiscence*（《论婚姻与肉欲》）

4. 阿奎那：

*Summa Theologica*（《神学大全》）：*Treatise on God*（《论上帝》），*Treatise on the Last End*（《论最后目的》）

*Summa Contra Gentiles*（《反异教大全》）：第Ⅲ卷

**第二部分：我们自己观点的主要原典**

1. The Bible（《圣经》）（通常被认为是宗教问题的终极箴言）

2. 路德：

*Babylonian Captivity of the Church*（《教会被掳于巴比伦》）

*On Christian Liberty*（《论基督徒的自由》）

3. 埃米尔·布鲁内尔

*Man in Revolt*（《叛逆的人类》）

*The Mediator*（《中保》）

*The Theology of Crisis*（《危机神学》）

4. 菲利普·利昂

*The Ethics of Power*（《权力伦理学》）

5. 莱茵霍尔德·尼布尔

*The Nature and Destiny of Man*（《人的本性与命运》）

6. 安德森·尼格伦

*Agape and Eros*（《圣爱与欲爱》）

**下面是本文所涉及的完整参考文献：**

*Abingdon Bible Commentary*（《阿宾顿圣经评论》）. Edited by Frederick C. Eiselen, Edwin Lewis, and David G. Downey. New York：The Abingdon Press, 1929.

254

Aeschylus. *The Suppliant Maidens*, *the Persians*, *the Seven against Thebes of Aeschylus* (《埃斯库罗斯的〈乞援女〉·〈波斯人〉·〈七雄攻忒拜〉》). Translated by E. D. A. Morshead. London：Macmillan，1908.

[A. N. F.] *The Ante - Nicene Fathers*：*Translations of the Writings of the Fathers Down to A. D.* 325 (《前尼西亚教父：公元325年以前的教父著作译丛》). Edited by Alexander Roberts and James Donaldson. Edinburgh，1884. Reprinted：Grand Rapids, Michigan, Wm. B. Eerdmans, 1951.

255　Aquinas. *Summa Contra Gentiles*. (《反异教大全》) Translated by English Dominican Fathers. London：Burns, Oates&Washbourne, 1923 - 1940.

——*Summa Theologica* (《神学大全》). Translated by English Dominican Fathers. London：Burns, Oates&Washbourne, 1920 - 1943.

Aristotle. *The Basic Works of Aristotle* (《亚里士多德的基本著作》). Edited by Richard McKeon. New York：Random House, 1941.

Augustine. *The City of God* (《上帝之城》). Translated by John Healy. Edinburgh：John Grant, 1909. Later this was the basis of the Everyman edition of 1945.

Baker, Ernest. *The Political Thought of Plato and Aristotle* (《柏拉图和亚里士多德的政治思想》). London：Methuen, 1906. Reprinted：Dover, 1959.

Berdyaev, Nicolas. *Freedom and Spirit*. (《自由与心灵》) London：Centenary Press, 1935.

Blanshard, Brand. *The Nature of Thought* (《思想的本质》). New York：Macmillan, 1940.

Brunner, Emil. *Man in Revolt* (《叛逆的人类》). Published in German in 1937. English translated by Olive Wyon. New York：Charles Scribner's Sons, 1937.

——*The Mediator*：*A Study of the Central Doctrine of the Christian Faith* (《中保：基督教信仰的核心教义研究》). London：Lutterworth Press, 1934.

——*The Theology of Crisis* (《危机神学》). New York：Charles Scribner's Sons, 1929.

Burnaby, J. *Amor Dei*：*A Study of the Religion of St. Augustine* (《上帝之爱：圣

奥古斯丁宗教思想研究》）. London：Hodder and Stoughton, 1938.

Demos, Raphael. *The Philosophy of Plato*（《柏拉图哲学》）. New York：Charles Scribner's Sons, 1939.

Dodd, C. H. *The Epistle of Paul to the Romans*（《保罗达罗马人书》）. New York：Harper and Row, 1932.

Drucker, Peter F. *The End of Economic Man*（《经济人的末日》）. New York：John Day, 1939.

Eliot, T. S. *Murder in the Cathedra l*（《大教堂内的谋杀案》）, in *The Complete Poems and Plays*. New York：Harcourt, Brace and World, 1958.

Fichte, Johann Gottlieb. *The Vocation of Man*（《人的使命》）［1800］. Open Court, 1940.

Fortescue, A. Article on Docetism（《论"幻影说"》）, in Hastings, ed., *Encyclopaedia of Religion and Ethics*.

Gilson, Etienne. *The Spirit of Medieval Philosophy*（《中世纪哲学精神》）. Translated by A. H. C. Downes. New York：Charles Scribner's Sons, 1940.

Hastings, James, ed. *The Encyclopaedia of Religion and Ethics*（《宗教和伦理百科全书》）. New York：Charles Scribner's Sons, 1908 – 1927.

Hobbes, Thomas. *De Cive*（《论公民》）［1642］. Translated into English as *Philosophical Rudiments Concerning Government and Society*［1651］.

—— *Leviathan*（《利维坦》）［1651］.

Howard, W. F. Article on First Corinthians（《论〈哥林多前书〉》）, in *Abingdon Bible Commentary*.

Huxley, Thomas Henry. *Evolution and Ethics and Other Essays*（《进化论与伦理学》）. New York：D. Appleton and Co., 1895.

Irenaeus. *Against Heresies*（《反异端》）, in A. N. F.

Kierkegaard, Søren. *Concluding Unscientific Postscript*（《非科学的最后附言》）. Translated by David F. Swenson and Walter Lowrie, Princeton：Princeton University Press, 1941.

——*Philosophical Fragments*（《哲学片断》）. Translated by David Swenson.

256

Princeton: Princeton University Press, 1936. Revised edition by Howard V. Hong, 1962.

——The Sickness Unto Death (《致死的疾病》). Translated by Walter Lowrie, Princeton: Princeton University Press, 1941.

Leon, Philip. The Ethics of Power (《权力伦理学》). London: George Allen and Unwin, 1935.

——Plato (《柏拉图》). New York: Thomas Nelson and Sons, 1940.

Lovejoy, Arthur O. "The Meaning of Romanticism for the Historian of Ideas" (《浪漫主义对观念史学家的意义》). Journal of the History of Ideas (《观念史杂志》), vol. 2, no. 3 (June 1941).

Luther, Martin. Treatise on Christian Liberty (《论基督徒的自由》). In Works. Philadelphia: A. J. Holman, 1915.

Mackintosh, H. R. Types of Modern Theology (《现代神学的类型》). London: Nisbet and Co. , 1937.

McGiffert, Arthur Cushman. A History of Christian Thought (《基督教思想史》). New York: Charles Scribner's Sons, 1933.

Mussolini, Benito. "The Political and Social Doctrine of Fascism" (《法西斯主义的政治与社会学说》), in Contemporary Civilization Source Books. New York: Columbia University Press, 1941. Reissued as Introduction to Contemporary Civilization in the West, Columbia University Press, 1946. Vol. II, pp. 1115 – 1125.

Nettleship, Richard Lewis. Lectures on the Republic of Plato (《柏拉图〈理想国〉讲义》). London: MacMillan, 1937.

Niebuhr, Reinhold. The Nature and Destiny of Man (《人的本性与命运》). New York: Charles Scribner's Sons, 1941.

Nietzsche, Friedrich. The Will to Power (《权力意志》). Translation by Anthony M. Ludovici in Complete Works, ed. O. Levy. Edinburgh: T. N. Foulis, 1909 – 1923.

Nygren, Anders. Agape and Eros (《圣爱与欲爱》). Originally published in Swedish, 1930 – 1936. English translation by A. G. Herbert and Philip S.

Watson, first published in three volumes by the Society for the Promotion of Christian Knowledge, 1932 – 1939. Revised English translation by Philip S. Watson, published in one volume by Westminster Press, Philadelphia, 1953. Reprinted: Harper & Row, 1969; University of Chicago Press, 1982.

Origen. *De Principiis* (《论原理》), in *A. N. F.*

Plato . *Phaedrus, Ion, Gorgias, and Symposium, with passages from the Republic and Laws* (《〈斐德罗篇〉〈伊安篇〉〈高尔吉亚篇〉〈会饮篇〉，以及〈国家篇〉和〈法篇〉中的选文》). Translated by Lane Cooper. New York: Oxford University Press, 1938.

——*Laches, Protagoras, Meno, Euthydemus* (《拉凯斯篇》《普罗泰戈拉篇》《美诺篇》《欧绪德谟篇》), Translated by W. R. M. Lamb. Leob Classical Library. London: Heinemann, 1924.

——*The Republic* (《理想国》). Translated by F. M. Cornford. Oxford: Oxford University Press, 1941.

[ P. N. F. ] *A Select Library of the Nicene and Post – Nicene Fathers of the Christian Church* (《尼西亚与后尼西亚基督教教父文库》), Series I. Edited by Philip Schaff et al. Buffalo, New York, 1887. Reprinted: Grand Rapids, Michigan, Wm. B. Eerdmans, 1978 – 1979.

Rosenberg, Alfred , *The Myth of the Twentieth Century* (《20 世纪的神话》) [1930].

Rousseau, Jean – Jacques. *Discourse on the Origin of Inequality* (《论人与人之间不平等的起因和基础》), in *The Social Contract and Discourses*. Translated by G. D. H. Cole. London: Everyman Library, J. M. Dent, 1915.

Schopenhauer , Arthur. *The World as Will and Idea* (《作为意志和表象的世界》) [1818]. Translated by R. B. Haldane and J. Kemp. London: Routledge and Kegan Paul, 1883.

Scott, E. F. Article on Gnosticism (《论诺斯替教》), in Hastings, ed. , *Encyclopaedia of Religion and Ethics*.

Strayer, Joseph R. , and Munro, Dana C. *The Middle Ages* (《中世纪》), 395 – 1500. New York: Appleton – Century – Crofts, 1942.

Taylor, A. E. *Plato, the Man and His Work*（《柏拉图——生平及其著作》）. Dial Press, 1936.

——*The Problem of Evil*（《恶的问题》）. London：E. Benn, 1929.

Temple, William. *Nature, Man and God*（《自然，人与上帝》）. London：Macmillan, 1934.

Tertullian. *Against Marcion*（《反马吉安论》）, in A. N. F.

——*On the Resurrection of the Flesh*（《论肉体复活》）, in A. N. F.

Viereck, Peter. *Metapolitics*（《抽象政治学》）. New York：Alfred A. Knopf, 1941.

Warfield, Benjamin Breckenridge. *Studies in Tertullian and Augustine*（《德尔图良与奥古斯丁研究》）. New York and London：Oxford University Press, 1930.

Whale, John S. *Christian Doctrine*（《基督教教义》）. Cambridge：The University Press, 1941.

Williams, N. P. *The Grace of God*（《上帝的恩典》）. New York：Longmans, Green, 1930.

258

# 我的宗教观

（1997）

# 我的宗教观

1. 似乎只有我对我的宗教颇感兴趣，因为它的不同阶段、以 及阶段之间如何接替并非不同寻常或特别具有启发性。我出生在一个习俗宗教的家庭。我的母亲是一个圣公会教徒，我的父亲是一个南卫理公会教徒（Southern Methodist），但我的父母都去同一个巴尔的摩（Baltimore）的圣公会教堂。除了都是习俗宗教外，我从未觉得它们有什么不同。我也只是习俗式地信教而已，直到我在普林斯顿的最后两年。

那时，事情发生了变化。我变得深切地关注神学和它的教义——例如，理解三位一体的不同方式，以及这样一个明显很隐晦的观念（dark conception）如何能够解释基督教的不同形式。我甚至都打算去神学院，但还是决定等到战争结束之后再去：我自己并不确信我的动机是真诚的，当我的许多朋友和同学都去军队服役时，我觉得不管怎样我也应该这样做。这段时期在战争的大部分阶段都一直延续着，但是在战争最后的一年左右，所有这些都改变了。并且从那时开始，我认为我不再是一个正统教徒（就我所理解的而言，正统宗教大概已经得到足够的表述），因为我的观点并非一成不变。

我经常思考为什么我的宗教信念会发生改变，特别是在战争期间。我开始是一个信仰正统圣公会教的教徒，而在 1945 年 6 月我却完全放弃了它。我并不认为我完全清楚为什么我的信仰会改变，我也不相信我能够完全地理解这个改变。我们可以记述过往、讲述故事并进行猜测，但是我们所能做的也仅止于此。可能它们中包含有某些与此相关的事情，但也可能没有。

262　　　有三件事凸显在我的记忆中：克雷山脊（Kilei Ridge）事件、迪肯（Deacon）的死以及听闻和反思大屠杀事件。第一件事大约发生在 1944 年 12 月中旬。当时，32 师第 128 步兵团 F 连攻占俯瞰着莱特岛（Leyte）利蒙镇（Limon）的山脊的战斗结束了，而 F 连只占领了山脚地区。有一天来了一个路德教的牧师，他的任务是做些简单的布道。他在布道中说，上帝把我们的子弹瞄准日本人而保护我们免受他们的子弹。我不知道为什么这句话使我如此愤怒，但它确实让我愤怒了。我责骂了那个牧师（他是个一等陆军中尉），因为关于神圣的天意他说了些非常荒唐的话，而我猜想他自己也十分清楚这一点——因为他是个路德教徒。除了试图安慰部队以外，他还会有什么样的理由？基督教的教义不能被如此滥用，虽然我非常清楚它就是如此被利用的。

　　　第二件事——迪肯的死——发生在 1945 年 5 月，吕宋岛（Luzon）的维拉·贝尔德（Villa Verde）小道的高处。迪肯是一个优秀的人；在 128 团我们成为了朋友，并且住在同一个帐篷中。有一天上校到我们那里寻找两个志愿者，一个与上校一起去某处监视日军的位置，另一个则去附近一个小型战地医院给一个急需输血的伤员献血。我们俩都同意了，结果就取决于谁的血型与伤员相符。由于我的血型相符，而迪肯的血型不符，他就和上校一起去监视日军了。他们肯定是被日军发现了，因为马上就有 150 多发迫击炮弹朝他们所在的方位发射。他们跳进了一个散兵坑，但一颗迫击炮弹也落进这个散兵坑，他们立刻就被炸死了。我非常悲伤并且也无法忘掉这件事。除了我与迪肯的友情以外，我不知道为什么这件事会对我产生如此大的影响，毕竟在战争中死亡是经常发生的事。但我认为它的确对我产生巨大影响，稍后我会谈到它影响我的方式。

第三件事实在不仅仅是一个事件，因为它持续了很长一段时间。我记得它发生在四月份的阿辛岸（Asingan），在那里我们团从前线下来进行了休整和补充。晚上我们去看军营电影，其中包括一些来自军队信息服务部（Army information service）的新闻报告。我确信正是在那儿我第一次听说了大屠杀，当时第一批美国军队攻占集中营的报告刚刚公布。当然，此前关于大屠杀的消息有很多，但对战场上的士兵们来说它还不是公开的消息。

这些事件——尤其是广为人知的第三件事——以同样的方式影响了我：它以质疑祈祷是否可能的形式对我产生了影响。当上帝并不能从希特勒那里救出数百万的犹太人，我怎么能够祈祷和请求上帝来帮助我或者我的家庭、我的国家以及任何我所关注的值得珍惜的事情？当林肯把美国内战解释为上帝对奴隶制之罪的惩罚（南方和北方都应同等地受此惩罚）时，上帝看起来是在公正行事。但是大屠杀不能以这样的方式被解释，所有我听说过的这样去解释的企图都是丑陋的、罪恶的：把历史解释为上帝意志的表达，而上帝的意志必须符合我们所知道的最基本的正义观念。因为，倘若如此，最基本的正义还能是什么呢？因而，我很快就拒绝了至高无上的神圣意志观念，认为这种观念是丑陋而邪恶的。

2. 时间的推移使我对更多基督教的主要教义产生了拒斥，而基督教也变得与我越来越格格不入。我所面临的诸多困境一直是道德的困境，这是因为我的信仰主义（fideism）＊一直坚决地反

---

＊ 信仰主义：一种哲学观点，它抬高神学信仰，以之为判定真理的最终标准，贬低理性在认识宗教教理中的作用。详见《不列颠百科全书》，中国大百科全书出版社1999年国际中文版。——译者

对所有关于上帝存在的忧虑。在圣·阿奎那和其他人那里所谓的上帝存在的证明，并不能在任何情形中证明宗教的重要性。这一点似乎是清楚无疑的。而基督教教义中表达的正当（right）和正义（justice）的观念却是另一码事。

264

我开始觉得它们当中许多都是道德上错误的，在一些情形中甚至是令人厌恶的。这些教义之中就有原罪的教义、天堂和地狱的教义、基于接受牧师的权威和真实的信仰而来的救赎教义。我开始觉得一旦人们彻底地思考关于预定论的教义、并认识到它意味着什么，便会感到可怕，除非某人把自己当做例外、并且设想自己能够被拯救。被圣·奥古斯丁和加尔文以其严格的方式进行解释的双重预定论*似乎尤其令人感到恐怖，虽然我必须承认它也出现在圣·阿奎那和路德那里，而且实际上这仅仅是预定论自身的一个结论。对我而言，这些教义并非在其证据微弱可疑的意义上都变得无法被严肃对待。毋宁说，它们都把上帝刻画成一个仅仅为祂自己的权柄和荣耀而行动的主人。就像这些可怜而被扭曲的木偶们（人类就被描述成这样）能够赞美任何东西！我也开始觉得很少有人真正接受这些教义，甚至理解他们。对于他们来说，宗教纯粹是一种习俗，并能在困难时期给予他们安慰和慰藉。

在战后的前几年中，我对异端裁判所（Inquisition）的历史、以及它是如何发展的十分感兴趣。我阅读了关于它的各类书籍，包括亨利·李**关于中世纪异端裁判所的历史的部分章节，阿克

---

\* 双重预定论（double predestination）：通常认为是加尔文所提出的，其实是多尔德会议所提出，见于奥古斯丁和路德的某些著作及詹森派思想。根据这种理论，上帝从亘古已预定要予以拯救或诅咒的人，而不考虑他们有无信心、爱心和善行。详见《不列颠百科全书》，中国大百科全书出版社 1999 年国际中文版。——译者

\*\* 亨利·李（1825－1909）：美国历史学家，著有 *Chapters from the Religious History of Spain connected with the Inquisition*；*An Historical Sketch of Sacerdotal Celibacy in the Christian Church*，*A history of the Inquisition of the Middle Ages* 等书。——译者

顿勋爵*对它的评论，以及阿克顿勋爵自己关于牧师权力和政治权力一并腐化的观点。我开始觉得基督教的大咒诅是从早前的伊里奈乌斯和德尔图良开始就把持异见者当做异教徒去迫害。这似乎是一些新鲜的东西：希腊和罗马的宗教是公民宗教，且它服务于灌输对城邦和皇帝的忠诚，特别是在战争期间和危机时刻。他们坚持这一点，但是在此之外，公民社会就相当自由，并有许多不同的宗教在城邦和帝国内盛行。教会的历史包含着它与国家之间长期历史的关系史，以及它运用政治权力建立它的霸权、压制其他宗教的历史。

一个永久救赎的宗教之存在需要真实的信念，教会就认为它对异教徒的压制是得到辩护的。由此，我认识到对宗教自由（religious freedom）和良心自由（liberty of conscience）的否定是一个非常重大的恶，并且，教皇是绝对正确的——这样的主张对我而言是不能接受的。确实，教会只在信仰和道德的问题上声称是绝对正确的；教义并没说教皇作为一个人是绝对正确的，而是说上帝将会确保教皇这个人是不会说假话的。然而，如果宗教自由和良心自由并不是信仰和道德的问题，那么什么才是呢？这些自由（freedoms and liberties）成了我的道德和政治观点的支点。最终它们也成了我关于民主政体观点的基本的政治要素，通过政教分离的形式体现在各种制度之中。

在严肃对待基督教的意义上，我开始认为它有可能对人的品质产生有害的影响。基督教是一个孤立的宗教：每个人都被单独地拯救或定罪，而且，我们自然而然地关注于我们自己的得救以至于其他事情都变得无关紧要。然而事实上，如下这点不可能与

265

---

\* 阿克顿勋爵（Lord Acton，1834－1902），英国自由党历史学家和伦理学家，近代第一位反对罪恶国家（不论是独裁的、民主的或社会主义的）伟大哲学家，著有《古代自由史》和《基督教自由史》。详见《不列颠百科全书》，中国大百科全书出版社1999年国际中文版。——译者

我们毫不相关，至少在某个程度上来说——我们个人的灵魂和它的拯救对一个更宏大的公民生活图景而言很难说是重要的，我们常常必须且应该去承认这一点。因此，与冒着生命危险去谋杀希特勒相比（如果我有机会的话），我的获救有多重要？它一点也不重要。当然，一个人应该选择这个机会，并且他也能够这样做，虽然如康德所言：没有人在拥有信心之前是自信的。我提到了谋杀希特勒这件事：我设想了很多谋杀他的时机，也想知道自己是否拥有足够的勇气和胆量去做这件事。当然这样的行动并不容易。在我看来，德国人在抵抗斗争中犯了一个严重的错误，那就是他们对谋杀、诸如此类的杀害或袭击国家元首感到踌躇不安，而这对他们造成了严重的干扰。施陶芬贝格是对的：这些考虑远没有希特勒所犯下的滔天大罪重要，以至于很难去相信他们给出的理由，并设想他们不会为他们不愿提及的其他考虑触动。

3. 在我读过的许多关于宗教的文献中，几乎没有哪部作品能像让·博丹的《七智者论崇高的秘密》[1]那样令我震撼。关于博丹，有三样东西特别吸引人。第一件是：就我们所知道的，他终其一生都是一个有信仰的天主教徒。他要求实行天主教的葬礼，并且他还是政治党（Politiques）的一位领袖。他并不像斯宾诺莎那样在拒绝或改变自己的宗教信仰后才变得宽容。对他而言，宽容是表现在上帝造物之中的和谐自然的一个方面和结果。虽然他承认宽容的政治重要性，并且认为国家应该一直维持它，但是他的宽容信念是宗教的、而不仅仅是政治的。

博丹思想的另一特征是：攻击一个人的宗教是错误的，特别是当他并不试着同时给出一个更好的宗教来代替它。在《七智者

---

〔1〕让·博丹：《七智者论崇高的秘密》（*Colloquium of the Seven about Secrets of the Sublime*），马修·莱瑟斯·丹尼尔斯·昆茨译，普林斯顿：普林斯顿大学出版社，1975年版。

论崇高的秘密》的末尾，七位发言者同意放弃拒斥彼此宗教观的企图，相反，他们互相鼓励着去描述他们的宗教观念，以便所有人都能知道其他人是怎么想的，并且能够从最佳的角度去理解他们的宗教信念是什么。因此，当关于我们信念的友好而富有同情心的讨论被接受为宗教生活的一个重要部分时，争论和论战就不会再发生了。在和谐、多元的宗教观点下，争论和论战还会有什么用处？

最后，关于什么样的宗教是被容许的，博丹确实认识到一些限制。他并没有尽他所能地清楚阐明这些限制，然而很明显，其中一点就是确定宽容为宗教教义的一部分，并且将它与政治观念区分开来。那么，从这里我们就可以迈入政治自由主义了，且可以说七位智者的宗教观都是合理的，我们还可以接受公共理性的观念和它在政治领域的观念。这个观点的重要性部分在于，一个人的宗教与他们作为个人相比经常并非更好或者更坏，并且必须恒久地预设关于合理的观念或其他类似的观念。

4. 很明显，无神论是一个博丹不能容忍的观点。他不仅认为无神论否认上帝的存在，还认为它拒斥正当和正义原则。他认为，否认上帝的存在就是拒绝这些原则。因为他相信，仅当人们信仰上帝、害怕神的惩罚时，他们才会敬重正当和正义。他觉得，对上帝的否认会导致一个可怕世界，在那里，除了出于谋划和策略而采取的自我限制外，没有人承认任何关于自我利益的限制。而一旦我们质疑博丹的假设（这在他的时代很普遍），那么非意志主义有神论（nonvoluntarist theism）（与无神论相对）也不必包含这些后果，并与对上帝的信仰相容。如果我们说上帝的意志是所有存在物的源泉，也是道德和政治价值的源泉，那么对上帝存在的否定也就导致了对这些价值的否定。但是，如果我们说这些价值的基础和内容就是上帝的理性，或者是为上帝的理性所

267

知晓的，那么上帝的意志将仅仅是一个实施神圣意愿的附属角色，而这些意愿目前被认为是建基于理性之上的。在这种情形下，对上帝存在的否定仅仅导致对神圣制裁的否定，而不会导致对各种价值的否定。

我们需要考察上帝的理性与道德和政治价值之间的关系是如何被理解的。可能我们会说：上帝的理性和我们的理性在某些方面相似，在某些方面则不相似。上帝的理性的不同在于，它的力量远远超出于人类理性的力量：他能够掌握所有可能的信息，并且能够看清所有可能的推论；例如，它能在一瞬间把握数字之间所有的关系以及与数字相关的所有事实。上帝不用费力构造新的数学就直接知晓费马定理（Fermat's theorem）是真的，而为了证明费马定理是真的，我们就要这样做。然而，我相信上帝的理性与我们的理性是相同的，上帝的理性承认同样的推理是有效的、同样的事实是真的，就像我们承认它们是有效的和真实的一样。除此之外我们还可以假设上帝的理性与我们的理性是一致的：只要我们能够把握一个事例，上帝的合理性观念就能与我们一样得出同样的判断。

让我们接受这些评论是充分合理的。现在，如果我们否认上帝的存在，我们就是在否认一个具有神圣能力的理性的存在，但我们就否认了理性内容的合理性吗？在这一点上存在着巨大的分歧。对我而言，我不知道这是何以可能的：设想上帝是一个具有意志的存在者，理性的内容和合理性应该受到上帝是否存在的影响。我们不能否认这些推论的有效性或被确认为真的事实的真理性。如果我们这样做，我们就切断了关于任何事情的推理，我们可能就是在任意地说胡话。

那么，设想就运用推理的各种不同的存在者而言，推理的大部分基本形式是不变的。因而，不管神的能力多么强大，上帝的存在并不决定理性的实质功能（essential cannons）。此外，实践理性的判断内容还依赖于人类在社会中如何相互联系这一社会事实。神的实践理性也会与这些事实相关联，就像我们一样；并且，即使这些事实自身就是上帝创造的结果，情况也是如此。给定这些无法否认地存在于我们社会中的事实，合理性的基本判断就必须是相同的，不管这些判断是由上帝的理性做出的、还是由我们的理性做出的。合理性的这个不变的内容（没有它我们的思想就会坍塌）不允许其他情形的存在，无论把所有事情都归给神圣的意志看起来是多么的虔诚。

现在，我和博丹一起到达了这一点：无神论（就如他所理解的）是个灾难，但是从政治上来讲，却不用去害怕非有神论（nontheism）。非有神论与宗教信仰是相容的；并且甚至无神论也是被宽容的，因为在宗教中该受惩罚的不是信念而是行为。

# 普通索引<sup>*</sup>

---

* 本索引中的页码均为本书的页边码。——译者

# 《圣经》篇目索引<sup>*</sup>

---

<sup>*</sup>　本索引中的页码均为本书的页边码。——译者

**简论罪与信的涵义**

# 译 后 记

　　毋庸赘言，罗尔斯是当代美国和西方最重要的哲学家之一。他的哲学思想以及由此引发的争论，将人类对社会正义和政治自由主义的思考推向一个更深的层次和更高的境界。熟悉罗尔斯及其思想的人可能都有这样的感觉——他的个人生活和哲学写作始终散发着浓厚的宗教气质。确实，宗教和宗教信仰是其哲学思想的重要主题之一，但遗憾的是，我们对他的宗教信念和态度的了解远不及对其道德和政治哲学的了解。正因为如此，我们翻译了此书，来介绍青年罗尔斯的宗教态度及其发展历程，也希望藉此能为弥补这一缺憾尽些许绵薄之力。

　　透过罗尔斯的宗教思想，我们强烈感受到一种深刻的现实关怀。在他的学士论文中，罗尔斯说道，神学、伦理学和政治学都面临着同一个问题——"控制并驾驭世间之罪"。由于"罪"乃是"对共同体的破坏和否弃"，因而伦理学所应关心的并非追求客观的善，而是去建立恰当形式的人格关系——共同体；政治学的核心问题则是制定出适宜的社会安排方案，从而使得共同体与人格之间的自然关联得以可能。在他看来，世间最根本的罪莫过于"自我中心主义"和"骄傲"，人类若期望建立真正的共同体就必先消灭这类头等大罪。只不过，那时仍拥有正统基督教信仰的他把全部希望都寄托在了信仰之上。但不难看出，这种对于自我中心主义和奴性崇拜的拒斥表明了他对于当时的纳粹主义和法西斯主义的批判。后来罗尔斯放弃自己的基督教信仰也正是源于他的二战经历以及对纳粹大屠杀的道德反思。正是这场战争使罗尔斯看到，在人性的罪大恶极和生命的偶然性面前，上帝的意志竟是无能为力的。这种对于生命和现实世界的关怀促使他打消了研究神学的念头，并与正统的基督教信仰渐行渐远，或可说在极大程度上也促成了他对于社会正义问题的关注。总体而言，我们从这部著作中发现，青年罗尔斯已然显露出自己特有的一种研究态度：在思想中表达对于现实的高度关怀，在关怀中展示思想的理性光辉。而这种态度不正是当前我们的思想界所需要的吗？

有过翻译经历的人大概都会同意：翻译是一件苦差事，而此部著作又系名家之作。我们一路走来，战战兢兢，如履薄冰，唯恐糟蹋了名著，有损大家之声誉。这部著作，虽语言平实流畅，结构简单明晰，义理一以贯之，然一旦要将原文落实到具体的中文字句上，总难免遇到各种各样的困难。另外，此书还涉及大量宗教学术语，这对于我们三位非宗教学专业的译者来说无疑构成一种挑战。为尽量提升译稿的质量，我们每一名译者均多次修正了自己的译文，在此基础上各自对另外两名译者的译文进行了校正，并定时开展集中交流和讨论；译者在参考校改建议时，主要根据准确性以及文风一致的原则对译文进行了修改。对这样一部篇幅不大的著作而言，历时 1 年多的翻译和校对工作也可谓漫长且辛苦。可以说，这部译著完全是我们通力协作的结晶，无论是书桌前的不辍耕耘，还是咖啡厅里的唇枪舌剑，抑或是乒乓球室的挥汗释压，都已然成为我们难以磨灭的共同记忆。

毫无疑问，我们能完成此书的翻译工作，离不开老师和各位学友的支持和帮助。首先应当感谢的是何怀宏老师，这部译著的翻译和出版均得到了他的鼎力支持。他不仅悉心为我们解答每一个翻译难题，还特地为这部译著撰写了序言，他的深厚学识及个人涵养令我们万分钦佩。在此，我们向恩师表示衷心的感谢。除此之外，还要特别感谢段德智老师给予的指导和帮助，感谢吴莉琳同学提供的意见和建议，同时也要向刘鹤亭、张翔霞等诸位校读者一并致谢。在翻译过程中，我们还参照了本书涉及的某些参考文献的中译本，受益匪浅。对此，我们谨向翻译这些著作的前辈们表示感谢之忱。

本书翻译和校对方面的分工如下：《导言》、《简论罪与信的涵义——基于共同体概念的一种阐释》一文第三章、第四章及第五章一、二节由左稀译出，《青年罗尔斯的神学伦理学及其背景》、《我的宗教观》以及索引由仇彦斌译出，《简论罪与信的涵义》一文第一章、第二章、第五章三、四节及其参考文献由彭振译出。在第一次校对中，我们各自修改和审校了另外两名译者的译文，左稀对仇彦斌及彭振的译文进行了二次校对，并完成了最后的校订和统稿工作。

我们在本书的脚注当中对某些术语的翻译进行了解释和说明，为便于读者的理解还适当添加了一些译者注，对书后参考文献及索引中未曾涉及的著作名和人名，在给出中文译名的同时仍然保留其英文原名。我们从始至终都期望能尽量忠实、准确地传达原著的真实意义。但由于水平有限，译文难免有舛误与欠妥之处，敬请读者不吝指正。

译　者
2011 年 11 月于北大燕园

**图书在版编目（CIP）数据**

简论罪与信的涵义／（美）罗尔斯著；左稀，仇彦斌，
彭振译. —北京：中国法制出版社，2012.7
　　（公共思想译丛）
　　ISBN 978 - 7 - 5093 - 3889 - 6

　　Ⅰ.①简… Ⅱ.①罗…②左…③仇…④彭… Ⅲ.①信仰
- 研究 Ⅳ.①B92

　　中国版本图书馆 CIP 数据核字（2012）第 159765 号

策划编辑　周林刚　　　　　　　　　　　封面设计　李宁

**简论罪与信的涵义**
JIANLUN ZUIYUXIN DE HANYI

著者／（美）罗尔斯
译者／左稀　仇彦斌　彭振
经销／新华书店
印刷／三河市紫恒印装有限公司
开本／640×960 毫米 16　　　　　　印张／19.25　字数／218 千
版次／2012 年 8 月第 1 版　　　　　　2012 年 8 月第 1 次印刷

中国法制出版社出版
书号 ISBN 978 - 7 - 5093 - 3889 - 6　　　　　　定价：56.00 元

北京西单横二条 2 号　邮政编码 100031　　　　　传真：66031119
网址：http：//www.zgfzs.com　　　　　编辑部电话：66067024
市场营销部电话：66017726　　　　　　邮购部电话：66033288